新编21世纪高等职业教育精品教材
婴幼儿托育服务与管理系列

婴幼儿
家庭养育指导

主　编／付奎亮
副主编／陆　艳　石艳婷　刘香君
参　编／孙云霞　耿　秀　朱箐竹
　　　　杨德粉　马一梅

中国人民大学出版社
·北京·

图书在版编目（CIP）数据

婴幼儿家庭养育指导 / 付奎亮主编. -- 北京 : 中国人民大学出版社，2022.9

新编 21 世纪高等职业教育精品教材. 婴幼儿托育服务与管理系列

ISBN 978-7-300-30957-6

Ⅰ. ①婴… Ⅱ. ①付… Ⅲ. ①婴幼儿－家庭教育－高等职业教育－教材 Ⅳ. ① G781

中国版本图书馆 CIP 数据核字（2022）第 158765 号

新编 21 世纪高等职业教育精品教材 · 婴幼儿托育服务与管理系列

婴幼儿家庭养育指导

主　编　付奎亮

副主编　陆　艳　石艳婷　刘香君

参　编　孙云霞　耿　秀　朱箐竹　杨德粉　马一梅

Yingyou'er Jiating Yangyu Zhidao

出版发行	中国人民大学出版社		
社　　址	北京中关村大街 31 号	**邮政编码**	100080
电　　话	010－62511242（总编室）		010－62511770（质管部）
	010－82501766（邮购部）		010－62514148（门市部）
	010－62515195（发行公司）		010－62515275（盗版举报）
网　　址	http://www.crup.com.cn		
经　　销	新华书店		
印　　刷	天津中印联印务有限公司		
规　　格	185 mm × 260 mm　16 开本	**版　　次**	2022 年 9 月第 1 版
印　　张	15.75	**印　　次**	2024 年 1 月第 2 次印刷
字　　数	292 000	**定　　价**	46.00 元

前　言

习近平总书记指出："家庭是人生的第一个课堂，父母是孩子的第一任老师。""广大家庭都要重言传、重身教，教知识、育品德，身体力行、耳濡目染，帮助孩子扣好人生的第一粒扣子，迈好人生的第一个台阶。"中央政治局会议强调，要将婚嫁、生育、养育、教育一体考虑。由此可见，家庭养育对于儿童来说有着举足轻重的作用。

然而，当下很多家长或者照护者对家庭养育的重要性认识不够，导致我国家庭养育出现诸多问题：生育、养育、教育脱节，对家庭养育不够重视，对家庭教育的目的、形式、内容等了解较少，错过了孩子成长过程中的"关键期"；认识不到位，缺乏必要的教养知识和正确的教养办法；行为不规范，多数家长对孩子溺爱有加，科学育儿不够，包办代替过多，隔代教养弊端多；方法不得当，忽略孩子的个体差异，急功近利，使得原本个性突出的孩子得不到相应的发展。

随着对早期教育研究的深入以及大众对早期教育意识的加强，指向 0 ～ 3 岁婴幼儿家庭养育指导的需求也日益提升。为此，国家出台了《全国家庭教育指导大纲（修订）》《中国儿童发展纲要（2021—2030）《关于指导推进家庭教育的五年规划（2021—2025 年）》等一系列文件，进一步规范了家庭养育指导工作。《中华人民共和国家庭教育促进法》于 2022 年 1 月 1 日开始正式实施，这是我国首次就家庭教育进行专门立法。家庭教育从"家事"上升到"国事"，父母们开启了"依法带娃"的时代。

在各种家庭养育政策背景下，对婴幼儿家长开展家庭养育指导意义非凡。但是，散居于社区中的 0 ～ 3 岁婴幼儿家庭不仅缺乏长期且稳定的指导主体，更缺乏具备全面婴幼儿养育素养与指导素养的专业人才。受教养知识与能力的局限，许多家长在探索有效的家庭养育的过程中时常碰壁，举步维艰。

目前，0 ～ 3 岁婴幼儿的家庭养育指导工作还处于起步阶段，开发专门针对 0 ～ 3 岁婴幼儿家庭养育指导的教材，培养婴幼儿家庭养育指导的人才成为当务之急。为了有针对性地解决上述问题，我们着手展开了本书的编写工作，以期为婴幼儿托育服务与管理、婴幼儿发展与健康管理、学前教育、早期教育等专业的学生，以及托育服务机构、早期教育机构和家庭养育指导机构的一线工作人员，提供一本科学育儿的学习资料，同时也希望本书能成为广大0～3岁婴幼儿家长育儿的参考资料。

本教材按照家庭养育指导基本需求，每章设置了“学习目标”“本章导览”“案例导入”“本章小结”“同步练习”等栏目，以帮助学生更好地掌握相关知识。此外，教材章节中间还穿插了一些“知识链接”等，以拓宽学生的知识面，提高教材的可读性。

教材编写突出职业适应性、任务驱动性和可操作性，组织一线教师参与本教材的编写，提高教材内容与工作实际的契合度。编写人员及分工如下：付奎亮任主编，陆艳、石艳婷、刘香君任副主编；付奎亮负责全书架构策划，并编写第一章、第七章、第九章；孙云霞负责编写第二章；陆艳负责编写第三章第一节、第二节、第三节；马一梅负责编写第三章第四节；朱箐竹负责编写第四章；杨德粉负责编写第五章第一节、第三节；刘香君负责编写第五章第二节和第六章第三节、第四节；耿秀负责编写第六章第一节、第二节；石艳婷负责编写第八章；全部书稿汇总后，由付奎亮负责修改和统稿工作。

本教材教学建议：先修课程有幼儿心理学、幼儿教育学、婴幼儿保健与护理等。教师应针对学情，采用多样化的教学方式。为激发学生的学习兴趣、增强学生对相关内容的感性认识，每一部分的内容均以教学情境或教学实例作为先导引出理论知识，这样有利于学生深入领会理论。要理论联系实际，注意培养学生的实践能力，形成良好的职业道德。要大胆创新，积极运用信息化手段收集各种家庭养育指导数据，敏锐地发现婴幼儿健康发展方面的问题并予以解决。

本教材可以作为婴幼儿托育服务与管理、婴幼儿发展与健康管理专业的核心课程教材，也可以作为学前教育专业、早期教育专业的选修课教材，还可以作为从事婴幼儿生活保健的托幼机构园长、保健人员以及教师的参考书。

本教材的编写得到了“江苏省高职院校教师专业带头人高端研修项目”的支持；感谢南京城市职业学院的领导和老师们的关心、支持和帮助。

本教材编写过程中引用了诸多专家学者的研究成果和一线教师的案例等资料，在此对相关作者一并表示衷心的感谢。

由于水平和能力有限，教材中的错误和疏漏之处在所难免，恳请各位同行和广大读者批评指正，以便我们今后不断修改完善。

付奎亮

2022年7月

目　录

第一章　婴幼儿家庭养育概述

学习目标

知识目标

1. 了解家庭功能的基本内容。
2. 了解家庭养育现状。

能力目标

1. 掌握婴幼儿家庭养育的影响因素。
2. 能够对家庭养育现状和影响因素进行社会调研分析。

素养目标

1. 通过学习婴幼儿家庭养育基本知识，理解《家庭教育促进法》出台的相关背景和意义。
2. 通过了解家庭的功能，主动关注、宣传家庭养育知识。

本章导览

- 婴幼儿家庭养育概述
  - 家庭功能与养育指导
    - 家庭的概念
    - 家庭的功能
    - 家庭养育指导
    - 家庭教育的原则和方法
  - 影响婴幼儿家庭养育的家庭因素
    - 家庭养育环境
    - 家庭教养的基本原则与策略方法
    - 同胞因素
    - 家庭重大事件
  - 婴幼儿家庭养育面临的挑战
    - 生理需求不能满足
    - 发育刺激和情感回应不当
    - 社会化功能失调
    - 父母婚变

案例导入

生而不养，何以为家？

一对夫妇生了三个孩子，因家庭负担不起三个孩子的养育费用，便把第三个孩子送给了他人。后来夫妇两人都老了，身边两个孩子的经济条件也不好，而第三个孩子发展得很不错，于是这对夫妇就想要第三个孩子来赡养自己。

问题：你如何看待这对夫妇的想法？

第一节　家庭功能与养育指导

一、家庭的概念

家庭是社会最基本的组织，它具有多方面的社会功能。家庭具有不可替代性，它是人类生存繁衍的载体，是青少年社会化最初和最重要的场所，是家庭成员构成的经济共同体，也是一个人在遇到困难时最可靠的支持系统，更是一个人在重重社会压力之下可以休憩的港湾。社会对家庭有着极为重要的影响，无论是从纵向来看还是从横向来看，不同时期、不同类型的社会有着不同的家庭制度和家庭形态。

家庭是亲属关系中较小的户内群体，是共同生活居住、共同经济核算、相互合作发挥作用的人组成的单位。大部分人一生中归属于两种家庭，即出生家庭和生育家庭。出生并完成大部分社会化进程的家庭是出生家庭；因结婚、生子而建立的家庭是生育家庭。家庭是社会最基本的单位，教育子女是家庭的基本功能之一。家庭中承担家长角色的成员用不同的方式对孩子进行家庭教育，因而家庭教育具有持续性的影响且具有自发生成的特点。家庭教育、学校教育与社会教育共同构成完整的教育体系，为整个社会培养和输送人才。

二、家庭的功能

在功能论者看来，以前的家庭大多是自给自足，满足家庭成员的大部分生理、心理需求的单位、群体，集经济生产、安全保卫、教育、社会化等功能于一身，进行物质、人口、精神财富再生产。如今，家庭的部分功能被教育等其他社会设置分化了。但功能主义者认为，家庭的社会化、感情陪伴、经济合作、性规范功能，依然对社会的良性运行起着重要的作用。

家庭作为人类生活的基本单位，其在儿童生长发育过程中起着至关重要的作用。概括来说，家庭与儿童生长发育有关的功能主要有以下三点：

（1）满足生理需求，即满足儿童衣食住行等生存需求，保障儿童的基本人身安全和个人基本医疗服务以及其他一些物质需求。

（2）提供发育、行为和情感上的支持，促进儿童体格和智力发展，通过赞扬和批评给予儿童行为方面的指导，满足其情感方面的需求。

（3）帮助儿童社会化，即帮助儿童建立与家庭成员的初步联系，然后帮助儿童建立与外部社会网络（大家庭、同伴、学校和邻居）和整个社会的关系。

三、家庭养育指导

（一）家长的教育观念与教育方式

家长的教育观念包括儿童观、教育观和亲子观等，教育观念影响教育行为。家长教育观念与教养方式之间存在着密切的关系。美国儿童心理学家麦考比（Eleanor Maccoby）和马丁（John Martin）概括提出了家长教养方式的四种主要类型，并对每种类型对应的儿童社会性发展特点做了详细的描述。

1. 权威型

家长表现为高控制、情感接纳、温暖；该教养方式下的儿童多表现为独立、自我控制、自信心强、喜欢交往、积极解决问题。

2. 专制型

家长表现为高控制、情感否定、不热情；该教养方式下的儿童多表现为缺乏主动性、胆小、怯懦、畏缩、抑郁、自卑、情绪化、不善交往。

3. 放纵型

家长表现为低控制，情感积极、肯定；该教养方式下的儿童多表现为冲动性、攻击性高，缺乏责任感、缺乏自制、自信心低。

4. 忽视型

家长表现为低控制，情感缺乏，缺少爱和积极关注；该教养方式下的儿童多表现为冲动性、攻击性高，不顺从，对人缺乏热情与关心。

（二）家长的期望水平

家长的适当期望具有激励作用，能够促进子女的发展，但并不是任何水平的家长期望都能对孩子起到积极的教育作用。动机研究理论表明：动机强度与行动效果之间呈倒“U”形的函数关系，过强的动机水平反而会降低行动效果，所以只有合理的期望才能发挥期望的启动功能、导向功能、激励功能，实现预期的期望目标。有的家长为了让孩子在竞争中取胜，不考虑孩子的实际发展水平，不遵循发展规律，一厢情愿地要求孩子，在给孩子、家长带来挫败感的同时，也制约了孩子的发展。

（三）合格家长应具备的素质

家长素质是决定家庭教育质量的关键因素，这是由家长在家庭教育中的作用所决定的。家长主要指父母，其在家庭生活中的职能是多方面的，他们既要负责主持家庭事务、协调家庭关系，又要负责抚养、保护、教育家庭中的儿童和青少年。

家长的特殊素质指的是对子女进行教育应具备的素质，包括正确的教育观念、丰富的教育知识、科学的教育方法和一定的教育能力等，它直接影响着家庭教育的实施和质量。下面重点介绍家长应具备的特殊素质。

1. 应有高度的教育义务感和责任感

家长应努力增进家庭成员感情，促进家庭幸福，为孩子成长提供一个良好的环境。家长肩负着为国家、为社会培养人才的重任，教育子女既是父母的本能，也是父母的责任和义务。

2. 树立正确的教育观念

（1）科学的儿童观。儿童观是指人们对儿童总的看法和基本观点，是对儿童期的意义与价值、儿童的地位与权利、儿童身心发展特点等的看法，它决定了人们对待儿童的态度、行为，对教育特别是教育实践有着深远的影响。在社会发展的不同时期，儿童观也在不断地发生变化。科学的儿童观包括：儿童也是权利的拥有者；儿童是正在发展中的人；儿童发展具有整体性；儿童发展具有可塑性；儿童是自身发展的积极促进者；儿童的发展具有个体差异性；男孩和女孩享有平等的权利。

（2）正确的人才观。父母对孩子未来的期望会直接影响孩子的发展和孩子的社会化进程。家长应树立正确的人才观，要认识到社会分工不同，社会对人才的需求是多层次的，成才的途径是多样的。

（3）恰当的亲子观。亲子观是指家长对孩子和自己关系的基本看法，它影响着家长的教养动机和教养方式。亲子关系是指父母与子女之间的关系。亲子关系是影响儿童发展特别是社会性发展的关键因素。

（4）适宜的教育观。教育观主要表现为家长对教育在儿童发展中的作用和家长在教育中的角色、职能的看法，它影响着家长的教养方式和家长在家庭教育中作用的发挥。家长应认识到，教育是影响儿童发展的决定性因素，对子女放任不管是错误的做法，但也不要过分强调教育的作用，忽视儿童发展的规律、水平，盲目地超前教育、揠苗助长，这同样不利于儿童的发展。

3. 科学的教养方式

教养方式是父母在抚养教育子女过程中所表现出来的一种相对稳定的行为方式，是其教养观念、教养行为及对儿童的情感表现的综合体现。父母的教养方式也是反映家庭教育质量的指标。

（1）教养方式类型的划分。研究发现，父母在教养方式上有两个重要的行为维度：感情，表现为接受与拒绝；控制，表现为限制与允许。这两个维度在不同的程度上结合，表现为不同的教养方式。在多种教养方式中，适度的爱和适度的控制是最理想的。

（2）家长教养方式与儿童发展的关系。研究发现，家长专制的教养方式，易使孩子形成怯懦、盲从、消极、不诚实、缺乏自信和自尊的性格特征，或走向另一个极端：顽固、冷酷等。溺爱的教养方式易使孩子形成任性、利己、缺乏独立性、情绪不稳定、不合群等特点。过分保护（高情感、高控制）的家长易使孩子形成依赖、被动、胆怯、不善与人交往等特点。父母教养方式的不一致，易使孩子形成两面性、好说谎等特点。民主（适度的控制、适度的爱）的教养方式有利于培养孩子独立、快乐、大胆、善于社交、能与人协作、有安全感等特点。因此，家长应积极反省、改进教养方式，以提高家庭教育的质量。

4. 具备教育子女的能力

在家庭教育中，不同的家长在儿童成长的不同时期遇到的问题各不相同，解决问题也没有固定的模式可以套用，但家长应具备基本的教育能力，具体体现在以下两个方面：

（1）了解孩子的能力。这包括：尽量增加和孩子共处的时间；营造和谐宽松的家庭生活氛围；观察孩子的言谈举止；学会倾听；全面看待孩子。

（2）分析与解决问题的能力。教育子女的过程是针对实际情况，采取适当的方式方法，促进孩子身心健康发展的过程。了解孩子的实际，只是教育子女全过程的第一步，究竟选择、运用什么样的教育方式方法，必须依据情况全面分析。父母具备较强的分析与解决问题的能力，才能针对实际情况作出准确的判断，才能选择得当的教育方式方法，教育效果才会好。

5. 具备丰富的教育知识

家长的教育知识包括有关儿童发展、儿童养育等方面的知识。父母拥有的关于儿童发展的知识为其对儿童的行为进行解释提供了一个参考框架，也决定了父母对孩子的期待和评价。

6. 具备高尚的品德和良好的心理素质

家长是孩子的第一任老师，是孩子直接、经常的模仿对象，因此家长必须以身作则，为孩子树立良好的榜样。家长高尚的品德和良好的心理素质就是一种教育力量。

四、家庭教育的原则和方法

（一）家庭教育的原则

家庭教育的原则，是指家长在实施家庭教育时必须遵循的基本要求和基本准则。

1. 以身作则

以身作则是家庭教育的根本原则，它是指在日常生活中，家长通过言传身教，对子女起到耳濡目染的作用。

2. 因人施教

因人施教要求教育者能够尊重个别差异，根据儿童的身心发展特点、水平和个体差异，提出恰当的教育要求。

（1）承认、接受个体间普遍存在的差异。儿童间的差异体现在各个方面，在以下两个方面表现得较为明显：

1）与生俱来的气质类型。在生命之初，人就会表现出非常明显的个体差异，这首先表现为与生俱来的气质类型的差异。

2）能力结构多元化。美国哈佛大学教育心理学家霍华德·加德纳指出，人类的智力是多元化的，个体存在八种智能：语言智能、逻辑数学智能、音乐智能、空间智能、身体运动智能、人际关系智能、内容智能、自然智能。每个人的智能都是这八种智能中不同智能的特殊组合。

（2）针对孩子的情况实施不同的教育。父母要尽早从日常生活中认识孩子，观察孩子的发展状况，并发现孩子的闪光点。家长还应创造多元化的环境，及早发现并针对孩子的特点和优势进行有效干预。

（3）允许孩子以自己的速度成长。无论孩子的发展水平、优势如何，都必须给予他们同等的关注和尊重，为他们提供丰富多样的展示自己的机会，使孩子以适合自己的方式学习，尽可能发掘每个孩子的潜在能力。

（4）欣赏孩子。家长要以开放的心态调整对孩子的看法，相信每个孩子都有发展的潜力，以欣赏的眼光评价孩子，让每个孩子都拥有获得自信和成功的机会。

3. 教育应该一致、连贯

家庭教育是长期的教育过程，孩子良好的品德和行为习惯的养成是经过多次练习不断强化和巩固而成的。因此，在家庭教育中，不同家庭成员对孩子教育的态度和要求不仅要一致，而且应保持连贯性，通过不断地强化和巩固，培养孩子良好的品德和习惯，也有助于家长威信的建立。遵循教育一致的原则，就要在教育中做到以下几点：

（1）家长要统一对孩子的要求：父母、祖父母要对孩子统一要求。

（2）家长要坚持“三个一致”：前后一致、宽严一致、内容一致。

（3）正确对待教育上的分歧：当教育观点出现分歧时要科学、正确地对待。

（4）教育要与学校保持一致：家庭和学校需要沟通合作，达成一致观点。

4. 循序渐进、量力而行

儿童的身心发展是有规律可循的，不同的儿童，即使处于同一发展阶段，也会存在个体差异，教育中尊重发展规律和个体实际的发展水平，是教育以人为本和教育科学性的体现。遵循循序渐进、量力而行原则，要做到以下两点：

（1）依据孩子身心发展的规律、特点和实际水平适度教育。

（2）依据由浅入深、由易到难的逻辑顺序传授知识。

5. 民主平等与严格要求相结合

民主平等与严格要求相结合指的是在教育中，家长应尊重孩子的人格、发展特点和需求，平等对待孩子，同时从教育要求出发，严格要求孩子。

6. 坚持正面教育

每个儿童都有自尊的需要，正面教育可以使孩子在获得成就感的同时，激发上进心，树立自信心。家长对孩子的评价是其自我评价的主要来源。家长过多的负面评价会影响孩子积极自我评价的形成。坚持正面教育原则，要做到以下几点：

（1）坚持以表扬、鼓励、奖励为主的教育方法。

（2）表扬、奖励适当，不感情用事。

（3）运用正面激励调动孩子改正错误的积极性。

（二）家庭教育的方法

家庭教育的方法是指家庭教育的手段和途径。能否适当地选择和创造性地运用教育方法，直接关系到家庭教育的质量。

1. 家庭环境熏陶

家庭环境熏陶指的是创造良好的环境并以此影响生活于其中的孩子。家庭环境既包括物质环境，也包括精神环境。家庭环境特别是精神环境对儿童的影响不仅是潜移默化的，而且是持久的。为充分发挥家庭环境的教育作用，家长要注意以下两点：

（1）为孩子创造一个自主有序的空间。

（2）重视良好夫妻关系、亲子关系的建立。

2. 树立榜样

树立榜样是具体形象的教育方法，适合思维形象具体、模仿能力强的儿童。运用榜样的方式影响和教育孩子时，切忌以他人的长处与孩子的短处做对比，这会打击孩子的自信心和上进心。

3. 行为评价

行为评价是基于儿童行为的强化，具体包括表扬和奖励策略、批评策略和惩罚策略等。

（1）表扬和奖励策略：表扬、奖励应实事求是、恰如其分；表扬、奖励要及时；表扬、奖励应明确具体；要强化正确行为；以精神奖励为主，物质奖励为辅；切忌用事先许诺物质奖励的方式来激励孩子。

（2）批评策略：不要将批评人的情绪和被批评人的过失相混淆；对事不对人；不能以偏概全；批评要明确指出。

（3）惩罚策略：惩罚不是打骂孩子，而是限制或剥夺孩子的某些权利；对孩子的要求要坚决执行，因此，需要父母耐心和自控；言语惩罚效果更好，要让孩子明白错误的原因；惩罚应适度。

4. 鼓励

鼓励是注重孩子的努力，树立孩子自信心、价值感的策略，是调动孩子内在潜力、改进孩子和父母之间关系的重要方法之一。要成为鼓励型的家长，就要注意以下几点：

（1）承认孩子的真实情况。

（2）对孩子充满信心。

（3）注重孩子的积极方面，而不是一味挑错。

（4）让孩子知道自己在家庭、团体中的地位和价值。

（5）肯定孩子的进步和获得的成就。

（6）多鼓励，少表扬。

5. 说服教育

说服教育是家庭教育中最常用的方法，具体包括谈话、讨论等。谈话、讨论的运用不受限制，内容、场合多样。无论是谈话还是讨论，都应注意以下几点：

（1）关爱、理解、尊重孩子。

（2）学会倾听，让孩子充分表达他们的意见和建议。

（3）沟通要适合孩子的发展水平。

6. 实践锻炼

家庭生活中的实践锻炼是重要的教育途径和手段，具体包括以下几点：

（1）家长要相信孩子有能力参与家庭事务，要为孩子提供参与实践的机会。

（2）要鼓励孩子克服困难，不怕挫折。

（3）实践锻炼要持之以恒，特别是有关孩子习惯、品德养成的锻炼，更要坚持不懈。

（4）要正确对待孩子在实践锻炼中出现的失误。

第二节　影响婴幼儿家庭养育的家庭因素

一、家庭养育环境

人的发展是一定先天条件与后天环境相互作用的产物。家庭是儿童生存的基本环境，尤其是在儿童早期，家庭几乎是儿童发展的全部环境，家庭环境在儿童的早期心理发展中具有十分重要的意义。家庭养育环境对儿童早期心理发展的影响体现在多个方面。

（一）家庭养育环境影响儿童早期智力发展

无论是对福利机构喂养儿的观察，还是大规模多中心长时间的系统干预活动都证明，家长的抚养行为、亲子互动、家庭环境质量对儿童的早期智力发展具有显著的影响。

（二）早期家庭养育环境影响儿童气质

气质作为一种先天的素质，主要由遗传决定，具有较强的稳定性，但在后天环境的影响下也可发生一定的改变。研究发现，母亲的情绪问题如焦虑、抑郁、神经症会影响儿童的气质，家庭经济收入、家长受教育程度、亲子互动、环境的多样性、管理的模式等均对儿童的气质维度有一定的影响。

（三）早期家庭养育环境影响儿童人格发展

人的性格主要是在后天生活环境中形成的，而6岁前是人格形成的重要时期。外界环境特别是父母对孩子的态度和养育方式，对孩子的性格影响显著。儿童的好奇心、兴趣的发展也与家庭养育环境有密切的关系。

（四）早期家庭养育环境影响儿童社会化过程

儿童的社会化过程实质上就是人与人之间相互作用的过程。儿童早期交往对象主要是父母，家庭养育方式（环境）对儿童社会化过程具有显著的影响。这个过程如果发展不好，就会出现人际关系问题和行为问题。

二、家庭教养的基本原则、影响因素与教养策略

家庭教养需要考虑儿童的成长过程和个体差异，没有适合所有儿童的教养方式方法，但是教养的基本原则、影响因素、策略则具有相同点，是所有家庭都应该掌握和遵循的。

（一）家庭教养的基本原则

1. 家长的爱

家长应让儿童有安全感，感到被爱。只有在温暖的、舒适的、安全的积极情绪氛围中才能进行有效的教育。家长的爱不仅是内心的爱，还需要家长用行为让儿童感受到家长的爱。如家长关注儿童生长发育的进步，当婴儿开始抬头、翻身、爬、坐、站时，家长称赞、拥抱和亲吻婴儿就是爱的表现。

2. 方法明确与一致性

家长教育方法的一致性是家长的基本教育技能，儿童可从家长的一致性行为中学习规则；儿童也可明确家长对自己的期望或要求，以及未遵守规则的后果。当家长要求儿童完成一件事情时，明确的语气可指导儿童的行为，同时也体现家长的权威。如告诉儿童“现在是你去打扫你的房间的时间”，而不是“为什么你不去打扫自己的房间呢？”。

3. 榜样作用

儿童不知道什么是好的行为和为什么是好的行为，与学习写字和骑车一样，儿童需要不断地学习判断行为好坏的能力。儿童学习好的行为的最主要的老师是自己的父母。因此，首先家长自己应有好的行为，同时也应告诉儿童行为不规范的后果。家长应注意与儿童协商或讨论，这意味着家长应倾听与尊重儿童的意见，倾听本身对儿童也有榜样的作用。

4. 奖励

家长应采用正性强化法强化儿童好的行为发展，即家长及时用友好和鼓励的语言表扬儿童好的行为，偶可采用物质奖励的方法。正性强化法可以让儿童知道自己做得很好

的时候，为什么做得好，特别是做了什么好事。但不必事事都表扬，从而让表扬对儿童的行为具有激励作用，达到有效奖励的目的。

5. 惩罚

家长的责任是公正判断，及时纠正儿童的错误行为。有的家长误以为惩罚就是教育。事实上惩罚不是教育儿童行为的主要手段，完全采用惩罚的教育方法并不能获得长期的教育成功。惩罚不能用于婴幼儿，过早的惩罚是无效的。当学龄前儿童犯错时，惩罚的有效方法是“暂停或暂离”，即让儿童离开正在进行的最喜欢的事情或游戏一段时间，直至其认识错误。

（二）家庭教养的影响因素

1. 家庭教育方式

家庭环境和父母是儿童教育的关键。家长应努力去爱、理解、教育儿童，做儿童好的榜样。不同家庭的教育方式，会影响儿童的一生。家庭教育方式大致可分为权威型、专断型、放纵型、忽视型，相关内容在前面已有所阐述，此处不再重复。

2. 家庭气氛

家庭环境影响儿童的个性形成。在和睦家庭气氛中成长的儿童性格开朗、乐观、友善，以积极情绪为主；在父母意见分歧、吵闹的家庭，或父母离异的家庭中成长的儿童常常感到孤独、悲观、恐惧或焦虑，行为粗暴，以消极情绪为主。家庭的不稳定会使儿童对人缺乏信任感，警惕性高，或投机取巧、两面讨好，或说谎。

3. 儿童气质类型

儿童自出生就表现出明显的、不同的行为特征，如有的爱哭，有的少哭，有的儿童遇事易安抚，有的很难安抚，原因就在于他们的“气质”不同。美国的托马斯和切斯（Thomas & Chess）认为，儿童气质是每个儿童的行为表现方式，体现儿童对外来刺激、机会、期望或要求的反应。因此，儿童的教养应根据其气质类型来进行，如气质类型为难养型的儿童学习自我控制阶段出现问题会较多，上学后常出现攻击性行为、违纪等问题。教养过程中需要根据儿童的气质特征，采取不同措施给予儿童更多的关爱、支持和教养，从而避免难养型儿童出现行为问题。

（三）家庭教养的教养策略

1. 建立信任关系

儿童教育成功的基础是婴幼儿教育，它影响人的终身。婴儿出生后，在获得父母生理的、情感的呵护中发展最初的信任关系。儿童与父母长期亲密接触，也有益于其以后良好人际关系的发展。儿童生长的所有阶段都需家长的鼓励。当儿童学习自己做事情时，家长应耐心一些，因为家长的严厉斥责会使儿童缺乏自信。如家长对幼儿自己进食时不断抛洒食物在桌上非常生气，会使儿童觉得自己抛洒食物的行为不好，同时对家长的斥责产生恐惧心理。遇到幼儿抛洒食物时，家长应边清理餐桌边亲吻儿童，鼓励儿童自己进食直至儿童学会自己进食的技能。家长需耐心接受儿童学习过程中的行为，家长的爱会使儿童对自己的行为有自信。惩罚儿童只会使儿童感到自己无能，过多的压力可能会使儿童产生情感的挫折，也影响对家长的信任和亲近关系。对儿童身体或情感的虐待可使儿童误认为对待其他人的正确方式就是粗鲁。

2. 正确引导行为

孩子出生几年后，其体格和神经发育逐渐成熟，孩子可发现更多关于自己的世界。像知道身体的其他部分一样，孩子会很自然地发现自己的外生殖器。男童的外生殖器对触摸敏感，常常自己摸或揉。女童同样有暴露自己的外生殖器的行为。家长对幼儿因好奇自然探索身体的行为的反应将影响儿童成人后的生殖行为。家长的态度应是中立的，既不担忧也不鼓励儿童的好奇行为。

3. 学习遵守家规

幼儿的天性是任性的、吵闹不安的和以自我为中心的，家长满足幼儿的需要有益于其积极情绪的发展。但在幼儿成长的过程中，家长应让其逐渐懂得自己是家庭的成员之一，需要遵守规矩。

三、同胞因素

每一名儿童都是不相同的，即使父母相同，但因出生的顺序和经历的不同，他们也会表现出个体的差异。相继出生的儿童所面对的世界是相对独立的，同胞关系在儿童成长方面起着重要作用。一方面，同胞是爱和忠诚的代名词，它代表着亲密、友爱、互相帮助；另一方面，同胞又与敌对和竞争紧密相连，这时同胞关系也就演变为较量。

（一）同胞出生顺序

同胞的出生顺序影响了胎儿期的生长发育和儿童期的生活环境。2007 年，《纽约时报》的封面故事“研究发现头胎 IQ 较高”说明出生顺序对儿童的生长发育有影响。许多研究表明，出生顺序不同，其语言认知的发育有明显差异。出生顺序对人格、成就和创造力也有影响。萨洛韦（Sulloway，1996）认为，头胎出生的儿童比较支持父母和接纳现有权威，而年幼的同胞则更易叛逆和从事不同的改革创新。

（二）同胞竞争

同胞间的敌对和竞争在古代已被察觉和理解，也在大量不同文化、国家和背景下被描述。尽管同胞竞争已普遍被认为是“基本的人类本质”，但直到20世纪它特定的生物机制才被解释为喜爱和敌对。1964年，汉密尔顿（Hamilton）扩展了达尔文的生殖健康的概念，将基因遗传融入其中，其观点是支持同胞的成功生活和再生产的动力促进自然选择的建立，同胞的健康也是自己的健康和基因的延续。儿童在游戏中的想象力的差异与同胞关系和亲子关系有关，积极的同胞关系可以促进儿童成功适应学前生活，从而顺利地进入学校。

（三）同胞中有特殊需求的儿童

一个有特殊需求的儿童将改变整个家庭的格局，其他儿童会认为父母所有的注意力和情感都放在脆弱的同胞身上，从而对父母产生不满。正常儿童会被父母强加过高的期望，从而使他们表现出不满、焦虑和自豪的复杂感觉。一方面，有特殊需求的儿童可能因为与同胞明显的“不同”（明显的身体残疾或孤独症）而感到耻辱，还经常伴有内疚；另一方面，许多正常同胞会保护、指导和支持有特殊需求的同胞。

（四）同胞的成长和改变

在同胞成长和改变时，同胞关系和亲密程度也在改变，尤其是在同胞性别不同时表现得更为明显。同胞的气质对同胞关系的改变有深远影响。幼儿会由于新身份的到来而表现出倒退行为，如尿床、吮手指和无故发怒。随着同伴重要性的提高，至成年早期同胞问题减弱，冲突减少。

（五）童年时同胞关系的好坏

一项有关成人心理社会发展的研究发现，童年时期不良的同胞关系可能会导致成年期的抑郁，甚至会影响亲子关系。许多人会将爱和竞争、喜爱和敌对、自豪和竞争的复杂同胞平衡带入他们的成人生活。

四、家庭重大事件

家庭是一个在寻求、吸收和管理方面一直改变的动态单位，家庭的改变主要包括家庭成员的增加或减少，这些改变会破坏家庭功能的平衡。新平衡点的建立若被延迟，则标志着家庭需要完整和详细地介入和家庭功能强弱的评估。有一些改变是“正常的”，如小孩的出生和老人的死亡，这些改变是可以预期的，而且可以进行适当的准备；另一些改变是“不正常的”，如急病同胞的死亡和父母或祖父母的早亡，这些改变会造成巨大的伤害。但是并不是所有正常的改变都能安然度过，也不是所有不正常的改变都会造成毁灭性的、持久的影响。一个家庭独特的结构和功能，包括社会网络支持和个体成员的人际关系资源，据此可预知这些改变最终的结果。

（一）家庭成员的增加

1. 同胞的出生

家里增加一个弟弟或妹妹的直接后果，就是年长者失去了父母的完整照料，这种失去几乎发生在生活的每一个场景中，无论是父母全日制的照看，还是父母下班后的照看。父母需要更多的时间和精力去满足新生儿的需求。

1～3岁的儿童在同胞出生后可能会表现出明显的不知所措，而年龄稍大的学龄前期或学龄期的儿童，则会承担起照顾弟妹的任务。在这个时候，如果祖父母、家庭其他成员或照看者能在生理和心理上给年长的儿童提供足够的照料和支持，则有助于其顺利应对这种改变。

不能照料新生儿和满足家人情感和经济需求的父母可能会将过高的期望寄托在年长的儿童身上。尽管失去与父母的情感联系对年长儿童的影响较小，但照顾弟妹责任感的转移则会对他们造成明显的影响，这主要发生在单亲家庭里。

2. 特殊问题同胞的出生

患急性病儿童的出生会改变家庭原有的照看模式，父母需要花费大量的时间在新生儿看护中心和急性病医院，年长的儿童需要适应这种困境。在大家庭里，由于祖父母和其他家庭成员可以照料年长的儿童，因此他们可以顺利适应这种改变，但在核心家庭里，年长儿童必须独自承担这种改变。

慢性病和发育障碍是父母面临的另一个挑战，父母首先要尽快地对承担这种疾病的长期后果做好心理准备，同时还需面对失去一个健康儿童的失望。这时，悲伤、害怕和茫然使父母不知道该如何向家人和朋友宣布这样一个儿童的到来。

3. 收养和领养儿童的到来

收养和领养儿童可能会对家庭成员的经济、情感、婚姻和身体健康造成潜在的压力，这种压力会影响他们对待该儿童的态度。

4. 成人的增加

原本不在一起生活的祖父母因为疾病进入现有家庭，会使年幼的儿童感到茫然。

继父母的加入会产生很多可能的后果，最好的结局是帮助家庭建立起理想的情感生活环境，这具体有以下四种情况：

（1）父母离婚或分居后继父母的介入。这时另一个生父母与继父母的关系紧张会给家庭造成灾难。

（2）父母一方去世后另一方再婚。在悲痛期再婚将造成更多的问题。

（3）同性恋父母的介入。婴儿期至学龄前期儿童会有些害怕，学龄期儿童会被其亲父母、祖父母及其他亲属的消极反应所影响，年龄再大时他们会了解到社会上对同性恋的态度而害怕影响自己的性取向。

（4）分居父母复合或离婚父母再婚。起初儿童会有一种终于梦想成真的感觉，但随后会发现自己在新环境中的重要性减弱了，同时伴有被排斥感。

（二）家庭成员的减少

1. 家人的死亡

不同年龄段儿童对死亡的理解是不一样的。小于 2 岁的儿童不能理解死亡；2 ～ 6 岁的儿童认为死亡等同于缺席或是可逆的；6 ～ 10 岁的儿童意识到死亡是不可逆的，他们的父母、祖父母或同胞不会再回来；10 ～ 11 岁的儿童已经可以理解每个生命死亡的必然性，包括自己。同胞的死亡在引起儿童痛苦的同时，也会导致家庭功能的失衡。

2. 与死亡无关的变化

父母因工作原因两地分居、服兵役、入狱、患病和受伤等常常引起家庭经济状况的改变及家庭成员的情感和精神健康问题，这些常会使父母的家庭和社会角色受损，需要重新平衡家庭活动和责任。

第三节　婴幼儿家庭养育面临的挑战

家庭是婴幼儿出生后的第一个生活环境，婴幼儿从家庭获得最初的生活经验、社会道德评价、行为习惯并逐渐形成个性。在儿童成长的早期，家庭几乎是儿童发展的全部环境。家庭养育方式是影响儿童发展的重要因素，它对儿童的心理发展、个性形成、人格发展都有着内在而复杂的影响。家庭养育折射出父母的养育观念、养育态度和养育行为。如今，城镇化加快、核心家庭占主流、离婚率增加等，都导致很多家庭中缺乏某些必要的功能元素，这意味着家庭功能失调，最终会影响婴幼儿健康发展，给婴幼儿家庭养育带来一定的挑战。

一、生理需求不能满足

（一）安全保护

最容易辨别和记录最多的家庭功能失调是儿童缺乏安全保护，具体包括虐待儿童和过度保护。

1. 虐待儿童

世界卫生组织（WHO）对虐待儿童的定义为：虐待儿童是指对儿童有抚养义务、监管及操作权的人，作出足以对儿童的健康、生存、生长发育及尊严造成实际的或潜在的伤害，包括各种形式的躯体虐待、情感虐待、性虐待、忽视及对其进行经济性的剥削。虐待儿童的定义在不同国家和不同文化中有所不同。我国对虐待儿童的定义为：儿童期遭受的父母或其他监护人或年长者的伤害行为，该行为对儿童的健康、生存、生长发育以及自尊心等方面造成了实际或潜在的危害。

2. 过度保护

过度保护的父母普遍害怕一些可怕的灾难会降临到他们的孩子身上，孩子出现十分微小的身体不适他们也要带孩子去看医生，通常对孩子身体的每一个改变和症状都极度焦虑，对孩子正常的发育改变和行为改变也极其关注。这种父母行为模式被称为过度保护父母综合征。过度保护的父母通常表现为对孩子躯体功能和潜在健康危害的过分关注，有时几乎到了疑病症的程度。他们通常担心自己对小孩的喂养不当，为此向多名育儿专家咨询，有时这些父母是不能自持的、沮丧的、孤独的和未得到满足的。他们的过度保护使他们与儿童紧密地联系在一起，儿童成为他们的情感依托。

（二）食物供给

食物供给方面的问题包括喂养不足和喂养过度。喂养不足的后果是营养不良和饿死，喂养过度的直接后果是肥胖。儿童过于肥胖除了会过早地引起一些疾病，比如高血压、糖尿病和冠心病等，还会遭到周围儿童的嘲笑，从而导致自尊心下降和退缩等行为问题。

（三）居所

1. 无家可归

无家可归是指儿童因为家庭整体性被破坏、家庭生活被扰乱和家庭关系支离破碎等原因而无处可去，这对儿童来说是一种急性应激事件。在这种情况下，家庭对于儿童来说就是一个拥挤的房间，是与家人共用洗手间、厨房和餐厅的地方，而父母通常会感到一种无法自持的不充足感、无能和无力感，无望、无助、冷淡、混乱和不确定感也很常见。

2. 多家居住

在多个家庭居住的儿童被称为“溜溜球”或“游荡者”。这又包括两种情况：一种是家庭比较富有，父母拥有多个住处，其忽略了在多处居住对儿童的负面影响；另一种是父母为了争夺抚养权和生活费而导致儿童在父母双方的家庭频繁地交换。这些儿童往往感到不安，他们不知道自己应该居住在哪里，应该听谁的。有时这些儿童会被父母一方从另一方那里诱骗过去，他们觉得自己像父母博弈的筹码，因此他们常常感到焦虑、挫败和沮丧。

（四）健康保健

1. 医疗过度

医疗过度主要表现为父母的代理型孟乔森综合征。父母的代理型孟乔森综合征指的是父母捏造儿童的疾病到医疗机构和相关健康保健机构寻求诊断和支持，其有时会夸大症状和实验室检验结果。这通常是父母对子女的一种最复杂也最致命的虐待形式。在较重的病例中，父母的代理型孟乔森综合征可造成明显的病态和死亡。在较轻的病例中，病态性使儿童逐渐相信自己的“病态儿童角色”，这会导致其成年后的孟乔森行为或简单的疑病症和依赖行为。

2. 医疗忽视

医疗忽视的原因一般是父母缺乏经验或者是父母缺乏医疗动机、医疗资源不足或者对医嘱不理解。现在，忽视医疗保健的人数在不断上升，免疫接种也不够充足。一些儿童因为父母不当的医疗保健而死亡，这也可能发生在产前阶段。研究显示，忽视产前保健的父母往往也会忽视产后新生儿保健。

二、发育刺激和情感回应不当

（一）刺激不足或刺激过度

1. 刺激不足

生活在刺激不足家庭中的儿童可能会产生一连串的短期和长期后果。就智力方面而言，儿童可能出现功能性脑发育迟滞和学习障碍；就情感方面而言，儿童可能出现抑郁、焦虑、行为紊乱和人格障碍；就社会关系而言，儿童可能出现同伴关系困难、冲动控制障碍、说谎。这些儿童给人的印象往往是呆板、冷漠、无所谓或无同情心，严重者可能影响生长发育或导致发育迟滞。父母与子女之间的交流是局限的和僵硬的，他们缺少眼神交流、自然交流和情感交流的信号。

2. 刺激过度

近年来，许多社会因素导致了“温室”或过度精心设计的儿童生活的产生，这些社会因素主要有：父母年龄的增长、双职工家庭数量增长、母亲职业的发展、离婚率的增加、教育资源和社会的竞争。其造成的可能后果有：过于精心的安排使父母没有充足的时间陪伴儿童，儿童也会因为父母比较在意自己的成绩而认为成绩是获取父母宠爱的重要因素。

（二）赞赏不足、过度批评或过度纵容

1. 赞赏不足、过度批评

赞赏不足、过度批评其实也是一种心理和情感上的虐待，表现为家庭成员重复地不赞成、过度惩罚、敌对、批评、嘲讽和鄙视；家庭成员间充斥着负面情绪，信任感、自尊感和安全感降低；家庭关系因频繁的冲突、争吵、冤枉、责备和嘲笑而被破坏。生活在这种环境下的儿童倾向于内化自己的感受，主要表现为：广泛性焦虑、依赖、拘谨、恐惧症、完美主义、抑郁和羞怯，他们可能因为害怕被拒绝和嘲讽而表现出过度的顺从和过度自控；外化的表现有：攻击、活动过度、挑战权威和制度、不负责任、挑衅行为和对批评的过度敏感。

2. 过度纵容

在过度纵容的家庭中，父母用过度的爱和抚育来溺爱儿童，但没有设定合理的界限和约束，常常赞赏过度而批评不足。这些儿童经常表现为早熟、自私、无安全感、易激惹、易受挫、不易满足、遇难事易放弃、有浮夸观念或对自己有不切实际的期望、未达目标则极其失望、自控能力差和品行不端，同伴们对他们的评价往往是自高自大、虚荣和势利。家长应该了解溺爱的后果、减少负疚感和克服无力感，为儿童设定规矩和界限，学会对儿童的过分要求说“不”，让儿童认识到尊重父母意见的重要性，用奖罚手段来约束儿童。

（三）情感忽视

情感忽视是指个体的喜爱和需求持续被对其具有影响的人忽视、不理会和不赞同。生活在这种环境中的人们相互间无情感联系，好像生活在不同的世界，父母不能理解儿童对喜爱、亲昵和抚育的需要，或对儿童的基本需求感到很无力。对儿童而言，这种情感忽视可能带来毁灭性的后果，包括生长发育不良、发育延迟、过分活动、攻击行为、抑郁、自尊心降低、离家出走、物质滥用和一连串情感障碍。他们感到不被爱和不被需要，常常竭力去取悦他人，或通过一些不合理的行为去引起他人注意，表现出退缩、不关心他人痛苦、冷漠、害怕情感上的亲密和回避亲密行为，有较高的产生情感问题的危险性。

三、社会化功能失调

（一）家庭内部社会化

1. 冷淡的父母

家庭中父母对子女态度冷淡的原因多种多样，例如，父母有精神分裂症、躁郁症、抑郁症、乙醇依赖、物质滥用和一连串人格障碍，他们不能与儿童产生共鸣或无法理解和回应儿童的基本情感需求。在这种环境下生活的儿童发生发育、情感和行为问题的危险性较高，可表现为抑郁、焦虑、过度活跃、行为问题和情感适应不良。

2. 过度亲密和牵绊的家庭

父母和儿童过度亲密最极端的例子是牵绊，表现为个体间无明显界限，他们不能分开或独处，一旦分开则会极度焦虑、愤怒或表现为其他形式的情感应激。极度亲密形成的原因包括：两代人过于亲密、父母与其自己父母的分离和独处不足、父母的不协调、发育危机、性情多变的气质和其他一些相关因素。在这种环境下生活的儿童可能对正常的发育任务退缩，表现出分离焦虑的症状，这可能导致儿童回避友谊和抵抗去学校，严重者表现为焦虑障碍、抑郁和躯体化症状。

（二）家庭外部社会化

1. 控制不足、界限不清的家庭

在控制不足的家庭中，儿童与外界的关系没有界限，父母的角色和管教功能不被重视，儿童不告知父母随意出入家庭，这种儿童被称为“忙碌儿童”。在这样的家庭中，儿童没有得到父母的管教，也没有学会怎样正确处理家庭外部关系。他们一般非常在意他们的社会地位，寻求社会的接纳，而家庭外的关系如此之多，致使他们不能充分处理这些关系，从而导致他们不能建立真正的友谊和人际关系。他们常常表现出焦虑、安全感低和不快乐，严重者可能出现抑郁、退缩和愤世嫉俗。

2. 孤立和保守的家庭

在保守的家庭中，其外部社会支持和社会网络非常有限，家长的朋友亦很少，与朋友以外的人交往不多。他们普遍认为外面的世界是不友好的和充满威胁的，往往以敌对的态度看待世界。因为外界无法介入这种家庭，所以对家庭的内部情况也无从得知。在这种家庭中，功能失调的关系、行为问题（乱伦和乙醇中毒）、健康和社会心理问题都会因为秘密或否认而被隐藏或持续存在下去。生活在这种环境中的儿童往往比较害羞，社交不成熟，给人的感觉是孤独的和边缘化的。如果父母阻止他们建立家庭以外的关系，他们往往会离家出走。

四、父母婚变

在离婚和再婚的家庭中，对儿童影响最深的不是父母离婚和再婚这个事实，而是父母离婚和再婚的过程。对于每个孩子而言，父母分居和婚姻冲突都有各自不同的情况，都会产生新的可能。在父母分居前，他们或许已经尝试过修复婚姻关系，但并未能成功。分居、离婚和再婚不仅会影响父母，而且会影响儿童。

（一）对父母的影响

离婚带给父母的直接影响是经济问题，包括经济收入的减少和离婚后各自的住房问题。分居和离婚还经常影响父母的情绪健康，尤其是在离婚的第一年，常见的有抑郁、焦虑、自尊心降低、痛苦反应、长久的孤独感、紧张易怒和心理功能失调。在分居后，父母可能会出现躯体疾病、物质滥用和反社会行为。

（二）对儿童的影响

因为家庭情况、儿童的个人性格和离婚过程的独特性，离婚对于儿童的影响差异很大。有些儿童在父母离婚后能较快适应生活和胜任现有的社会功能，但大多数儿童会表现出明显的苦恼，对父母离婚后的生活难以适应。成年后，他们普遍表现为社会经济成就低、非婚生育发生率高、与父母联系少、心理健康程度低、建立亲密关系困难、婚姻质量差和离婚风险高。

离婚对 0 ～ 3 岁儿童的影响，在行为改变方面表现为烦躁、哭闹、害怕、分离焦虑、睡眠和肠胃问题、攻击行为和发育倒退。对 3 ～ 6 岁学前儿童的影响，在行为改变方面表现为依赖、闷闷不乐、做噩梦、幻想、害怕被抛弃。

本章小结

家庭教育、学校教育与社会教育共同构成完整的教育体系，家庭更是人一生中最主要的生育、养育和教育环境。本章主要讲述了家庭概念、家庭功能、家长教养方式、家庭教育原则、家庭养育环境等基本理论知识。家庭是社会最基本的单位，教育子女是家庭的基本功能之一。与儿童生长发育有关的家庭功能包括满足儿童生理需求，提供儿童发育、行为和情感上的支持，帮助儿童社会化等几个方面。父母的教育观念包括儿童观、教育观和亲子观等，教育观念影响教育行为。家长教养方式可以概括为四种主要类型：权威型、专制型、放纵型、忽视型。家长素质是决定家庭教育质量的关键因素，包括正确的教育观念、丰富的教育知识、科学的教育方法和一定的教育能力等，它直接影响着家庭教育的实施和质量。家庭教育的原则包括：以身作则，因人施教，一致、连贯，循序渐进、量力而行，民主平等与严格要求相结合、坚持正面教育等方面。家庭环境在儿童的早期心理发展中具有十分重要的意义，影响儿童早期智力发展、儿童气质、儿童人格发展、儿童社会化过程等方面。家庭教养需要掌握和遵守基本原则与策略方法。目前婴幼儿家庭养育面临生理需求不能满足、发育刺激和情感回应不当、社会化功能失调、父母婚变等挑战。

同步练习

一、选择题

1. 美国著名的儿童心理学家麦考比和马丁概括提出的家长教养方式类型有（　　）。

A. 权威型　　B. 专制型　　C. 放纵型　　D. 忽视型

2. 从家庭教育的角度来看，家长的作用主要体现在（　　）。

A. 家长是孩子长期与全方位的教师　　B. 家长在家庭教育中起主导作用

C. 家长是孩子的榜样　　D. 家长是孩子的朋友

3. 以下属于家长的正确教育观念的是（　　）。

A. 科学的儿童观　　B. 正确的人才观　　C. 恰当的亲子观　　D. 适宜的教育观

4. 家庭教育的原则是家长在实施家庭教育时必须遵循的基本要求和基本准则，包括（　　）等。

A. 以身作则　　B. 因人施教　　C. 循序渐进　　D. 坚持正面教育

5. 要成为鼓励型的家长，应（　　）。

A. 承认孩子的真实情况　　B. 对孩子充满信心

C. 注重孩子的消极方面　　D. 多鼓励，多表扬

二、判断题

1. 家庭的主要功能是满足生理需求，提供衣食住行等生存方面的保障。（　　）

2. 父母的期望越高，越能够促进子女的发展。（　　）

3. 家长素质是决定家庭教育质量的关键因素。（　　）

4. 父母的教养方式是反映家庭教育质量的指标。（　　）

5. 人的性格主要是先天遗传因素决定的，与后天生活环境无关。(　　)

三、简答题

1. 家庭与儿童生长发育有关的功能有哪些？
2. 家庭养育环境对儿童早期心理的发展体现在哪些方面？
3. 婴幼儿家庭养育策略有哪些？

四、思考题

1. 父母应如何与孩子建立最初的信任关系？
2. 同胞因素对婴幼儿家庭养育的影响有哪些？

第二章　婴幼儿生长发育规律和特点

学习目标

知识目标

1. 掌握婴幼儿体格生长的规律和特点。
2. 掌握婴幼儿心理行为发育规律和特点。
3. 掌握婴幼儿社会情感发育规律和特点。

能力目标

1. 能够根据婴幼儿身体发育规律安排难度适宜的教育活动。
2. 能够根据婴幼儿心理发展特点组织寓教于乐的游戏。
3. 在了解婴幼儿情绪情感特点的基础上引导其健康发展。

素养目标

1. 对婴幼儿的成长要有耐心，不急躁、不攀比。
2. 知道婴幼儿有自己的身心发展规律，并按照规律开展教育活动。
3. 知道婴幼儿具有较大的个体差异性，要在与婴幼儿深入互动的基础上开展各类保教活动。

本章导览

- 婴幼儿生长发育规律和特点
  - 婴幼儿体格生长规律和特点
    - 体格生长规律
    - 体格生长特点
    - 体格生长影响因素
  - 婴幼儿心理行为发育规律和特点
    - 神经系统发育
    - 运动发育
    - 心理发展
  - 婴幼儿社会情感发育规律和特点
    - 依恋
    - 社会参照和共同注意
    - 自主和掌握控制

案例导入

抱着毯子入睡的倩倩

每天睡觉前，倩倩必须把一条粉红色的毯子放在枕头边，她总是把脸贴在小毯子上才愿意入睡。如果哪天小毯子被妈妈洗了还没有干，倩倩就哭闹着不愿意睡觉。这样的情况持续了好长一段时间，现在她连上幼儿园也要带着她的小毯子。为此，倩倩的妈妈有些迷惑不解：女儿为什么睡觉时非要抱着这条普普通通的小毯子呢？

问题： 你能解释为什么倩倩睡觉时总是抱着小毯子吗？

第一节　婴幼儿体格生长规律和特点

一、体格生长规律

（一）生长连续性、非匀速性、阶段性

从受精卵到长大成人，儿童的生长是不断进行的，即体格生长是一个连续的过程。但在儿童连续生长的过程中，生长速度并不完全相同，而是呈非匀速性生长，从而形成不同的生长阶段。如母亲妊娠中期时，胎儿身长增长速度较青春期快 10 倍。正常男童从受精卵到成人身高生长速度如图 2－1 所示。

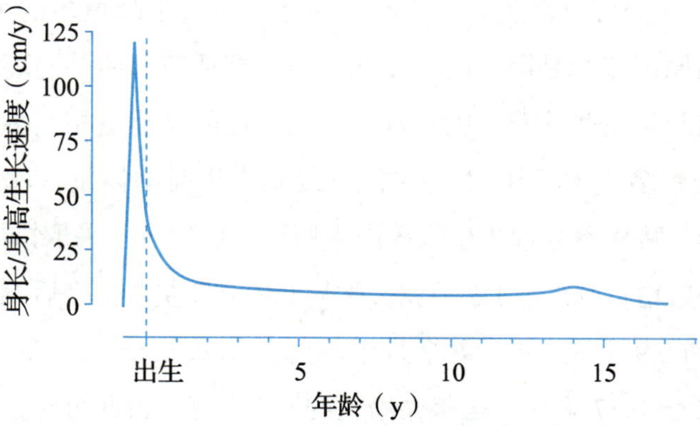

图 2－1　正常男童从受精卵到成人身高生长速度

胎儿身长的生长速度在母亲妊娠中期达到最高，约 10cm/ 月，之后逐渐下降至出生时的 35cm/ 年。出生后的第一年是生后的第一个生长高峰，第二年后生长速度趋于稳定，青春期生长速度又加快，为生后的第二个生长高峰，青春期平均身高的增长约 9.42cm/ 年。整个儿童期，儿童的体格生长速度曲线呈横“S”形。男女童身高、体重生长速度曲线如图 2－2 所示。

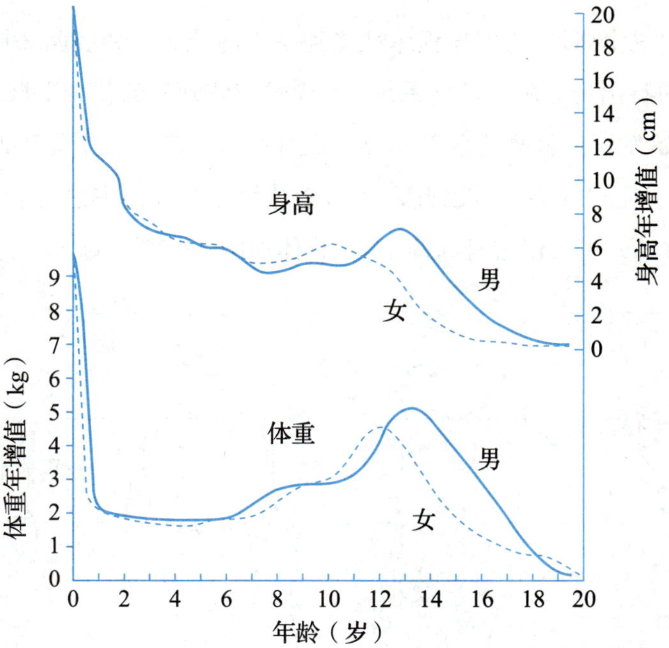

图 2－2　男女童身高、体重生长速度曲线

体重是衡量婴幼儿体格发育和营养状况的最重要指标。目前，我国正常新生儿的平均出生体重为 3.2～3.3 千克。大多数新生儿出生后会出现生理性体重下降，3～4 天时

达到最低点，7 ～ 10 天可以恢复到出生时的体重，体重下降最多的可达 200 ～ 300 克。生理性体重下降的原因多半是因为新生婴儿不能立即适应母体外的环境，表现为多睡少吃，吸乳不足，而肺和皮肤又蒸发大量水分，大小便的排泄也相当多，从而导致体重减轻。如果体重下降太多或 10 天以上仍未能恢复到出生时的体重，就应查找原因，分析是否由于母乳不足、喂养不合理或患病等因素所致，以便及早采取措施。

婴儿满月时一般增重 0.5 ～ 1.5 千克，平均 0.9 千克左右，生后第 2 个月和第 3 个月平均增重约 1.25 和 0.9 千克，4 ～ 6 个月平均每月增重 0.45 ～ 0.75 千克，7 ～ 12 个月平均每月增重 0.22 ～ 0.37 千克，全年共增重约 6.5 千克。由此可见，婴儿在出生后的前 3 个月增长速度最快，以后随月龄增长逐渐减慢。一般出生后 3 个月的体重约为出生体重的 2 倍，1 周岁时体重约为出生时体重的 3 倍。

1 岁后体重的增长速度进一步减慢，并且能独立行走，活动量增加。从外表看，1 岁后的幼儿不如以前那么胖了。这是正常现象，不能因此认为孩子营养不充分或者有病。一般 1 ～ 2 岁的幼儿全年体重增长 2.0 ～ 2.5 千克，2 ～ 3 岁全年增长约 2.0 千克，因此 2 岁小儿的体重应为 10 ～ 12 千克，3 岁小儿的体重应为 12 ～ 14 千克。

（二）生长程序性

人类在进化中逐渐形成的生长程序性受到基因的控制。如胚胎 3 周龄末开始形成中枢神经系统，4 周龄出现心脏和消化系统，5 周龄肢体开始分化为上肢、下肢，6 ～ 8 周龄手指、足趾开始发育。就身体各部位形态发育而言，遵循躯干先于四肢，下肢先于上肢，肢体近端先于远端的顺序。因此，胚胎 2 月龄时头长约占总身长的 1/2，出生时头长占身高的 1/4，成人头长仅占身高的 1/8，具体如图 2－3 所示。

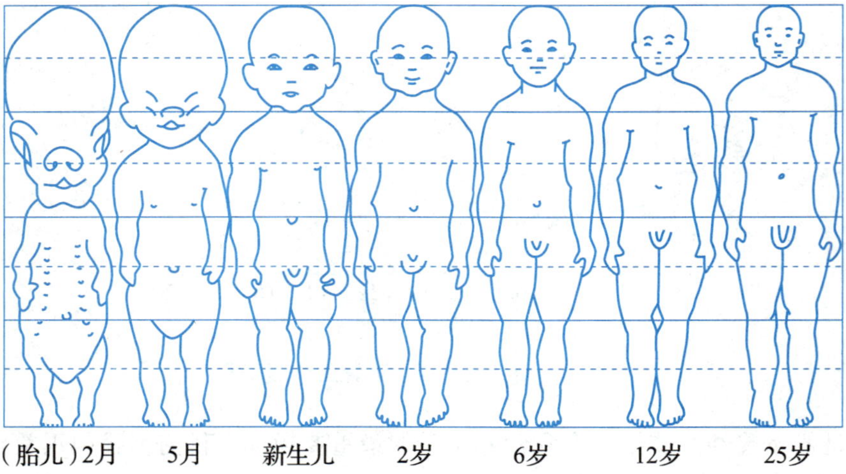

图 2－3　人体头长与身长（高）的比例

儿童时期，人的各器官系统发育先后、快慢不一，即发育不平衡，也遵循生长程序性的规律。如神经系统发育较早，生后 2 年内发育最快，2.5 ～ 3 岁时脑重已达到成人脑重的 75% 左右，6 ～ 7 岁时脑的重量已接近成人水平。淋巴系统生长迅速，青春期前达到顶峰，以后逐渐降至成人水平。生殖系统在青春期前处于静止状态，青春期发育迅速。其他系统，如呼吸系统、循环系统、消化系统、泌尿系统，以及肌肉和脂肪的发育与体格生长平行。人体各系统发育不平衡情况如图 2－4 所示。

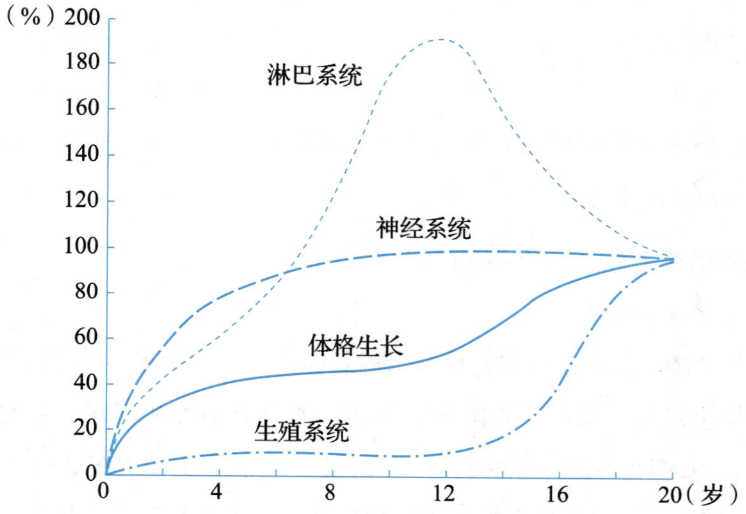

图 2－4　人体各系统发育不平衡情况

（三）个体差异

人体的生长发育有一定的总规律，但受遗传与环境的影响，婴幼儿体格生长存在个体差异。如同性别、同年龄的婴幼儿群体中，每个婴幼儿的生长水平、生长速度、体形特点等都不完全相同，即使是同卵双生子之间也存在差别。因此，通过连续性观察可全面了解每个婴幼儿的生长状况。

二、体格生长特点

（一）体格生长的原则

1. 头尾原则

头尾原则是指身体发展所遵循的顺序是先从头部和身体上半部开始，然后进行至身体的其他部分。头尾原则意味着视觉能力的发展（位于头部）先于走路能力的发展（位于身体末端）。

2. 近远原则

近远原则是指身体发展是从身体的中央部位进行至外围部位。近远原则意味着躯干的发展先于四肢末端的发展。使用身体各个部分的能力的发展也同样遵循近远原则。例如，有效使用手臂的能力要先于使用手指的能力的发展。

3. 等级整合原则

等级整合原则是指简单技能一般是独立发展的，随后这些简单的技能被整合成较复杂的技能。因此，相对复杂的用手抓握东西的技能，要到婴儿学会如何控制和协调每个手指的运动时才能够掌握。

4. 系统独立性原则

系统独立性原则是指不同的身体系统有着不同的发展速率。例如，身高、神经系统和生殖系统的发展模式是非常不一样的。

(二) 不同年龄段婴幼儿体格生长特点

1. 新生儿体格生长特点

出生体重与胎龄、性别及母亲妊娠期营养状况有关。一般来说，早产儿体重较足月儿轻，男婴出生体重略重于女婴。我国 2005 年 9 市城区调查结果显示，男婴平均出生体重为 3.33 ± 0.39kg，女婴为 3.24 ± 0.39kg（见表 2－1），与世界卫生组织 2006 年的参考值相近(男 3.3kg、女 3.2kg)。宫内发育影响新生儿出生体重，出生后的体重增长则与营养、疾病等因素密切相关。新生儿出生时身长平均为 50cm。胎儿期神经系统领先发育，故新生儿出生时头围较大，平均为 34 ～ 35cm。出生时胸围较头围略小 1 ～ 2cm，为 32 ～ 33cm，以利于胎儿娩出。新生儿期体格生长迅速。2005 年九市城区调查资料显示，我国新生儿期末男、女婴体重平均增长数据略高于世界卫生组织 2006 年的相关数据，具体如表 2－1 所示。

表 2－1　新生儿体格生长情况

月龄	性别	中国 2005 年调查结果			世界卫生组织 2006 年调查结果		
		体重增长（kg）	身长增长（cm）	头围增长（cm）	体重增长（kg）	身长增长（cm）	头围增长（cm）
0 ～ 1	男	1.78	6.4	3.5	1.12	4.8	2.8
	女	1.19	5.9	3.2	0.96	4.5	2.7

2. 1 ～ 4 月龄婴儿体格生长特点

这一时期婴儿体格生长仍然非常迅速，但较新生儿时期略有下降，如 1 ～ 3 月龄婴儿体重增长约 0.97kg/ 月，身长增长约 3.25cm/ 月，3 ～ 4 月龄体重增长约 0.59kg/ 月，身长增长约 2.0cm/ 月，以后增长速度随年龄的增加逐渐减慢，呈现非匀速过程。

各国调查资料显示，1～4月龄婴儿生长水平仍有不同，我国2005年九市城区调查结果高于世界卫生组织2006年调查结果。但各国资料均显示3～4月龄的婴儿体重约等于出生体重的2倍（平均约6.6kg），3～4月龄婴儿身长为64～66cm，较出生时增长12～13cm，头围较出生时增长6～7cm，约为43cm。因体格生长为非匀速过程，熟悉各年龄阶段体格生长速率有助于在临床工作中及早发现生长偏离并进行早期干预。0～12月龄婴儿体格生长情况如表2－2所示。

表2－2　0～12月龄婴儿体格生长情况

月龄	中国2005年调查结果			世界卫生组织2006年调查结果		
	体重（kg）	身长（cm）	头围（cm）	体重（kg）	身长（cm）	头围（cm）
出生	3.24	50.4	34.5	3.35	49.88	34.46
3～4	7.17～7.76	64.3～65.7	42.2～43.4	6.38～7.00	61.4～63.9	40.5～41.6
12	9.5～10.5	75～77	45～47	9.64	75.75	46.07

3. 5～12月龄婴儿体格生长特点

3～4月龄后婴儿的体重、身长及头围增长减慢，12月龄时体重约为出生体重的3倍，身长与头围约为出生时的1.5倍。胸围的增长较头围增长稍快，1岁时胸围约等于头围，即出现头、胸围生长曲线交叉。头、胸围生长曲线交叉年龄与儿童营养状况、胸廓发育情况有关。如我国2005年调查结果显示，儿童头、胸围曲线交叉约为15月龄，提示我国儿童胸廓生长较发达国家稍落后。除营养因素外，这可能与不重视爬行训练和胸廓锻炼有关。0～12月龄婴儿体重、身长及头围增长情况如表2－3所示。

表2－3　0～12月龄婴儿体重、身长及头围增长情况

年龄	中国2005年调查结果			世界卫生组织2006年调查结果		
	体重增长（kg/月）	身长增长（cm/月）	头围增长（cm/月）	体重增长（kg/月）	身长增长（cm/月）	头围增长（cm/月）
0～3月龄	1.13	3.9	2	1.01	3.6	2
3～6月龄	0.57	2.1	1	0.52	2.4	0.9
6～9月龄	0.31	1.4	0.6	0.32	1.5	0.5
9～12月龄	0.24	1.3	0.4	0.25	1.2	0.4

4. 1～3岁婴幼儿体格生长特点

幼儿期生长速度逐渐减慢，第二年体重增加2.5～3kg，即2岁时体重约为出生时体重的4倍（12～13kg）；身长平均增长约12cm，即2岁时身长为87～89cm；头围

平均 48cm，约达到成人头围的 90%。婴儿期后胸围生长速度开始超过头围，至青春期前胸围应大于头围（约为头围 + 年龄 −1cm）。婴儿期上臂围增长迅速，1 ～ 3 岁时增长速度减慢，为 1 ～ 2cm/ 年。

三、体格生长影响因素

（一）胎龄和出生体重

胎龄和出生体重是影响婴幼儿体格生长的主要因素。胎龄越小，宫内的营养储存越少，出生体重越低，生后并发症越多，越易发生宫外生长迟缓。多数随访研究显示，胎龄小于 28 周或极低出生体重（<1 500g）早产儿是发生生长迟缓的高风险人群，且多伴有神经系统发育迟缓。

（二）营养摄入

胎儿期后 3 个月主要储存营养素，故早产儿体内营养素储存少，生后疾病等因素又会加重营养不足程度。营养摄入是否充足和均衡，是影响早产儿生长的重要因素。早产儿主要是蛋白质和能量不足，易导致生长迟缓，且往往伴有不同程度的微量元素缺乏，如铁、维生素 D，因此生后易发生缺铁性贫血、维生素 D 缺乏。

（三）疾病因素

婴幼儿常见的疾病主要有以下几类。

1. 感染性疾病

1 岁以内的婴儿免疫力和抵抗力比较弱，所以比较容易患感染性疾病，比如呼吸道感染、感冒、喉炎、气管炎、支气管炎、肺炎等呼吸道疾病，以及呕吐、腹泻、急性胃肠炎等胃肠道疾病。

2. 皮肤病变

过敏体质的婴幼儿容易起湿疹；家长给婴幼儿穿得过多或者盖得过多，导致出现汗疱疹或者尿布疹等。

3. 营养性疾病

喂养不当会导致营养性疾病，比如没有及时添加辅食，或者婴儿挑食、偏食，导致出现缺铁性贫血，或者没有及时添加维生素 D 或者钙剂，导致婴儿出现佝偻病的情况。

还有一些严重影响婴幼儿体格发育的常见疾病，如：消化不良、肠套叠、扁桃体发炎、鼻出血、拉肚子、咳嗽化痰、痢疾、过敏性结膜炎、感冒、便血等。此外，当前食品安全问题较多，儿童常发生各类安全意外事故，也严重影响了儿童的身体发育。

（四）母亲因素

母亲身材矮小、有妊娠并发症及胎盘、脐带发育异常，可致胎儿宫内生长受限。母亲孕前或孕早期营养不良亦会显著影响胎儿生长发育，致胎儿生长严重受限。相反，母亲孕期营养过剩，出现妊娠糖尿病，会增加出现巨大儿的风险。目前研究显示，患妊娠糖尿病的母亲是围生期发生并发症的高危人群，40%的糖尿病母亲的婴儿为巨大儿。国内外研究均证实：母亲患妊娠糖尿病是子女远期发生肥胖的高危因素；代谢程序化的作用机制使糖尿病母亲的婴幼儿成年后更易发生肥胖、胰岛素抵抗、心血管疾病等慢性非感染性疾病。美国一个回顾性全国合作的围产项目证实，患妊娠糖尿病母亲的新生儿出生体重较高，随访至7岁仍有较高的体重和身体质量指数（BMI），儿童出现超重的风险增加了61%，调整出生体重因素后差别仍然存在。

第二节　婴幼儿心理行为发育规律和特点

一、神经系统发育

（一）脑的塑造

脑和脊髓组成的中枢神经系统，以及不断发育且延伸到身体每个部分的周围神经系统共同组成了人的神经系统。通过周围神经系统，感觉信息被传递到脑，脑发出的动作指令再传递到全身的感觉器官。

成人的脑重约为1.6千克，刚出生的婴儿脑重约为这一重量的25%。3岁时，脑重会达到成人脑重的90%。6岁时，儿童的脑重已经和成人的脑重基本相同了，但特定脑区还会继续发育，一直持续到成年期。婴幼儿脑的发育阶段如图2－5所示。

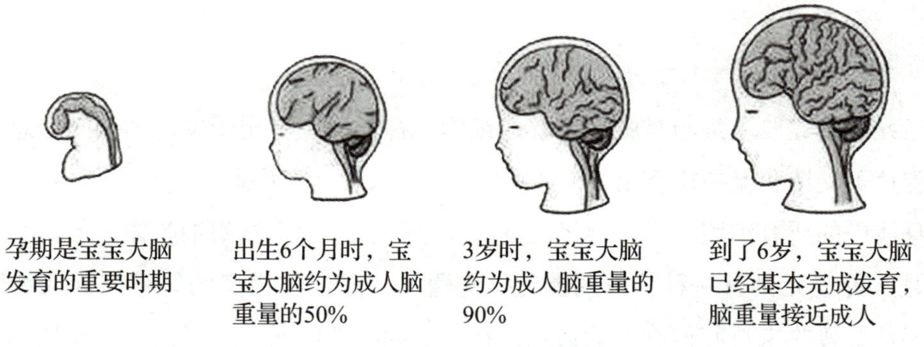

图2－5　婴幼儿脑的发育阶段

从受孕开始 2 周后，脑逐渐从一个空心管发育成大量的球形细胞；胎儿出生后，脊髓和脑干迅速发育，小脑在出生后第一年发育得最快。脑干主要负责人体最基本的生理功能，如呼吸、心率、体温以及醒睡周期，小脑主要负责维持平衡和保持身体动作协调。大脑是整个脑中最大的部分，分为左右两半球，各自具有特定的功能。左半球主要负责语言和逻辑思维，右半球主要负责视觉空间功能，如绘画和空间想象。随着年龄的增长，语言的单侧化发展优势明显，在 25 ～ 35 岁达到顶峰。大脑的每个半球都分为四个脑叶或部分，分别是枕叶、颞叶、顶叶、额叶，各自执行不同的功能，发育速度也各不相同。其中，枕叶负责加工视觉信息，颞叶负责处理听觉和言语信息，顶叶负责接收触觉信息、空间加工及促进眼手协调，额叶负责思维、计划，与个体的需求和情感相关。大脑的功能分区如图 2－6 所示。负责视觉和听觉的大脑皮层会在婴儿 6 个月大时就发育成熟，负责心理联想、记忆、产生精细动作的前额叶在之后数年都在不断发育。

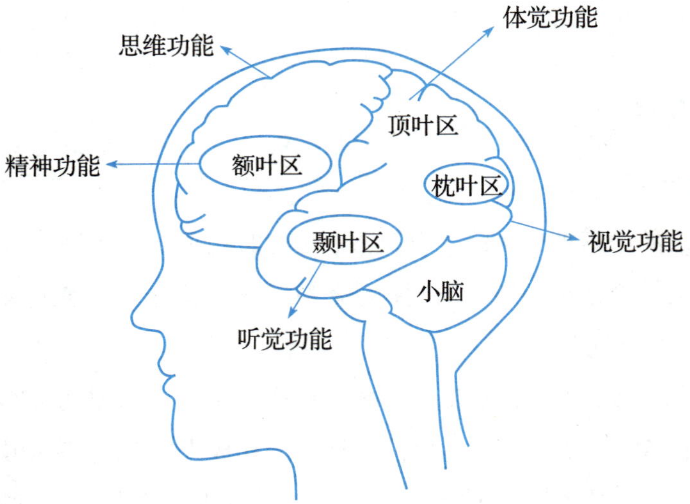

图 2－6　大脑的功能分区

（二）神经元

神经元和神经胶质细胞是脑最主要的细胞，神经元主要用于发送和接收信息，神经胶质细胞负责支持和保护神经元。神经元的组成如图 2－7 所示。

和身体中的所有细胞一样，神经元具有一个包含着细胞核的细胞体，但与其他细胞不同的是，神经元具有一种特殊的能力：它通过一段叫作树突的纤维与其他细胞相联系，树突负责接收来自其他细胞的信息；在另一端，神经元有一段长长的伸展部分，称为轴突，它负责给其他神经传输信息。这一过程通过突触来完成。最终，一个神经元可能会有 5 000 ～ 1 000 000 个突触与身体上的感受器、肌肉以及其他中枢神经系统中的神经元相连。最初，脑会生长出多余的神经元和突触，那些未被使用或不具备功能的神经元和突触会逐渐消亡。突触的数量在 2 岁时达到顶峰，之后数量减少，一直持续到青少年期。在一些神经元逐渐消失的同时会产生新细胞，甚至在成年期也会形成新的神经元。

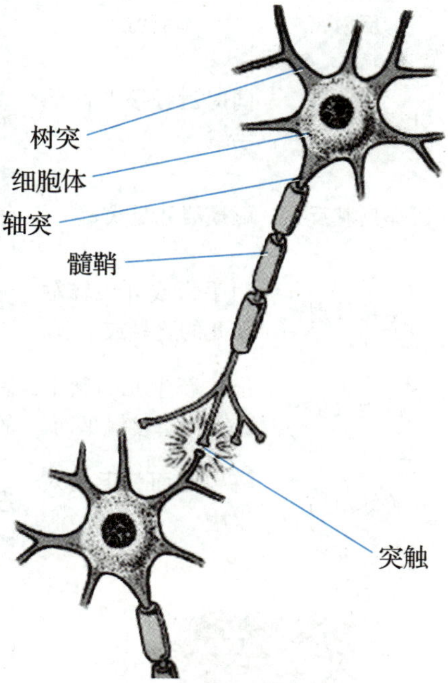

图 2－7　神经元的组成

（三）原始反射

当遇到强光时，你会不由自主地闭眼，这种与生俱来的对刺激的自动反应称为反射行为。反射行为由低级的脑中枢控制，这些中枢还负责其他的无意识过程，如呼吸和心跳。这部分脑区在出生时已充分髓鞘化。反射行为在促进中枢神经系统和肌肉组织早期发展方面具有重要作用。

据估计，婴儿有 27 种主要的反射行为。其中，大部分反射在出生时或者出生后不久就会表现出来，如表 2－4 和图 2－8 所示。原始反射，如吮吸反射、觅食反射和莫罗反射（对惊吓和下坠作出的一种反应）等，都与生存和安全等本能需要有关，它们能加强个体与照料者之间的联结。有些原始反射可能是在人类进化过程中保留下来的，例如抓握反射，这种反射能够让小猴子抓住母猴身上的毛发。

表 2－4　新生儿的原始反射行为

反射	刺激	婴儿行为	出现的典型年龄	消失的典型年龄
莫罗反射	婴儿突然下落或听到巨大声响	张开腿、手臂、手指，背呈弓形，头部后仰	妊娠期第 7 个月	出生后第 3 个月
达尔文反射（抓握反射）	触摸婴儿的手掌	紧握拳头；如果将一根棍棒放在婴儿掌心，婴儿握紧拳头后，可以通过提拉棍棒使婴儿站立起来	妊娠期第 7 个月	出生后第 4 个月
紧张性颈反射	婴儿仰卧或旋转头部	将头转向一边，呈现“击剑”姿势，一侧张开手臂和腿，另一侧弯曲	妊娠期第 7 个月	出生后第 5 个月

续表

反射	刺激	婴儿行为	出现的典型年龄	消失的典型年龄
巴布金反射	同时触摸婴儿两侧手掌	张嘴、闭眼、紧张性颈反射，头部倾斜	出生时	出生后第3个月
巴宾斯基反射	触摸婴儿足底	张开脚趾，腿能屈	出生时	出生后第4个月
觅食反射	用手指或乳头轻触婴儿的脸颊或下唇	转头，张嘴，开始吮吸	出生时	出生后第9个月
行走反射	拖住新生儿的腋下让其赤脚接触平面	做迈步动作状，看起来像进行动作协调的行走	出生后第1个月	出生后第4个月
游泳反射	将婴儿面朝下放入水中	进行四肢协调的游泳运动	出生后第1个月	出生后第4个月

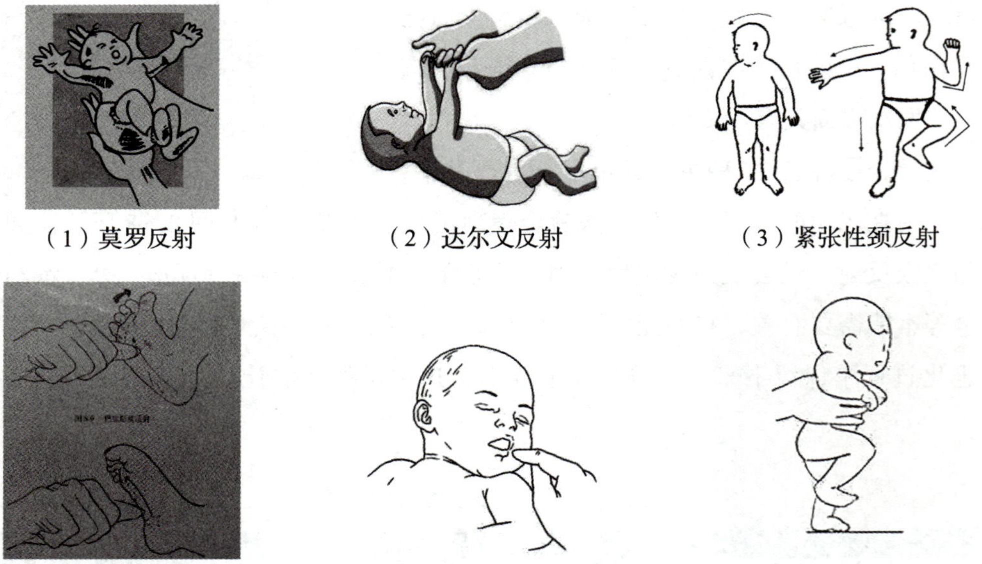

（1）莫罗反射　（2）达尔文反射　（3）紧张性颈反射

（4）巴宾斯基反射　（5）觅食反射　（6）行走反射

图 2-8　新生儿的原始反射行为

在婴儿出生后的 2～4 个月，高级的脑中枢变得活跃起来，婴儿开始出现体位反射，即对姿势和平衡变化作出的反应。例如，当把婴儿的头向下时，降落伞反射会让他们伸出胳膊，这是一种减弱下降趋势的本能反应。运动反射，例如行走反射和游泳反射，就像是有意运动，只有在无意识反射行为消失之后才会出现。

在出生后的半年内，大部分原始反射会逐渐消失。一些具有保护性功能的反射，如眨眼、打哈欠、咳嗽、作呕、打喷嚏、颤抖和瞳孔反射（瞳孔在黑暗环境下扩大）等会保留下来。那些不再需要的反射适时消失，表明大脑皮层的运动神经通路已经逐渐髓鞘化，可以产生随意行为了。因此，我们可以通过观察婴儿是否存在特定反射来判断其神经发育情况。

二、运动发育

（一）大运动发展

大运动技能可反映出儿童平衡、协调能力的发展情况，同时在运动中儿童可以学习轮流、协作、互助等基本活动规则，增进与同伴的交往。

学龄前幼儿大肌肉已发育较好，具备了运动和耐力发展的基础。3 ～ 4 岁幼儿可双脚交替上楼梯；能骑三轮车；能从较高处跳下，可双脚跳跃、并足跳远、单足跳；扔球时可将球高举过头，并可较准确地将球扔向目标；可扭转身体以协助手臂投掷，但尚无双腿协助的投掷姿势；能向前踢球；可一足对着另一足尖沿直线向前走或后退；可在成人帮助下穿衣服、如厕。4 ～ 5 岁儿童可交替着单足下楼梯，可以脚尖站立。5 ～ 6 岁幼儿可荡秋千，能跳绳，有的儿童还能掌握其他复杂的大运动技能，如轮滑、骑两轮车、跳舞等。

（二）精细运动发展

精细运动发展能帮助儿童提高生活自理能力并为入学做准备，如书写动作。学龄前幼儿高级的视觉运动发育能促进精细运动发展，使手的动作更精准、娴熟和功能化。幼儿 3 岁时能一只手拿杯，能模仿画圆形和“十”字形状，会用剪刀，可搭 10 层积木。4 岁幼儿可模仿画方形，能画出人的至少 3 个部位。5 岁幼儿会临摹自己的名字，能画开放的方形和闭合的圆形。

0 ～ 3 岁婴幼儿运动能力发展如表 2－5 所示。

表 2－5　0 ～ 3 岁婴幼儿运动能力发展

年龄段	大运动发展	精细运动发展
新生儿	无规律，不协调	两手紧握拳
1 个月	俯卧位抬头片刻	紧握触手物
2 个月	俯卧位抬头 45°	短暂留握摇荡鼓
3 个月	俯卧抬头 90°、垂直位头晃动	两手放松，有意识地用手接触物体

续表

年龄段	大运动发展	精细运动发展
4个月	俯卧位抬头、抬胸，仰卧位姿势对称	胸前玩弄双手，见物两臂活动欲取物
5个月	扶腋下直立时双下肢可支持体重，能靠着物体坐	伸手抓物（如主动抓握摇荡鼓）
7个月	独坐（时间短），俯卧位以腹部为中心向左右旋转追视物体	积木从一手换到另一手，用4根手指一把抓小物体
8个月	独坐稳，会爬	捏弄、敲打及抛掷玩具
9个月	扶栏站立	用拇指和食指摘取小丸
10个月	扶栏站起	伸食指拨弄小丸或小孔
11个月	扶家具行走，牵一手能走	从杯中取出积木
12个月	独站片刻，部分小儿能独走	垂直摘小丸，把手中物体放掉
15个月	独走，行走自如，弯腰拣物再站起	搭积木2～3块，将小丸放入瓶中
18个月	扶栏上楼梯，有目标地抛球，拖拉玩具前进及后退	搭积木3～4块，用笔在纸上乱画，将小丸从瓶中倒出
21个月	扶栏下楼梯，踢珠	搭积木5～6块，用笔画直线
2岁	双足并跳，跑步笨拙	搭积木6～7块，逐页翻书，用蜡笔乱涂
2岁半	立定跳远20cm	搭积木8块，搭桥，模仿画直线、横线
3岁	单足站立片刻，跑步较熟练，两脚交替登楼梯	搭积木10块，模仿画圆形，会用筷子夹花生

三、心理发展

（一）思维

思维是人脑对客观事物的概括和间接反映，是智能的核心。人的思维活动是一个复杂的认知过程，由于思维和第二信号系统即语言的发育分不开，所以它的发生较迟。一般认为，婴儿在9～12个月时就产生了思维能力，但是这一时期的思维是比较低级的思维，主要表现为婴儿此时能有目的地运用动作来解决问题，比如找到一个藏在某地方的物体。这种思维可称为前语言的思维，主要是具体形象的思维，是与婴儿手的抓握和摆弄物体分不开的。1岁以后，幼儿在言语发育的基础上才开始向抽象逻辑思维发展，但这时仍以直觉行动为主，概括水平还是很低的。我们可以根据婴幼儿的这些特点，注意调动婴幼儿感觉器官的作用，不断丰富其对环境的感性知识和经验，并启发其思维，培养他们用基本的语言进行简单抽象思维，为思维的发展打好基础。前言语性思维主要靠动作发展来形成，所以要尽量增加与婴幼儿接触、认识环境的机会。思维方式向抽象性、逻辑性发展以丰富的言语为基础，所以要创造言语发展的环境，鼓励婴幼儿提问，并用尽量完整的句子来回答问题，不断丰富婴幼儿的词汇，尤其要注意教育中的启发性。

（二）想象

婴幼儿的想象是其创造性的主要方式，想象的发展是婴幼儿创造思维发展的核心，想象是一个逐渐发展的过程。想象的生理基础是大脑皮层上已经形成的暂时性神经联系进行新的组合，其基本材料是表象。在生命最初的几个月中，婴儿开始学习各种感官经验、运动和情感的表达，并逐渐产生表象，形成初步的暂时神经联系。为其想象的产生提供了前提和基础。随着婴幼儿年龄的不断增长，其大脑功能也在不断发展和完善。与此相适应的是婴幼儿认知能力的迅速发展，并积累和储存了越来越多的记忆表象。当婴幼儿的认知能力发展到一定程度的时候，就可以把已有的表象迁移到新的情景中去，这就意味着想象的产生。

0～3 岁婴幼儿想象的发展可分为三个阶段，分别为表象迁移阶段、表象替代阶段、想象游戏阶段。在表象迁移阶段 (1 周岁零 8 个月)，想象主要表现为简单的表象迁移，即幼儿只是把大脑中的表象迁移到新的情景中去，并没有进行非常显著的加工改造。这时的想象和记忆非常接近，二者之间没有明显的区别。在表象替代阶段 (2 周岁左右)，想象主要表现为：把没有的东西想象成有，将同样的东西在不同的场合赋予不同的功能，特别是将没有生命的东西赋予生命。在想象游戏阶段 (2 周半左右)，想象主要表现为象征性游戏。在这一阶段，想象不再局限于具体事物的形象，而是带有一定的情节，具有情景性。幼儿可以运用自己的想象和成人或同伴一起从事象征性游戏。这种游戏可以是较为随意的想象，也可以是通过扮演角色对某一故事的重新演绎。幼儿在游戏的过程中，可以扮演一个角色，也可以扮演不同的角色，同时也允许和理解对方同时扮演多种角色。在这一阶段，想象开始具有一定的创造性，在想象游戏的过程中，幼儿的创造性想象开始出现。

（三）注意

注意不是独立的过程，而是感觉、知觉、记忆、思维等心理过程的一种共同特征。注意可分为有意注意和无意注意。有意注意是有目的的、需要意志控制的注意；无意注意是指没有预定的目的，也不需要意志力努力的注意。总的来说，3 岁前的婴幼儿以无意注意为主，但同时也是由无意注意向有意注意发展的关键时期。

新生儿大部分时间处于睡眠状态，他们的觉醒时间非常短暂。持续时间一般不超过10分钟，即使在吃奶的条件下，也不超过半个小时。新生儿这种极短暂的觉醒时间是神经系统和脑发育尚不成熟而避免受过多刺激影响的保护性手段。随着婴儿的成长和神经系统的发育，这种觉醒状态持续时间迅速增加，到了3个月即使在不喂奶时，其觉醒时间也可以延续到1～1.5小时。4个月以后，就可以出现昼夜之间有规律的睡眠觉醒转换。半岁时，婴儿在夜间能连续睡眠6～8小时，白天有规律地睡两次，2～3小时/次，其余时间则醒着玩耍。这时婴儿的注意也迅速发展起来，且主要表现为选择性注意的发展。

1～3个月婴儿，当有发亮的东西或色彩艳丽的东西出现在视野中时，他就会发出喜悦的声音或睁眼注视。这个阶段的婴儿具有选择性注意的特点，喜欢注视曲线胜过直线，偏好对称的物体超过不对称物体；3～6个月婴儿，随着头部运动自控能力的加强，其扫视环境更容易。婴儿视觉注意更加发展，更加偏爱有意义的物象，如喜欢注视母亲以及喜欢的食物或玩具，较多注视数量多而小的物体，对更复杂、更细致的物象保持更长的注意时间。注视后辨别差异的能力和转换注意的能力增强；6～12个月婴儿，随着活动能力的增强，注意已不完全集中在视觉方面，而是从更多感觉通道和活动中表现出来。如注意更多表现在抓取、吸吮、倾听、操作和运动选择上。随着婴儿的成长，他们对新异事物的兴趣增加，产生探索性行为和注意；3岁以后，随着语言能力的发展，他们能听懂很多话。言语活动支配幼儿的注意选择，幼儿可以将注意力集中在成人用词表达的对象上，如集中听故事、看图书和看电视活动上。随着年龄的增长，婴儿的注意可逐渐明确，时间会逐渐延长。对有兴趣的事物，1岁半婴儿只能注意5～8分钟，1岁9个月婴儿能集中注意8～10分钟，2岁婴儿能集中注意10～12分钟，2岁半婴儿能注意集中10～20分钟。

（四）记忆

记忆是婴幼儿心理活动在时间上得以延续的根本保证，是经验积累或心理发展的重要前提，是婴儿发展过程中重要的心理活动之一。一般认为，人类个体的记忆在胎儿时期已经产生。

新生儿最早的记忆是对母亲抱或吃奶姿势的记忆。吃母乳的婴儿，如果用固定的姿势抱着他，他就会寻找乳头，说明经过多次重复，婴儿已对这一姿势有了记忆；在2～3个月时，当婴儿注意的物体从视野中消失时，他能用眼睛去寻找，这表明婴儿已有了短时记忆；在4～5个月时，婴儿就已能记住喂奶和经常抚爱自己的人（多是母亲），能把她与陌生人区别开，即能够对熟悉的人再认。但这时的再认只能保持几天，如果多日不见就不能再认了。婴儿记忆时间的长短是随着月龄的增加而发展的。5～6个月以后能记住妈妈的模样，见到妈妈时表现出高兴的样子，四肢舞动、面带笑容，甚至发出笑声。有人对8～12个月的婴儿做过试验，让婴儿看着把一个玩具放在同样两块布中的一块的下面，用一块大幕布遮隔一下，遮隔的时间分别为1秒、3秒、7秒，然后让婴儿找出玩具。结果发现：8个月的婴儿间隔1秒就不记得了，即找不出玩具了。间隔3秒时，12个月的婴儿都能记住并找出玩具。间隔7秒时，70%的12个月的婴儿能记住并找出玩具。随着语言的发育，婴幼儿的记忆能力逐渐增强。1岁多的幼儿能记住自己用的东西和一部分小朋友的名字，2岁时能记住简单的儿歌。这一时期幼儿的记忆保持时间明显延长，记忆能保持几个月，如父母离开几个月后再回来时，幼儿仍能够再认。2岁以后的幼儿才能出现再现的回忆。

婴幼儿记忆的特点主要是机械记忆，由于婴幼儿知识和生活经验有限，理解能力很低，他们只能采用简单重复方式进行记忆，不可能像成人一样通过理解后记忆。但婴幼儿大脑皮层反应性强，感知一些不能理解的事物也能够留下较深的记忆。婴幼儿机械记忆能力比成人强，而且有很大的记忆容量和发展潜能。

第三节　婴幼儿社会情感发育规律和特点

一、依恋

（一）依恋的含义

依恋是婴幼儿寻求并希望保持与另外一个人亲密的身体联系的倾向，是一系列学习行为的基础。婴幼儿在喂养过程中会产生对喂养者的依恋，依恋对象多为母亲或其他抚养者或与婴幼儿联系密切的人。但依恋的目的不是获得食物而是得到关怀和回应。条件反射是产生依恋的基础。

（二）依恋的类型

1. 安全型依恋

儿童不总是依偎在母亲身边，母亲在时儿童能安静地玩耍，对陌生人敏感；母亲离开时，表现出不安情绪；母亲回来时立即寻求与母亲亲近。安全型依恋的儿童易抚慰，多数儿童（65%～70%）为安全型依恋。

2. 回避型依恋

儿童不太关注母亲与自己的关系，母亲离开时不表现出紧张或忧虑，母亲回来也不予理会，或仅表现出短暂的高兴；不拒绝陌生人的接近，如安慰。20% 的儿童未形成与母亲的依恋，为回避型依恋，又称“无依恋的儿童”。

3. 反抗型依恋

儿童过于关注母亲的离开，表现为极度反抗，哭闹不安；母亲回来后儿童刚被母亲抱起又会表现出反抗，甚至发怒，难以安抚。反抗型依恋的儿童未把母亲作为安全的依靠，自己也缺乏安全感，玩耍时会时不时看母亲。10%～15% 的儿童为反抗型依恋。

4. 紊乱型依恋

紊乱型依恋的儿童表现为与父母亲近的时间短，儿童的行为紊乱或有自我破坏性。这类儿童较少。

二、社会参照和共同注意

（一）社会参照

大约从 10 月龄开始，婴儿能清楚地意识到他人的回应，包括他人的情绪回应，婴儿开始主动利用这一更高级的意识来指导自己的行为。这种情况在不确定的环境中更有可能发生，这个年龄段的婴儿在采取行动前通常会看向父母，以观察他们的反应，这种行为称为“社会参照”。

早期有一个实验展示了婴儿的行为是如何受到父母反应的指导和调节的，叫“视崖”实验。实验中一个会爬的婴儿被放在牢固的有机玻璃板上，有机玻璃板下用图案形成视觉悬崖的效果，妈妈则待在有机玻璃板的另一边。实验的内容分为两部分，在一部分内容中，要求妈妈表现出着急、害怕的表情；在另一部分内容中，则要求妈妈表现出自信、愉快的表情。婴儿在决定是否爬过悬崖到妈妈那里之前都会习惯性地朝妈妈看，婴儿最终会不会爬过去与妈妈脸上表现出来的情绪、表情直接相关。当妈妈表现出正面的表情时，婴儿爬过视觉悬崖的可能性更大。婴幼儿还会积极地利用他人的情绪反应来指导自己用什么样的行为对待他人，婴幼儿对不熟悉（却友好）的人的反应受妈妈行为的强烈影响。和在不确定的情境下一样，婴幼儿面对更明显的挑战或挫折时，也会主动参考父母的反应，但在一些更极端的情况下，婴幼儿向父母求助的目的常常是希望父母发挥更积极的干预作用，而不仅仅是想获得信息，他们会通过一些主动的表情来表达这一期望。这些主动的表情说明婴幼儿意识到自己的能力是有限的，自己可以使用有效的策略让父母来帮助自己处理为难的情境和感受。

（二）共同注意

婴儿半岁以后逐渐发展出追随成人目光的能力，父母看向一个地方，婴儿会跟着看过去。比如妈妈指着墙上的钟，婴儿会跟着看过去，这种现象被称为共同注意，也称联合注意。共同注意到 2 岁多时发展较完善。幼儿能够根据大人的声音或手势来注意特定的物体。因此，共同注意是个体察觉他人心理状态的最早表现，是一种简单的社会交流方式，对于儿童发展具有重要的意义。

尽管这种能力看起来有点简单，但是其他灵长类似乎不具备这样的能力。虽然猴妈妈会花时间照顾孩子，给它们梳理毛，背着它们行走，但是猴妈妈几乎没有花一点时间去看它们孩子的脸庞。这与人类是完全相反的，人类亲子之间总是非常愿意花大量的时间盯着对方的眼睛，看看对方在干什么，与对方进行目光“交流”。同时，随着共同注意的发展，婴幼儿还会将目光从物体转移到妈妈身上，并且来回移动，以确定自己和妈妈都在关注同一个物体。在共同注意发展出来以后，父母会发现孩子能给出更多的回应。共同注意体现了婴幼儿对外部世界的兴趣以及与父母互动的需要，通过共同注意，婴幼儿渐渐理解他人的意图，逐渐学会用手指点、用眼睛看等方法吸引他人的注意。共同注意行为的出现标志着婴幼儿社会理解的开始，也是婴幼儿复杂的社会技能发展的基础，对于婴幼儿的社会性发展起着举足轻重的作用。婴幼儿的共同注意越多，目光接触就越多，模仿能力也越强。当婴幼儿开始注意他人关注的对象时，表明他们已经尝试着理解他人的心理状态和想法。

（1）从发展顺序上看，正常婴儿的兴趣在 6 ～ 12 个月开始从与大人面对面的互动转向对物体的探索，特别是那些属于大人的物体；在此过程中，婴儿试图抓住这些物体，与大人共同关注同一物体。正常婴儿 9 个月时有观看被手抓住的物体的倾向，这些都被视为共同注意的先兆。但是，产生这些行为的原因以及这些行为反映的认知功能目前还存在一些争议。事实上，大量的研究表明，大人主动发起的目光接触是引发婴儿参与互动的线索。

（2）大约在 9 个月时，正常婴儿会指物，会炫耀手里的物品，在人与物体之间转换自己的目光。11 ～ 12 个月的时候，正常婴儿追随注视的能力开始出现。也有一些研究者认为，这样的能力大约在 18 个月的时候才开始出现，并且更能表明婴幼儿具有能理解其他人在看和注意的能力。

（3）在接近 1 岁末的时候，当存在有趣的事物（事件）并有其他人时，婴幼儿会主动引发他人对其感兴趣的物体的注意，即自发性共同注意。开始时婴幼儿采用非语言的方式（注视和手势），但很快就开始加入声音，一般是比较简单的声音。

（4）大约在 12 个月以后，幼儿开始对大人发起的共同注意行为作出反应，对他人引发的注意力进行应答，这就是应答性共同注意。

（5）12 ～ 14 月的幼儿能够跟随大人的注视或者指引，将注意力从物体转向大人再转向物体，以进一步确认自己所关注的物体是不是大人所真正关注的，从而与大人注意同一事物。

（6）大约在两岁中期，幼儿开始发展出一种协调性很好的共同注意技能，一般采用注视转移和手势的形式，提高了互动的效率。

三、自主和掌握控制

在追逐打闹游戏中，婴幼儿能控制自己强烈的情绪和危险的攻击行为，这反映了孩子从半岁以后开始发展的调节能力的普遍特征，即所谓的有意的或“需要努力的”控制。与自我安抚或中断目光接触这类早期的自我调节信号不同，“需要努力的”控制是指孩子能够有意地克服自然本能的反应方式，而以一种当下不那么合意的方式行事。例如，在被要求“不做”的情况（如别碰那些玩具）和“做”的情况（如把玩具收拾好）下，婴幼儿都需要作出积极的努力（通常来说，婴幼儿服从“不做”的要求早于“做”的要求，可能是因为做某事比不做某事涉及的行为更复杂）。在有意识地控制行为和感受发生的同时，参与决策和计划（或称“执行功能”）的大脑区域（前额叶皮质）也在发展，当面对有竞争性的需求时，能做到有选择性地专注于一项任务非常关键，因而这是一种更有意识的或“认知”型的控制。但在大脑区域开始显示出这种联系和发展之前，这些更为复杂的执行功能的基础就可以从婴幼儿注意力的自我调节上看出来。例如，当面对大量玩具时，6 月龄的婴儿，他的注意力能够保持高度集中，或者当看到重复出现的一系列图片时，他能够预测下一张会出现什么，在 1 岁之后，他仍然能继续表现出特别良好的“需要努力的”控制能力，尤其是在被要求“做”的情况下。除了观察婴幼儿是否能够控制自己的行为，在“不做”和“做”的要求下是否能依照指令做事之外，心理学家还发现，关注婴幼儿回应的质量也很重要，尤其是要区分两种类型的顺从：一种是自愿顺从，在这种情况下婴幼儿乐意而且热情地执行要求；另一种是情景顺从，在这种情况下婴幼儿或许也会按要求去做，但显然只是在走过场，没有表现出积极的意愿。

区分这两种类型的顺从很关键，因为自愿顺从与婴幼儿内化行为规范的进一步发展有关，也只有在这种情况下无须他人的监督婴幼儿就会主动开始行动。当然，这种自愿顺从也与之后良好的行为调整有关。

本章小结

本章主要介绍了婴幼儿身体、心理、社会情感方面的发展规律。首先，婴幼儿的体格生长具有连续性、非匀速性、阶段性、程序性、个体差异等特点，体格生长遵循头尾原则、近远原则、等级整合原则、系统独立性原则。其次，从神经系统发育、运动发育、心理发育三个方面介绍了婴幼儿的心理特征。再次，介绍了不同年龄段婴幼儿大运动、精细运动的发育，婴幼儿思维、想象、注意、记忆等方面的发展阶段。最后，从依恋、社会参照和共同注意、自主和掌握控制等方面介绍了婴幼儿情绪情感的发展。婴幼儿通过与母亲的依恋关系的建立形成对世界的最初信任感，通过社会参照、共同注意的发展，建立、发展与他人的社会关系。

同步练习

一、选择题

1. 感知运动阶段发生在（　　）。

A. 7～11 岁　　B. 4～7 岁　　C. 2～4 岁　　D. 0～2 岁

2. 口语发展的关键期是（　　）。

A. 2～3 岁　　B. 1～4 岁　　C. 4～5 岁　　D. 5～6 岁

3. 下列不属于《3～6 岁儿童学习与发展指南》倡导的学习方式的是（　　）。

A. 强化练习　　B. 直接感知　　C. 实际操作　　D. 亲身体验

4. 幼儿常常对一个故事百听不厌的原因是（　　）。

A. 无主题　　B. 夸张性

C. 主题不稳定　　D. 以想象过程为满足

5. 青青的妈妈说："那小孩儿嘴真甜！"青青问："妈妈，您舔过她的嘴吗？"这主要反映了青青（　　）。

A. 思维的片面性　　B. 思维的拟人性　　C. 思维的生动性　　D. 思维的表面性

二、判断题

1. 生长发育具有一定的总规律，但受遗传与环境的影响，儿童体格生长存在个体差异。(　　)

2. 婴幼儿视觉能力的发展先于走路能力的发展。(　　)

3. 注意的主要特点是集中性和有意性。(　　)

4. 学龄前儿童易学易忘，但进行记忆训练有益于其记忆学习。(　　)

5. 条件反射是产生依恋的基础。(　　)

三、简答题

1. 简述婴幼儿体格生长规律和特点。

2. 简述依恋的四种类型。

四、思考题

学习了婴幼儿生长发育规律和特点后，你觉得自己受到了什么启发？

第三章　婴幼儿营养与喂养指导

学习目标

知识目标

1. 掌握婴幼儿营养需要的基础知识。
2. 掌握婴幼儿消化系统发育特点，了解婴幼儿的消化道功能。
3. 掌握人乳喂养、配方奶喂养和食物选择的基础知识。

能力目标

1. 掌握婴幼儿进食技能指导方法。
2. 能进行婴幼儿喂养指导。

素养目标

1. 运用所学知识分析并指导现实中与本章内容相关的问题。
2. 通过了解婴幼儿营养与喂养的相关知识，提倡顺应性喂养。

本章导览

- 婴幼儿营养与喂养指导
  - 婴幼儿营养基础
    - 婴幼儿能量需要
    - 消化系统发育
    - 消化道功能发育
    - 营养素消化与吸收
  - 婴幼儿进食技能发育指导
    - 口腔反射发育
    - 吸吮与吞咽发育
    - 咀嚼发育
    - 进食技能的发育与指导
  - 婴幼儿常规喂养指导
    - 适宜的喂养技术
    - 婴儿母乳喂养
    - 婴儿配方奶喂养
    - 基础食物选择
  - 婴幼儿喂养问题及指导
    - 常见的婴幼儿喂养问题
    - 婴幼儿喂养困难的原因
    - 婴幼儿喂养困难的表现
    - 婴幼儿喂养困难指导

案例导入

新手妈妈的担忧

准妈妈园园已经怀孕38周了，临近产期，除了即将为人母的喜悦外，混迹各大孕妈群的园园也越发惆怅起来。孕妈群里的新手妈妈们有的在诉说着开奶的疼痛，一把辛酸泪；有的遭遇了乳腺炎，低烧、寒战、浑身疼痛；有的奶水不足，孩子又不肯喝配方奶，只能看着孩子饿得哇哇大哭；有的妈妈们用母乳喂养，孩子出现了母乳性黄疸；有的妈妈产假到期要上班，发现孩子拒吃奶瓶……园园越看越焦虑，想着还有人说母乳喂养身材也会走样，她越发打起了退堂鼓。

问题：你如何看待上述现象？如果你是一位家庭入户指导师，你会如何处理？

第一节　婴幼儿营养基础

一、婴幼儿能量需要

（一）婴幼儿能量消耗

婴幼儿的能量消耗主要体现在基础代谢、身体活动、食物热效应和生长发育四个方面。基础代谢是经过 10 ～ 12 小时空腹和良好的睡眠、清醒仰卧，以及恒温条件下（一般为 22℃～ 26℃）无任何身体活动和紧张的思维活动，全身肌肉放松时所需要的能量消耗。它是维持人体最基本生命活动所必需的能量消耗，是人体能量消耗的主要部分。在婴儿时期，脑与肝脏占全身重量比例高，耗能占总基础代谢能量的 60%。人体能量需要量的不同主要是身体活动水平的不同所致。婴儿活动耗能个体差异较大，多哭好动者可高出平均值 2 ～ 3 倍，而安静少哭的婴儿则可能较平均值减半。食物热效应也称食物特殊动力作用，是人体摄食过程中引起的额外能量消耗，是人体在摄食后对营养素的一系列消化、吸收、合成、代谢转化过程中所消耗的能量。生长发育的能量消耗是婴幼儿时期特有的，婴儿期是人的生长第一高峰期，生长发育耗能约占总能量的 1/3。

（二）婴幼儿营养素需求

人体所需营养素主要包括蛋白质、脂类、碳水化合物、矿物质、维生素、水和膳食纤维七大类。其中，蛋白质、脂类、碳水化合物在体内代谢过程中可产生能量，因此可称为产能营养素，它们是人体必需的营养素，不仅具有重要的生理作用，还是机体热能的来源。矿物质、维生素、水和膳食纤维是非产能营养素。

根据 2013 年版《中国居民膳食营养素参考摄入量》，0 ～ 3 岁婴幼儿膳食营养素参考摄入量如表 3－1 所示。

（三）婴幼儿能量需要量

能量需要量是指长期保持良好的健康状态，维持良好的体形、机体构成以及理想活动水平的个体或群体，达到能量平衡时所需要的膳食能量摄入量。婴幼儿能量需要量主要用于两方面，一方面是每日总能量消耗量，另一方面是组织生长的能量储存量。

2013 版《中国居民膳食营养素参考摄入量》对 0 ～ 3 岁婴幼儿的膳食能量需要量进行了说明，如表 3－2 所示。

表 3－1　0～3 岁婴幼儿膳食营养素参考摄入量

年龄（岁）	蛋白质（g/d）	总脂肪（%E）	总碳水化合物（g/d）	矿物质				维生素					
				钙（mg/d）	铁（mg/d）	碘（ug/d）	锌（mg/d）	维生素 A（ugRAE/d）	维生素 D（ug/d）	维生素 K（ug/d）	维生素 B_1（mg/d）	维生素 B_2（mg/d）	维生素 C（mg/d）
0	9（RNI）	48（AI）	60（AI）	200（AI）	0.3（AI）	85（AI）	2.0（AI）	300（AI）	10（AI）	2（AI）	0.1（AI）	0.4（AI）	40（AI）
0.5	20（RNI）	40（AI）	85（AI）	250（AI）	7（EAR）	115（AI）	3.5（RNI）	350（AI）	10（AI）	10（AI）	0.3（AI）	0.5（AI）	40（AI）
1	25（RNI）	35（AI）	120（EAR）	600（RNI）	9（RNI）	90（RNI）	4（RNI）	310（RNI）	10（RNI）	30（AI）	0.6（RNI）	0.6（RNI）	40（RNI）
2	25（RNI）	35（AI）	120（EAR）	600（RNI）	9（RNI）	90（RNI）	4（RNI）	310（RNI）	10（RNI）	30（AI）	0.6（RNI）	0.6（RNI）	40（RNI）
3	30（RNI）	35（AI）	120（EAR）	600（RNI）	9（RNI）	90（RNI）	4（RNI）	310（RNI）	10（RNI）	30（AI）	0.6（RNI）	0.6（RNI）	40（RNI）

注：RNI 代表推荐摄入量；AI 代表适宜摄入量；EAR 代表平均需要量。

表 3-2 0～3 岁婴幼儿的膳食能量需要量

年龄（岁）	能量（kcal/d）					
	男			女		
	身体活动水平（轻）	身体活动水平（中）	身体活动水平（重）	身体活动水平（轻）	身体活动水平（中）	身体活动水平（重）
0	—	90kcal/（kg·d）	—	—	90kcal/（kg·d）	—
0.5	—	80kcal/（kg·d）	—	—	80kcal/（kg·d）	—
1	—	900	—	—	800	—
2	—	1 100	—	—	1 000	—
3	—	1 250	—	—	1 200	—

2021 年底，国家卫健委编写的《托育机构婴幼儿喂养与营养指南（试行）》对托育机构婴幼儿每日食物量提出了建议，如表 3-3 所示。

表 3-3 托育机构婴幼儿每日食物量

年龄	7～8 月龄	9～12 月龄	12～24 月龄	24～36 月龄
餐次安排	母乳喂养 4～6 次，辅食喂养 2～3 次	母乳喂养 3～4 次，辅食喂养 2～3 次	学习自主进食，逐渐适应家庭的日常饮食。幼儿在满 12 月龄后应与家人一起进餐，在继续提供辅食的同时，鼓励尝试家庭食物，类似家庭的饮食	三餐两点
母乳喂养	先母乳喂养，婴儿半饱时再喂辅食，然后再根据需要哺乳。随着婴儿辅食量增加，满 7 月龄时，多数婴儿的辅食喂养可以成为单独一餐，随后过渡到辅食喂养与哺乳间隔的模式	600mL	在母乳喂养的同时，可以逐步引入鲜奶、酸奶、奶酪等乳制品。不能母乳喂养或母乳不足时，仍然建议以合适的幼儿配方奶作为补充，可引入少量鲜奶、酸奶、奶酪等作为幼儿辅食的一部分，奶量应维持在 500mL 左右	
奶及奶制品	>600mL	600mL	500mL	300～500mL
鱼畜禽蛋类	开始逐渐每天添加 1 个蛋黄或全蛋和 50g 肉禽鱼，如果对蛋黄/鸡蛋过敏，需要额外再增加肉类 30g	鸡蛋 50g、肉禽鱼 50g	鸡蛋 25～50g、肉禽鱼 50～75g	鸡蛋 50g、肉禽鱼 50～75g

续表

年龄	7～8月龄	9～12月龄	12～24月龄	24～36月龄
谷物类	20～50g	50～75g	50～100g	75～125g
蔬菜、水果类	根据婴儿需要适量	每天碎菜50～100g、水果50g，水果可以是片块状或手指可以拿起的指状	蔬菜50～100g、水果50～150g	蔬菜100～200g、水果100～200g
大豆				5～15g
烹调油	0～5g	5～10g	5～15g	10～20g
精盐			0～1.5g	<2g
水				600～700mL

二、消化系统发育

（一）消化系统概述

消化系统由消化管和消化腺两大部分组成。消化管包括口腔、咽、食管、胃、小肠（十二指肠、空肠、回肠）和大肠（盲肠、阑尾、结肠、直肠、肛管）等部。消化腺有小消化腺和大消化腺两种，前者包括胃腺、肠腺，后者包括唾液腺、肝脏和胰腺。如图3-1所示。

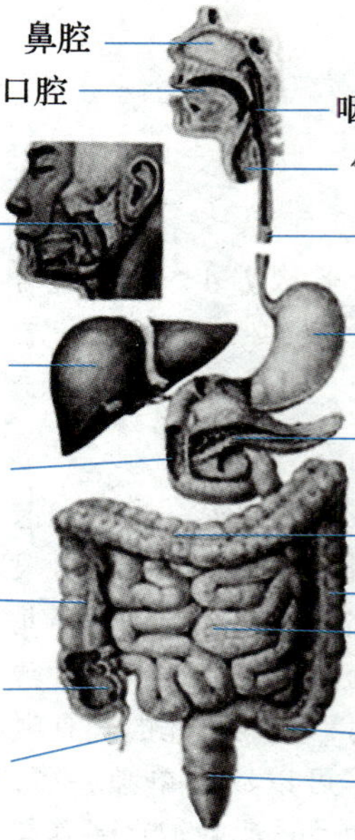

图3-1　消化系统

5个消化腺的功能如下：

（1）唾液腺：分泌唾液、唾液淀粉酶，将淀粉初步分解成麦芽糖。

（2）胃腺：分泌胃液，将蛋白质初步分解成多肽。

（3）肝脏：分泌胆汁，储存在胆囊中，将大分子的脂肪初步分解成小分子的脂肪，称为物理消化，也称作“乳化”。

（4）胰腺：分泌胰液，胰液是对糖类、脂肪、蛋白质都有消化作用的消化液。

（5）肠腺：分泌肠液，将麦芽糖分解成葡萄糖，将多肽分解成氨基酸，将小分子的脂肪分解成甘油和脂肪酸，也是对糖类、脂肪、蛋白质有消化作用的消化液。

消化系统的基本生理功能是摄取、转运、消化食物和吸收营养、排泄废物，这些生理功能的完成有利于整个胃肠道协调的生理活动。食物经过消化和吸收，提供机体所需的物质和能量。食物中的营养物质除维生素、水和矿物质可以被直接吸收利用外，蛋白质、脂肪和糖类等物质均不能被机体直接吸收利用，需在消化管内被分解为结构简单的小分子物质，才能被吸收利用。食物在消化管内被分解成结构简单、可被吸收的小分子物质的过程称为消化。这种小分子物质透过消化管黏膜上皮细胞进入血液和淋巴液的过程就是吸收。对于未被吸收的残渣部分，消化道则通过大肠以粪便的形式排出体外。

消化过程包括化学性消化和物理性消化两种。就对食物进行化学分解而言，由消化腺所分泌的各种消化液，将各种复杂的营养物质分解为肠壁可以吸收的简单的化合物，如糖类分解为单糖，蛋白质分解为氨基酸，脂类分解为甘油及脂肪酸，然后这些分解后的营养物质被小肠吸收进入体内，进入血液和淋巴液，这种消化过程称作化学性消化。物理性消化又称机械性消化，是指食物经过口腔的咀嚼，牙齿的磨碎，舌的搅拌，胃肠肌肉的活动，将大块的食物变成碎小的食物，使消化液充分与食物混合，并推动食团或食糜下移，从口腔推移到肛门的消化过程。

化学性消化和物理性消化两种功能同时进行，共同完成消化过程。

（二）婴幼儿消化系统的发育

1. 口腔

口腔是消化道的起端，包括牙齿、舌、唇、颊、颌骨和唾液腺。口腔的功能是承担人的咀嚼、消化、味觉、感觉和语言功能。新生儿口腔没有牙齿，但是牙坯已经出齐，不能咀嚼，但能吞咽，所以出生时的吞咽功能已经完善。新生儿从出生到百天，其唾液分泌较少，在这段时间，婴儿应多进食液体食物，以减少对唾液的消耗。新生儿的口腔黏膜细嫩，供血丰富，由于唾液腺发育不完善、唾液少，所以口腔黏膜比较干燥，易受损伤，合并细菌感染。出生后 3 ～ 4 个月唾液腺发育完全，唾液的分泌量增加，淀粉酶含量增多，由于婴儿口腔较浅，又不会调节口腔内过多的唾液，因而常有流涎现象，即所谓生理性流涎。婴儿在 6 ～ 7 个月开始长门牙，下面两颗最先长出来，到了 1 周岁一般就能长出了 8 颗切牙了。婴儿的成长非常快，不仅要吃母乳，还要增加辅食的摄入，此时含有淀粉酶的唾液与辅食混合，具有分解淀粉和帮助吞咽的功能。

2. 食管、胃

食管的功能主要有两个：一是推进食物和液体由口腔进入胃；二是防止胃内容物返流。新生儿和婴儿的食管呈漏斗状。新生儿的食管长 10 ～ 11cm，缺乏腺体，食管壁肌肉发育未臻完善，弹性较差，易损伤，加之婴儿胃呈水平位，胃的肌层亦发育不全，且贲门较宽，贲门括约肌不发达，其关闭作用不够强，故婴儿易发生呕吐和溢乳。

不同月龄的婴儿，胃的容量不同。足月新生儿胃容积为 30 ～ 60 毫升，胃液分泌少，消化功能差；3 个月时为 100 毫升；1 岁时约为 250 毫升。

婴儿胃排空时间因食物种类的不同而有所差异，水为 1 ～ 1.5 小时，母乳为 2 ～ 3 小时，牛乳为 3 ～ 4 小时，因为牛乳乳块较大，在胃内停留时间长。此外，由于母乳中富含脂肪酶，故母乳的脂肪较易消化，而配方奶粉在胃中停留时间会更长一些。

3. 肠

婴儿肠壁肌肉功能不强，肠道内易出现胀气。婴儿的肠管较长，其长度可达到身长的 6 倍，而成人只为身高的 4 倍，婴儿每千克体重营养量的需求要比成年人高，由于肠道比较长，营养也容易摄入体内。

婴儿肠黏膜发育较好，含有丰富的血管、淋巴及发育良好的绒毛，由于婴儿的肠黏膜对不完全分解产物尤其是微生物的通透性较成人高，所以没有充分消化的物质或肠毒素易从肠壁渗入血液，导致中毒，比如中毒性消化不良，还常伴随脑、心功能不全而导致严重症状。

婴儿肠的肌层发育不足。肠的运动形式有两种：一种是钟摆式运动，它能促进肠内容物的消化和吸收；另一种是蠕动式运动，它可以推动食物向下运转。食糜的刺激可增强肠蠕动。食物通过婴儿肠道的时间个体差异很大，从 12 ～ 36 小时不等，人工喂养者可延长至 48 小时。

除此之外，婴儿的神经支配能力不够成熟，消化能力比较弱，一周岁内的婴儿除了要准时喂奶外，还要合理增加辅食，但是，不应随意给婴儿吃难以消化的食物，避免引起小儿腹泻。

知识链接

肠胀气

肠胀气，顾名思义，就是肠道内气体过多。婴儿肠胀气可能是由以下原因造成的：

（1）吃奶时吞入过多空气。比如婴儿衔乳不良（未含住妈妈的大部分乳晕），或奶瓶喂养的婴儿，奶嘴上的孔过大，或奶瓶的倾斜度不当都可能导致奶嘴里有空气，从而使婴儿吞入过多的空气。

（2）吃了较多容易产生气体的食物。所有的食物在肠道内消化、发酵都可以产生气体。如果哺乳妈妈或婴儿吃了产气较多的食物，就更容易出现胀气的情况，比如卷心菜、洋葱、西兰花、淀粉类食物（如土豆、番薯、面条等）、奶及奶制品、高纤维食物（水果、蔬菜等）、碳酸饮料等。

（3）营养素消化吸收不畅。如果婴儿对某些特定的营养成分，比如脂肪、碳水化合物（乳糖较常见）、蛋白质或其他营养素等消化吸收不良，不被消化吸收的“成分”就会在结肠内被细菌降解、发酵，从而生成各种气体，导致胀气。

（4）气体排出减少：肠道的梗阻会影响气体的排出，比如便秘、肠梗阻等。

（5）外界气压变化：一天之内空气气压会频繁变化，这种变化也会导致婴儿出现“生理性腹胀”。当外界的气压低于婴儿肠道内的气压时，肠道内的气体就会“膨胀”起来，导致婴儿胀气。

其他因素，比如感染性肠炎、肠易激综合征（婴幼儿少见）、小肠细菌过度生长、短肠综合征（通常为手术切除）等，也可能会引起婴儿胀气。

4. 肝脏

婴儿的肝脏体积占据身体很大比例，大概有整个身体的 5%，而成年人的肝脏仅占身体的 2.5%。肝脏功能复杂多样，它把胃肠内已消化的蛋白质、糖、脂肪、维生素、激素等食物通过自身的加工、合成，转化为身体所需的营养物质。肝脏还具有解毒功能，食物中也有一定的毒素，肝脏会对其进行分解，再通过肾脏排出体外，或者和胆汁共同排泄出来。因此，肝脏对人体是非常重要的。新生儿的肝脏有它的特殊性，因为刚出生，肝脏酶系统没有发育成熟，可以发生一些病理现象，比如黄疸、灰婴综合征、酪氨酸血症。婴儿时期，肝脏细胞发育不全，胆汁分泌不足，对脂肪的消化、吸收能力差；肝脏组织脆弱，肝内有丰富的毛细血管，容易充血，解毒能力差，抗感染能力也较差。

5. 胰腺

胰腺有内分泌和外分泌两大功能。内分泌指的是分泌胰岛素，主要参与调控糖代谢。外分泌指的是分泌胰液，其中含有消化酶，包括胰蛋白酶、胰脂肪酶、胰淀粉酶。这三种胰腺酶在新生儿和小婴儿体内的活性都很低，对蛋白质、脂肪的消化吸收功能都不完善，容易发生消化不良。所以要特别注意，小于 3 个月的婴儿不宜喂淀粉类的食物。

6. 粪便

新生儿出生后数小时开始排出胎便，呈黑绿或深绿色，黏稠状，无臭味。2～3 天后逐渐过渡为普通婴儿粪便。人乳喂养的婴儿其大便次数较多，每日排便 2～4 次，质较软，呈糊状，偶或稀薄。1 周岁以后，便次可一日一次。人工喂养儿的大便次数较人乳喂养者为少，每日排便 1 ～ 2 次，有的隔日一次甚至便秘。其原因是牛、羊乳中含有大量的酪蛋白，在胃中形成的乳块较大，不易消化，加之婴儿肠壁肌层发育不全，肠蠕动力量不够大，造成残糜在肠内停留时间加长，水分被吸收，粪便变得较硬，难以排出。当然，婴儿每天排便次数因人而异，多少不等。婴儿排便是反射性的，只要按时坐盆，在 2 岁前后即可养成定时排便的习惯。

三、消化道功能发育

新生儿消化道首先是作为营养器官，通过神经运动的调节和内分泌激素的作用实现对乳类食物的消化、吸收以满足机体生长发育的需求，同时消化道也是重要的免疫系统组成部分。足月儿的吸吮 - 吞咽 - 呼吸运动已经比较协调，生后即可开始与母体接触并进行初步的乳头吸吮以刺激母乳分泌，但是其消化道发育仍然未成熟，肠道黏膜薄，屏障功能不全，通透性高，虽然有利于乳汁中营养物质的吸收，但也容易发生大分子营养素未经充分消化即通过肠壁进入血液循环，造成消化不良的情况。新生儿的食道下端括约肌松弛，幽门括约肌较紧张，且胃呈水平位，容易发生吐奶。

早产儿的消化道发育更不成熟，极小早产儿甚至没有吸吮反射，吞咽与呼吸不协调而引起的呼吸暂停、心动过速及血氧饱和度下降提示其中枢功能的不完善。大多数超小早产儿生后早期不能自行进食，胃容量较小、排空时间延迟，消化间期移行性复合运动（MMC）要到 32 周以后才逐渐发育完善，故其胃肠道蠕动功能低下，容易发生腹胀、呕吐、返流吸入、胎粪延迟排出、病理性黄疸等问题。

知识链接

移行性复合运动

肚子空空的时候，我们会听见消化道里有咕噜咕噜的声响。没错，那是你的胃和小肠在蠕动。这种运动只在空腹时发生，我们称之为移行性复合运动（Migrating Motor Complex），简称 MMC。MMC 是我们的消化道进行的一种“清理”活动，这种活动会产生蠕动波，它能让我们的胃和小肠尽快地排空食物，从而防止食糜因过长逗留而造成“腐败”。此外，MMC“清扫”着我们胃和小肠中的细菌。这种运动从胃和十二指肠开始，经空肠，最后终止于回肠。它不仅能预防小肠中的细菌过度滋生，还能防止大肠中的细菌“溜”进回肠。

新生儿胃肠道中的大多数消化酶可以满足对乳类营养素的分解代谢要求，但淀粉酶不足，故早期不宜给婴儿喂淀粉类食物。乳糖吸收不良在早产儿中比足月儿更为常见，可导致各种临床营养问题。早产儿对中链和短链脂肪酸的吸收优于长链脂肪酸，采用母乳喂养的早产儿能更好地吸收母乳中的脂肪、蛋白质、碳水化合物和生物活性因子，其肠道微生态环境也显著优于各种配方奶喂养的早产儿，有提高免疫功能、促进神经系统发育等效果。

在婴儿生长的过程中，消化系统的功能逐渐发育成熟，如乳牙萌出，消化道的容量增大，消化酶的分泌增加、活性增高，逐步能消化各种食物，为断乳做好了准备。在婴幼儿断乳后，虽然与成年人相比，所吃的食物还有一定的差别，但是食物中的各种营养素有助于刺激婴幼儿消化系统的进一步发育和完善。如果不给婴幼儿断乳，仍然以母乳或乳制品喂养，对婴幼儿消化系统的生长发育来说是不利的。

四、营养素消化与吸收

我们日常所吃的食物中的营养成分，主要包括碳水化合物、蛋白质、脂肪、维生素、矿物质、水和膳食纤维。膳食纤维在人体内既不能被消化也不能被吸收，但能促进肠胃蠕动，并且帮助粪便成形。矿物质、维生素和水无须消化即可直接被吸收。蛋白质、脂肪和碳水化合物都是复杂的大分子有机物，均不能直接被吸收，必须先在消化道内分解成结构简单的小分子物质，才能通过消化道的黏膜进入血液，送到身体各处供组织细胞利用。

（一）蛋白质的消化与吸收

新生儿消化蛋白质的能力较好。胃蛋白酶可凝结乳类，婴儿出生时胃蛋白酶活性低，3 个月后活性增加，18 个月时达成人水平。婴儿生后 1 周胰蛋白酶活性增加，1 个月时可达到成人水平。

出生后几个月，婴儿小肠上皮细胞渗透性高，有利于母乳中的免疫球蛋白吸收，但也会增加异体蛋白（如牛奶蛋白、鸡蛋蛋白）、毒素、微生物以及未完全分解的代谢产物吸收的机会，导致过敏或肠道感染。因此，应限制婴儿特别是新生儿食物中蛋白质的含量。

（二）脂类的消化与吸收

新生儿胃脂肪酶发育较好，而胰脂肪酶几乎无法测定，2 ～ 3 岁后达到成人水平。母乳中的脂肪酶可补偿胰脂肪酶的不足。婴儿吸收脂肪的能力随年龄的增长而提高，28 ～ 34 周的早产儿脂肪的吸收率为 65% ～ 75%；足月儿脂肪的吸收率为 90%；生后 6

个月婴儿脂肪的吸收率达 95% 以上。

（三）碳水化合物的消化与吸收

0～6 个月婴儿食物中的糖类主要是乳糖，其次为蔗糖和少量淀粉。肠双糖酶发育好，故消化乳糖能力较强。胰淀粉酶发育较差，3 个月后活性逐渐增强，2 岁时达到成人水平，故婴儿生后几个月消化淀粉能力较差，不宜过早添加淀粉类食物。

第二节　婴幼儿进食技能发育指导

既然是技能，就说明是可以进行后天锻炼的。就像翻身、坐、爬行、说话一样，这些技能都需要家长或者保育师对婴幼儿进行锻炼，才能让婴幼儿更好地发展。如果进食技能在关键期没有得到很好的锻炼，婴幼儿就不能很好地掌握这项技能，从而影响婴幼儿对食物的兴趣和吞咽、咀嚼能力，进而影响其营养摄入。婴幼儿进食技能的发育是摄取食物、获得营养的基础，需要口、唇、舌、眼部肌肉的协调，以及手口协调活动能力的发育。

一、口腔反射发育

婴幼儿时期的原始口腔反射主要有觅食反射和舌挤压反射，在 6 个月之后，这些口腔反射就会消退。

觅食反射通常在胎儿 28 周龄时出现，是婴儿出生时就具有的一种最基本的进食动作。手指或母亲乳头触及新生儿一侧面颊时，新生儿的头会转向该侧，似“觅食”状，因此在新生儿出生后，医护人员都会尽快将其抱到妈妈的身边，让婴儿与妈妈开始有一些肌肤接触。2～3 周龄后新生儿逐渐习惯不哺乳时母亲乳头触及面颊，可不出现“觅食”动作而直接吸吮。觅食反射是婴儿出生后为获得食物、能量、养分而必定会出现的本能反应。当婴儿长大到 3～4 个月时，会学习、认知到肚子饿时若用哭来表现就会有人来喂奶，便慢慢改以行为表现来表达需求，因此觅食反射会慢慢消失。

舌挤压反射也称挺舌反射，是一种先天非条件反射。当婴儿长大到 3～4 个月之后，有的稍晚一些，一般在 7 个月以内，婴儿会将进入嘴里的固体食物用舌头推出，以防止外来异物进入喉部导致窒息。婴儿最初的这种对固体食物的抵抗可被认为是一种保护性反射。该反射消失一般被当作已经可以适当喂养婴儿半固体或者固体辅食的重要标志。在转乳期用勺添加新的泥状食物时一般要尝试 8 ～ 10 次才能成功。

二、吸吮与吞咽发育

婴儿口腔小、舌短而宽、无牙、颊脂肪垫、颊肌与唇肌发育好，这些发育特点是吮吸的基础。随着食物性状由纯乳类到半固体再到固体的变化，婴儿在获取食物的过程中，舌的形态亦逐渐变化，舌系带逐渐吸收，舌尖变长，两岁后舌的形态近似于成人，因此婴儿期不宜做舌系带手术，否则会影响其正常吸收功能。婴儿开始进食固体食物，表明其主动吞咽行为发育成熟。小婴儿吞咽时咽－食管括约肌不关闭，食管不蠕动，食管下部的括约肌不关闭，因此易发生溢乳。2 月龄左右的婴儿吸吮动作发育成熟。4 月龄婴儿吸、吞动作可分开，可随意地吸吞。

小婴儿的吞咽是由反射引起的。舌尖抬高，舌体顶着上颚，挤压乳汁到咽部，声门关闭，刺激咽部的触觉感受器引起吞咽，乳汁进入食管，这个过程仅需数秒钟，受脑干的吞咽中枢控制。婴儿 4 ～ 6 月龄时舌体下降，舌的前部逐步开始活动，可判别食物所在的部位，食物放在舌上可咬或者吸，食物被送达舌后部时可吞咽。

吸吮人乳时，婴儿的嘴轻压乳头，舌、上颚对乳头的吸吮，使口腔产生 70 ～ 170mmHg（9.33 ～ 22.7kPa）的负压吸吮力，使乳汁被“推”到咽部而吞咽。奶瓶喂养时，婴儿通过颌和舌的前部挤压硬腭压出乳汁，婴儿吸吮奶嘴产生的压力低，乳汁易于吸出。足月儿吸 10 ～ 30 次停顿 1 次。喂养困难婴儿可见“吸吮协调差”，即呼吸、吸吮、吞咽协调差，以及功能不全。吸吮协调差表现为吸吮活动无节律；功能不全表现为颌和舌活动异常所致的喂养障碍。

吸吮发育成熟后，出现舌体前部至后部的运动，为有效吞咽。2 月龄左右的婴儿吸吮动作更成熟；4 月龄时婴儿吸、吞动作可分开，可随意吸、吞；5 月龄时婴儿吸吮力强，上唇可抿净勺内食物，出现有意识地咬的动作；6 ～ 7 月龄时婴儿可有意识地张嘴接受勺及食物，嘴和舌协调完成进食，下唇活动较灵活，进食时常噘嘴，以吸吮动作从杯中咂水，常呛咳或舌伸出；8 月龄时婴儿常常以上唇吸吮勺内食物。食物的口腔刺激、味觉、乳头感觉、饥饿感均可刺激吸吮的发育。让婴儿较早感受愉快的口腔刺激，如进食、咬东西、吃拇指，有利于其以后进食固体食物和食物的转换。

三、咀嚼发育

咀嚼是有节奏地咬、滚动、磨的口腔协调运动。在消化过程中，咀嚼的动作是婴儿食物转换所必需的技能。脑干的神经核控制咀嚼，当刺激附近的味觉中枢时，会产生有节奏的咀嚼运动。

在消化过程的口腔阶段，食物团块使下颌下移，咀嚼肌肉使下颌关闭，连续的反射引起咀嚼动作。5月龄左右的婴儿出现上下咬的动作，表明婴儿咀嚼食物的动作开始发育（与乳牙萌出无关）；6～7月龄的婴儿可食用切细的软食；9～12月龄的婴儿可学习咀嚼各种煮软的蔬菜、切碎的肉类；1岁左右的婴儿舌体可逐渐上抬、卷裹食物团块，下颌运动使食物团块在口腔内转动并送到牙齿的切面，可磨咬纤维性食物；2岁左右幼儿舌体和喉下降到颈部，口腔增大，可控制下颌动作和舌向两侧的活动，随着吞咽动作发育成熟，幼儿嘴唇可控制口腔内的食物。

吸吮和吞咽是人先天就会的生理功能，咀嚼功能的发育则需要适时的生理刺激，需要后天学习训练。出生后4～7个月是训练婴儿咀嚼动作的关键期，引入固体食物前，应对婴儿的咀嚼和吞咽动作进行1～2个月的训练。错过咀嚼、吞咽动作学习的关键期，婴幼儿将表现出不成熟的咀嚼和吞咽行为。比如进食固体食物时出现呛、吐出或者含在嘴里不咽下去的现象。因此，在4～5月龄时可让婴儿吸吮手指、抓物到口、用唇感觉物体；7月龄时可有意训练婴儿咀嚼指状食物，从杯中咂水；8月龄以后让婴儿开始学用杯喝奶，感受不同食物的质地；9月龄开始让婴儿学习用勺自喂；1岁后让幼儿断离奶瓶开始学习刷牙。这些方法都有利于婴幼儿降低口腔敏感性，增强口腔肌肉协调性，促进咀嚼功能的发育。

四、进食技能的发育与指导

食物转换有助于婴儿神经心理发育。在引入食物的过程中应注意食物的质地和培养婴幼儿的进食技能，如用勺、杯进食可促进口腔动作协调，帮助婴幼儿练习吞咽；从泥糊状食物过渡到碎末状食物可帮助婴幼儿学习咀嚼，并可增加食物的能量密度；用手抓食物，既可增强婴幼儿进食的兴趣，又有利于促进婴幼儿手眼协调和培养其独立进食能力。在食物转换过程中，婴儿进食的食物质地和种类逐渐接近成人食物，进食技能亦逐渐成熟。

（一）进食技能的发育

进食技能的发育与多种因素有关，包括全身动作发育、口腔感知觉发育、非营养性口腔运动发育等。

1. 全身动作发育

进食技能由一系列精确的口腔活动组成。口腔器官的活动稳定性、活动度、分离运动、分级调控等性质和功能促进了婴幼儿进食技能的发展。

（1）稳定性和活动度。对于头控制运动尚未发育的婴儿来说，其进食活动需要很多外部的支撑和固定，如通过全身扶抱和双颊部脂肪垫的支撑等，婴儿才能裹住乳头吸吮。随着婴儿头、躯干、骨盆控制能力的发育，身体近端稳定性的提高，婴儿伸手取物、手到口活动、口腔运动逐渐变得平滑自如。口腔活动依赖于颈、肩胛带、躯干、骨盆的稳定支撑，唇舌的活动又依赖于下颌的支撑，下颌的稳定性是唇舌高级精确活动及进食技能发育必不可少的基础。

（2）分离运动。正常婴儿出生后早期下颌稳定性差，下颌与舌呈整体活动，动作低级而不精确，两者间无分离运动。4 ～ 5 个月后，婴儿开始用嘴探索咬玩具、咀嚼处理不同种类食物等实践活动，下颌稳定性得到明显提高，舌与下颌间产生了分离运动并逐渐分化，如可以用舌尖舔唇、在口腔内自如地转送食物等。

（3）分级调控。正常婴儿出生后早期依靠屈伸肌的选择性牵拉作用完成下颌上下方向的活动，动作缺乏灵巧性、准确性差。随着分级调控功能的发育，婴幼儿的各种进食技能不断趋向成熟，可将食物碾碎并自如地在口腔内转移。

2. 口腔感知觉发育

婴幼儿口腔感觉运动技能水平也与感觉系统的发育密切相关。进食不同质地、温度、气味、酸度的食物，主要依靠感觉信息决定。

（1）嗅觉。生后几小时的婴儿即能通过嗅觉认识自己母亲乳房周围及身体的气味，并结合触觉找到母亲乳头。许多研究证实，小婴儿的嗅觉功能接近成人，非常敏锐。嗅觉是一种凭直觉作出反应的感觉，不需要高级中枢的进一步分析和理解。气味随空气吸入鼻腔，刺激鼻黏膜感受器，由嗅神经传送到位于边缘系统内的嗅觉中枢，产生嗅觉，并进一步产生嗅觉记忆等原始基本生理功能。婴儿根据从既往经验以及发育过程中学习到的喜欢与不喜欢的气味或事件，产生对食物、气味、照顾者的喜爱和厌恶。随着婴儿大脑功能逐渐成熟、视听觉信息不断丰富，嗅觉在感觉统合过程中的地位不断降低，但在危及生命的情景中，嗅觉作用会即刻提升，发挥消除危险的作用。

（2）味觉。新生儿，包括早产新生儿，出生后即能分辨味道，并有味觉偏爱。婴儿喜欢甜味、拒绝苦味及酸味的本能，对生存具有保护作用。味觉发育可能存在一个敏感期（2 ～ 7 个月）。味觉的发育与口腔接受食物刺激的经历密切相关，早期的味觉经历可以改变发育中个体的生理和行为。母乳喂养的婴儿，从出生到断乳主要通过母乳获得味觉刺激，熟悉普通饮食的各种味道，将从母乳中获得的味觉信息储存于大脑，学会通过味觉辨别食物的安全性，广泛监测不熟悉的食物。若婴儿获得的味觉刺激非常丰富，就容易断奶完成食物转换。人工喂养的婴儿，因为奶粉味道相对单调，早期味觉刺激较母乳喂养者少，从而影响了日后接受新食物的能力。大约75%的味觉需要依靠嗅觉发挥功能，慢性鼻腔感染、持续经口呼吸、气管切开或呼吸机辅助呼吸的婴幼儿，嗅觉和味觉的信息输入减少，嗅觉和味觉得不到正常发育，会进一步影响其进食行为。

3. 非营养性口腔运动发育

用嘴探索能促进婴幼儿触觉觉察和触觉辨别功能的发育，为进食技能的发育建立基础。4～5个月内的婴儿喜欢通过舔吸玩具、手指等来熟悉物件的软硬度，这种探索能帮助婴儿从奶嘴喂养过渡到用勺或杯喂养，并可使咽反射触发部位后移，抑制咽反射，为婴儿接受更多种类的食物做准备。6个月的婴儿，随着全身动作发育和口腔分离活动的发育，能通过口腔区别玩具的大小、形状、质地、味道、质量，并将这种经验泛化于接受和加工固体食物，以及在口腔内安全舒适地转移、咀嚼、吞咽食物。

非营养性吸吮指婴儿口中仅放置安慰奶嘴以增加吸吮的动作，并无母乳或配方乳吸入。它能从多方面促进婴儿发育，如自我安慰、减少哭闹和烦躁、避免过度紧张、缩短管饲向经口喂养的过渡时间、避免管饲婴儿发生行为问题等。非营养性吸吮的作用尚有较大争议，但至今未见不良反应的报道。

（二）食物性状进食技能指导

当婴儿出现以下信号时就可以添加辅食：（1）可以独立坐稳（靠在椅子上，但不用成人手扶），并且可以稳定地举起手；（2）对成人食物有强烈的兴趣；（3）具有一定的眼手嘴协调能力，即能看见食物，能把一些手指状食物（如切成细条的水果、蔬菜等）用手握住，并准确地放入嘴里；（4）能吞咽，不再用舌头顶出食物。

婴儿6个月开始添加泥糊状辅食，一般是不容易过敏的、好消化的食物，如方便即食的水果泥（香蕉泥、牛油果泥）、蔬菜泥（南瓜泥、红薯泥）、谷物糊（购买的含铁米糊、婴儿麦片或自制糙米糊等）。7～9个月可以逐渐添加碎颗粒状食物；9～12个月可以添加碎块状或丁状食物。

（三）喝水技能指导

婴幼儿喝水动作不仅能锻炼嘴部的运动神经，还能锻炼手眼协调能力。6个月之前，如果是全母乳喂养的婴儿，不需要额外再喝水。婴儿6个月时，也就是添加辅食之后，需要训练婴儿用饮水杯喝水。当婴儿1岁至1岁半时，应当戒掉奶瓶，最晚不要晚于两岁。

在婴儿成长的不同阶段，需要选择不同的饮水杯，各个月龄的婴儿都有适合自己的饮水杯。6 个月时，建议使用鸭嘴形状的饮水杯，此月龄的婴儿刚开始接触自己的饮水杯，主要强调喝的动作，初步培养喝水的能力，所以选择鸭嘴式饮水杯。对婴儿进行喝水训练时，先在杯子中放少量的水，让婴儿双手握住杯子，尝试将杯子送入婴儿的嘴中，水刚碰到嘴巴就可以。喝水时一定要注意慢慢地一口一口地喝。当婴儿拿杯子的动作越来越稳时，就可以慢慢训练婴儿端着水杯喝水了。8 个月时建议使用吸管杯，此月龄的婴儿可以坐着喝水了，给婴儿选用吸管杯也可以锻炼其吸吮的能力。12 个月时，建议使用敞口杯，意在训练婴儿像大人一样喝水，可以给婴儿选择一款带手柄的杯子，以便于抓握。

在过渡的整个过程中，养育者一定要给婴儿进行示范，比如亲自示范如何使用鸭嘴杯，如何使用吸管杯，婴儿的学习能力是很强的，在养育者的引导下，婴儿会慢慢地摸索到适合自己的方法。

（四）进食自主性指导

养育者可为婴儿准备一把稳固的餐椅，以及一个吸盘碗。吃饭前为婴儿清洗双手，让婴儿坐进餐椅。给婴儿戴上围嘴，以下摆有折返的为宜，能够兜住撒漏的饭菜。培养婴儿自主进餐技能，不要规定进食的方法。7～9 月龄婴儿喜欢抓握，喂养时可以让其抓握、玩弄小勺等餐具。每餐都准备一些婴儿能够自己抓吃的“条状”或“指状”食物放在碗里，如把胡萝卜、红薯、土豆、西兰花等切成指头大小后蒸或煮熟，或把肉和蔬菜混合做成肉丸，鼓励其用手抓食。在这个过程中，应给予婴儿足够的空间“玩饭”、抢餐具。喂饭时，喂养人应坐在孩子的对面，同时为婴儿提供辅食勺，并在碗里放一点辅食，让婴儿尝试模仿使用餐具。婴儿在学习咀嚼质地稍粗的食物时，喂养人可同时咀嚼饭菜或者口香糖，让婴儿有机会模仿。13 月龄幼儿愿意尝试抓握小勺自喂，但大多会洒落；18 月龄幼儿可以用小勺自喂，但仍有较多洒落；24 月龄幼儿能用小勺自主进食并较少洒落。

第三节 婴幼儿常规喂养指导

一、适宜的喂养技术

关于婴幼儿喂养，关键应该了解三个问题：（1）吃什么，即不同年龄段应该如何选择食物。(2)如何吃，即培养进食技能。(3)吃得怎样，即婴幼儿与养育者的喂养关系，这就涉及顺应性喂养。

那么什么是顺应性喂养呢？顺应性喂养是将社会心理学和儿童发育心理学应用于喂养过程，在顺应养育模式框架下发展起来的婴幼儿喂养模式，英文为“responsive feeding”，字面意思是“应答式喂食”。顺应性喂养不仅包括提供合理的营养素和营养结构，还包括培养良好的进食技能和进食行为，强调的是养育者和婴幼儿在喂食时的互动，鼓励婴幼儿发出饥饿信号，而养育者给予及时、恰当的回应，让婴幼儿逐步学会独立进食。

(一) 生活中常见的喂养方式

1. 养育者过度主导型

(1)控制型：养育者主观规定婴幼儿进食时间和量，不管其是否发出饥饿信号或饱足信号。

(2)强迫型：养育者强迫婴幼儿进食规定的食物和量，不管婴幼儿自身感受，造成进食对抗。

(3)限制型：养育者过度限制婴幼儿进食及进食技能的发展。

2. 婴幼儿过度主导型

养育者对婴幼儿的喂养比较纵容，婴幼儿在进食中占主导地位，导致饮食比例不协调，不良进食行为增加。

3. 养育者忽视型

养育者或者抚养者对婴幼儿的养育比较忽视，未能及时识别婴幼儿的饥饿信号，不能及时为婴幼儿提供所需的食物。

4. 养育者和婴幼儿互动型

婴幼儿通过动作、面部表情和语言发出信号，养育者及时识别并作出回应；同时，婴幼儿逐渐学会感受、理解养育者的回应。这有助于养育者与婴幼儿之间的情感联结和良好依恋关系的形成，能促进婴幼儿认知能力和心理行为的发育。良性互动的建立可以让婴幼儿学习体会自身的需求，增进其对自身内在感受的认识，感受到安全、被关爱、被接纳，还可以增强婴幼儿对喂养者的关注和兴趣，促使婴幼儿用清晰而有意义的信号与喂养者沟通需求，并成功地发展为独立喂养。

托育机构应根据不同年龄婴幼儿的营养需要、进食能力和行为发育需要，提倡顺应性喂养。在喂养过程中，应及时感知婴幼儿发出的饥饿和饱足信号（动作、表情、声音等)，及时作出恰当的回应，鼓励但不强迫其进食。从开始辅食添加时起，引导婴幼儿学习在嘴里移动、咀嚼和吞咽食物，逐步尝试自主进食。

(二) 良好喂养习惯的培养

培养良好的喂养习惯，可以从以下五个方面入手，即喂什么、如何喂、谁来喂、何时喂和何处喂。

1. 喂什么

在辅食添加初期，一定要按照辅食添加的顺序，为婴儿提供多样化的食物。只有这样，才能有效避免以后婴幼儿出现挑食、偏食的不良饮食习惯。

2. 如何喂

研究表明，环境因素，尤其是家庭因素在塑造婴幼儿饮食行为方面发挥着至关重要的作用。养育者以焦急或强迫等不愉快的方法让婴幼儿接受新食物，往往会产生负面作用。在对婴幼儿进行喂养时，一定要尊重婴幼儿，树立“正确地喂比多喂更重要”的理念，进行顺应性喂养。

3. 谁来喂

对于2岁以下的婴幼儿来说，为了培养他们良好的饮食习惯，最好固定主要养育者。若因为各种原因无法固定主要养育者，也需要各养育者之间达成共识，共同为婴幼儿良好饮食习惯的养成助力。

4. 何时喂

婴幼儿进食需要有基本的进食时间表和相对固定的进餐时间。随着婴幼儿年龄的增长，1岁左右就可以形成一日三餐三点的进食模式。

5. 何处喂

养育者一定要为婴幼儿固定进餐地点，可以使用固定的婴幼儿专用座椅。需要注意的是，婴幼儿专用餐椅最好放在成人餐桌前边，培养婴幼儿和家人一起进餐的习惯。

(三) 顺应喂养技能

从出生到3岁，婴幼儿在不同阶段会发出不同的喂养信号，而养育者的回应重点不是进食量多少或如何进食，而是建立喂养关系。整体喂养技能要点包括：用微笑、眼神交流和鼓励的话对婴幼儿作出积极的回应；愉悦耐心地喂养；尝试不同食物组合、口味和质地，以调动其进食的兴趣；等婴幼儿停止进食后，再提供食物；给婴幼儿提供可以用手拿住的食物，允许进食狼藉；尽量减少进食的干扰；和婴幼儿一起吃完饭，并保持专注。婴幼儿顺应喂养技能培养具体如表3-4所示。

表 3－4　婴幼儿顺应喂养技能培养

月龄	婴幼儿喂养相关发育	饥饿表现	饱足表现	养育者积极回应	意义
新生儿	按需喂养、纯母乳或配方奶喂养	啼哭、流口水和吃手等	身体放松、松开乳头等	轻轻抚摸、发出柔和的声音、当新生儿几次尝试后仍无法含接乳房时给予帮助、皮肤接触等	新生儿会感受到被安慰，感到舒适、情绪稳定等；会给新生儿带来安全感，有利于新生儿探索周围的环境
0～6	有正常的吮吸和吞咽能力，后期出现咬的动作	吮吸手、寻找乳房、张嘴伸出舌头、大哭、背部拱起、舌头向上和向后而不是向前或向下延伸吸吮乳房等	减少或停止吮吸；吐出乳头；头转向一侧；分心或注意周围事物	母乳喂养者：让婴儿待在身边，以便能注意到早期信号；主动引导喂养；配方奶喂养者：应观察婴儿饥饿的迹象，不要严格按照时间表喂食；扶起婴儿，不要平躺，用手支撑其头部和脖颈；用奶嘴轻触嘴唇，让婴儿把奶嘴吸进嘴里，不是直接把奶嘴塞进嘴里；保持奶瓶水平；避免过度进食等	婴儿会有满足感，不再使用哭泣信号引起回应，和养育者逐渐建立默契，喂养过程更加顺利
6～12	逐渐达到自己用勺吃水果泥或蔬菜泥；用“2 个勺子”；可以吃指状食物	用手抓勺子或食物、食物出现时很兴奋	进食速度减慢；紧闭嘴或推开食物	仔细观察，适时添加辅食；把喂养看作与婴儿的互动，而不是一味关注食物的摄入量；让婴儿和家庭进餐时间尽可能接近，以便学习吃饭技巧；观察婴儿，根据其反应速度喂食，不要强迫进食等	婴儿会学到进食技能，了解食物口味、质地，锻炼手眼协调等能力
12～36	自己进餐，从泥状食物到不同质地和气味的混合食物转换；家庭共同进餐；常发生偏食	可用语言或声音表示要求某一特殊食物	摇头说“不要了”	提供健康多样的食物，避免甜食等高热量零食，安排好用餐时间，提前准备好食物，帮助婴幼儿掌握进食技巧，允许自主进食，鼓励用食，不可强迫，喂养态度平和等	建立养育者和孩子之间的信任感，培养良好的亲子关系，建立婴幼儿的自主感和自尊、自信

二、婴儿母乳喂养

（一）母乳喂养的优点

母乳是婴儿最理想的天然食物，母乳中含有丰富的营养素、免疫活性物质和水分，能够满足 0 ～ 6 个月婴儿生长发育所需全部营养，任何配方奶、牛羊奶等都无法替代。母乳喂养可以降低婴儿患感冒、腹泻、肺炎等疾病的风险，促进婴儿体格和大脑发育，减少母亲产后出血、乳腺癌、卵巢癌发生的风险。新生儿乃至婴儿期的肠内营养均应首选母乳，如果无法以自身母乳喂养，次选捐赠人乳，有特殊情况不能人乳喂养才选择替代喂养，以保证婴儿有足够的营养摄入。

婴儿 6 月龄内应纯母乳喂养，无须给婴儿添加水、果汁等液体和固体食物，以免减少婴儿的母乳摄入，进而影响母亲乳汁分泌。从 6 月龄起，在合理添加其他食物的基础上，继续母乳喂养至 2 岁。

（二）母乳喂养方法

1. 产前准备

母亲孕期体重应适当增加（12 ～ 14 千克），储存脂肪以供哺乳能量的消耗。母亲孕期增重维持在正常范围内可减少妊娠糖尿病、高血压、剖宫产、低出生体重儿、巨大儿和出生缺陷及围生期死亡的危险。

2. 尽早开奶

分娩后给新生儿第一次喂哺母乳的时间称为“开奶”。产后 2 ～ 3 天内分泌的乳汁称为初乳。初乳有助于婴儿肠道功能的发展，并能提供免疫保护。让婴儿尽早反复吸吮乳头，是确保成功纯母乳喂养的关键。虽然产后乳房中可能没有足够的奶水，但也要尽量让婴儿吮吸乳房，否则的话，婴儿日后可能会排斥妈妈的乳房。

3. 促进乳汁分泌

（1）按需哺乳：3 月龄内婴儿应频繁吸吮，每日不少于 8 次，以使母亲乳头得到足够的刺激，促进乳汁分泌。

（2）乳房排空：吸吮产生的“射乳反射”可使婴儿短时间内获得大量乳汁；每次哺乳时应先喂空一侧乳房，再喂另一侧，下次哺乳则从未喂空的一侧乳房开始。

（3）乳房按摩：哺乳前热敷乳房，从外侧边缘向乳晕方向轻拍或按摩乳房，有促进乳房血液循环、乳房感觉神经的传导和泌乳的作用。

（4）乳母生活安排：乳母身心愉快、睡眠充足、合理营养（需额外增加能量 500 千卡 / 日），可促进泌乳。

4. 采取正确的喂哺技巧

哺乳前清洁双手和乳头。母乳喂养本身就是有菌喂养，乳母不必过度清洁乳头，只需要用温开水浸湿软布进行清洁即可。哺乳姿势有摇篮式、交叉摇篮式、紧抱式或足球式、侧卧式。婴儿的下颌应贴在乳房上，嘴张大，将乳头及大部分乳晕含在嘴中，婴儿下唇向外翻，嘴上方的乳晕比下方多。婴儿慢而深地吸吮，能听到吞咽声，表明含接乳房姿势正确，吸吮有效。

5. 灵活确定哺乳次数

乳母不必强求喂奶次数和时间，一般每天可喂奶 6 ～ 8 次或更多，特别是 3 月龄以前的婴儿。哺乳的间隔时间、一天次数和哺乳时间长短，应视婴儿体质强弱和吸吮能力而定。

（三）母乳喂养常见问题

1. 乳量不足

正常乳母产后 6 个月内每天泌乳量随婴儿月龄增长而逐渐增加，成熟乳量平均可达每日 700 ～ 1 000 毫升。婴儿母乳摄入不足可有下列表现：

（1）体重增长不足，生长曲线平缓甚至下降，尤其是新生儿期体重增长低于 600 克。

（2）尿量每天少于 6 次。

（3）吸吮时不能闻及吞咽声。

（4）每次哺乳后哭闹，不能安静入睡，或睡眠时间小于 1 小时（新生儿除外）。

若确因乳量不足影响婴儿生长，母亲也不要轻易放弃母乳喂养，可在每次哺乳后用配方奶补充母乳不足。

2. 乳头内陷或皲裂

乳头内陷需要产前或产后做简单的乳头护理，可每日用清水（忌用肥皂或酒精之类）擦洗、挤、捏乳头，亦可用乳头矫正器矫正乳头内陷。母亲应学会“乳房喂养”而不是“乳头喂养”，大部分婴儿仍可从扁平或内陷的乳头中吸吮乳汁。每次哺乳后可挤出少许乳汁均匀地涂在乳头上，乳汁中丰富的蛋白质和抑菌物质对乳头表皮有保护作用，可防止乳头皲裂及感染。

3. 溢奶

（1）发生原因。小婴儿胃容量较小，呈水平位置，且具有贲门括约肌松弛、幽门括约肌发育较好等消化道的解剖生理特点，因此常常出现溢奶。喂养方法不当导致吞入气体过多或过度喂养亦可发生溢奶。

（2）缓解方法。喂奶后宜将婴儿头靠在母亲肩上竖直抱起，轻拍其背部，可帮助排出吞入的空气而预防溢奶。婴儿睡眠时宜采取右侧卧位，可预防睡眠时溢奶而致窒息。若经指导后婴儿溢奶症状仍无改善，或体重增长不良，应及时去医院就诊。

4. 母乳性黄疸

母乳性黄疸是指纯母乳喂养的健康足月儿或近足月儿出生 2 周后发生的黄疸。母乳性黄疸婴儿一般体格生长良好，无任何临床症状，无须治疗，黄疸可自然消退，应继续母乳喂养。若黄疸明显，累及四肢及手足心，则应及时就医。如果血清胆红素水平大于 15 ～ 20mg/ml，且无其他病理情况，建议停喂母乳 3 天，待黄疸减轻后，可恢复母乳喂养。停喂母乳期间，母亲应定时挤奶，维持泌乳，婴儿可暂时用配方奶替代喂养。再次喂母乳时，黄疸可有反复，但不会达到原有程度。

5. 两侧乳房大小不一

在母乳喂养的过程中，乳汁的分泌会经过三个自然阶段，每一阶段都各有其营养特点，且营养成分是不同的。开始时的乳汁含有足量的矿物质，就是人们所说的“灰奶”。当婴儿吸吮一会儿后，奶水变白，这是蛋白质和碳水化合物增多的表现。快要终了时，奶色白而稠，含有大量的脂肪。若每次只让婴儿吃一侧乳房，或仅从一侧乳房中吃少量的奶，那么这一侧乳房的乳汁分泌会逐渐减少，甚至停止分泌，还会造成母亲两侧乳房大小不一。

6. 母乳保存方法

母亲外出或母乳过多时，可将母乳挤出存放至干净的容器或特备的母乳储存袋，妥善保存在冰箱或冰包中，不同温度下母乳的储存时间不同，喂哺前应用温水加热至 40℃左右。

7. 婴幼儿牛奶蛋白过敏

牛奶蛋白过敏是婴幼儿食物过敏中常见的过敏类型。首先建议咨询专业医生，如继续用母乳喂养婴儿，母亲则要回避牛奶和牛奶制品至少 2 周，对于患有过敏性结肠炎的婴儿，母亲需要回避至少 4 周。如果之后婴儿的过敏表现明显改善，母亲的饮食可逐渐加入牛奶（建议在专业医师指导下进行），如果再没有出现过敏症状，母亲就可以恢复正常饮食。如果再出现过敏症状的话，母亲在哺乳期就要回避牛奶和牛奶制品，在断乳后给婴幼儿吃深度水解蛋白配方或氨基酸配方奶替代。对于严重牛奶蛋白过敏的婴幼儿，如果母亲回避牛奶和牛奶制品也无效的话，要考虑直接用深度水解蛋白配方或氨基酸配方奶替代。

三、婴儿配方奶喂养

只有特殊情况下不能采用母乳喂养才考虑选择配方奶喂养。常用的替代配方奶都来自兽乳，主要以牛乳、羊乳等为基质，使宏量营养素成分尽量接近母乳，同时也加入母乳中含有或不足的微量营养素如二十二碳六烯酸（DHA）和二十碳四烯酸（ARA）、核苷酸、牛磺酸、叶黄素、胆碱、益生元、维生素 A、维生素 D、铁、锌等。近年来还有某些配方奶中加入了可以促进神经发育和增强免疫功能的物质如乳脂球膜、乳铁蛋白等。尽管近年来配方奶的成分有很多改良，但是仍然无法与母乳相比，因其无法模拟母乳中存在的多种免疫物质和各种生长因子、调节因子，并可能导致婴儿过快生长，故使用配方奶喂养只能是无法母乳喂养的被迫选择。

（一）需要准备的物品

（1）奶瓶：准备 5 ～ 6 个不同容量（120 ～ 280 毫升）的奶瓶，有标准口径和宽口径奶瓶可供选择，从材质上来看以耐热玻璃奶瓶为宜。

（2）奶嘴：准备和奶瓶配套的奶嘴 3 ～ 4 个，要根据选用的奶瓶挑选不同嘴形的奶嘴。

（3）清洁工具：配备专门的奶瓶刷和奶嘴刷。

（4）恒温水壶调奶器：准备一个具备煮沸、恒温、调温等功能的烧水壶。烧开水后，可降至设定温度并保持恒温；可直接设置 40℃，方便冲奶。

（5）暖奶器：指用于给各种奶制品加热和保温的家电。对于小月龄段的婴儿来说，暖奶器可以用于对冲泡好的配方奶的保温。有的暖奶器还兼具消毒功能，可以给奶瓶和奶嘴消毒。

（6）奶瓶消毒锅：指专门用于给奶瓶和婴儿用品消毒的器具。

（二）配方奶喂养的方法

1. 冲调奶粉

首先，需要清洁与消毒喂奶工具，再往奶瓶中加入 40℃左右的开水，这个温度可以让奶粉充分溶解，是避免奶粉结块的最佳温度。一般情况下，奶粉包装内都会附带一个专用量勺，包装上会写明不同月龄宝宝所需奶粉的准确配比和每次大致的喂哺量。按照说明加入正确数量的奶粉即可。奶粉需松松的，不可紧压，再用筷子或刀子刮平，对准奶瓶将奶粉倒入。最后，套上奶嘴，沿顺时针或逆时针一个方向轻轻地摇动奶瓶，使奶粉充分溶解。一般来说，婴儿配方奶粉罐上会详细说明奶粉的调配方法，冲泡者严格按照要求的流程进行操作即可。

2. 喂奶的要领

喂奶应在婴儿清醒状态下进行，将婴儿抱起，使婴儿身体和面孔朝上斜卧于喂食者的怀中，并注意母婴互动交流，要让婴儿依偎在胸前，胸贴胸，腹贴腹，这种亲密的身体接触可以给婴儿带来安全感和舒适感。喂奶时，始终保持奶瓶倾斜 45° 左右，保持奶嘴及瓶颈部充满奶液，以避免婴儿吸奶时吸入奶瓶中的空气，引起溢乳。喂奶结束后，轻轻竖抱起婴儿，轻拍其背部至嗝气，动作要领同母乳喂养。

3. 喂养次数与奶量估计

因新生婴儿胃容量较小，生后 3 个月内可不定时喂养。3 个月后婴儿可建立自己的进食规律，此时应开始定时喂养，每 3 ～ 4 小时一次，6 ～ 8 次 / 日。允许每次奶量有波动，避免采取不当方法刻板要求婴儿摄入固定的奶量。

（三）配方奶喂养常见问题

1. 婴儿拒绝奶瓶

对于拒绝奶瓶的婴儿，在没有母乳喂养的情况下，需要尝试各种方法让婴儿逐步接受奶瓶。可以让婴儿稍微饿一下，在此期间陪婴儿玩一会儿，可为婴儿做按摩或者体操之类的事情，婴儿感觉饿了会容易接受奶瓶。

2. 吃吃停停

婴儿吃奶的时候，好像总是不专心，三心二意，吃吃停停，原因可能有以下几种：奶嘴过硬或者奶洞偏小，需要及时为婴儿更换合适的奶嘴；婴儿吃奶时需要频繁换气，吃两口奶，就需要停下来；婴儿已经吃饱了；婴儿吃奶时旁边有更吸引他的人或声音，婴儿注意力被转移了。

3. 婴儿便秘

婴儿便秘时可尝试以下方法：选用其他品牌的奶粉；两次喂奶间隔期间给婴儿喂水，可以防止婴儿大便硬结；培养婴儿定时排便的习惯；按摩婴儿腹部，增加婴儿的胃肠运动，加快食物消化，从而缓解便秘。

4. 奶粉的储存

奶粉开封后，应避免暴露在空气中，但不建议长期存放于冰箱中。开封的奶粉在室温、避光、干燥、阴凉处储存即可。需要注意的是，每次取用后，罐装奶粉务必盖紧盖子，袋装奶粉要扎紧袋口。为便于保存和拿取奶粉，袋装奶粉开封后，最好存放于洁净的奶粉罐内。

5. 奶粉的更换

不建议经常给婴儿更换奶粉品牌，1 岁以内的婴儿，消化系统发育不成熟，如果频繁地适应不同品牌的奶粉，可能会增加其消化负担，甚至引发消化不良。1 岁以上的婴儿，一日三餐逐渐成为主要营养，换不换奶粉对其影响也不大，如果经常更换奶粉品牌，婴儿可能会因为口味不同而厌烦喝奶，所以不如让婴儿保持自己的口味和习惯。

四、基础食物选择

随着婴儿的生长发育，其消化能力逐渐提高，单纯乳类喂养不能完全满足 6 月龄后婴儿生长发育的需求，婴儿需要由纯乳类的液体食物向固体食物逐渐转换，这个过程称为食物转换（旧称辅食添加）。按照《中国婴幼儿膳食指南（2022）》的建议，满 6 月龄起需要给婴儿添加辅食。具体而言，对于人工喂养的婴儿，可以满 4 个月添加辅食，对于母乳喂养的婴儿，可延续到 6 个月开始添加辅食。

（一）食物转换的种类

第一阶段食物：应首先选择能满足婴儿生长需要、易于吸收、不易产生过敏的谷类食物，最好为强化铁的米粉，米粉可用奶液调配；其次选择根茎类蔬菜、水果，主要目的是训练婴儿的味觉。食物应用勺喂养，训练婴儿的吞咽功能。

第二阶段食物：7 ～ 9 月龄逐渐引入婴儿第二阶段食物，包括肉类、蛋类、鱼类等动物性食物和豆制品。引入的食物应以当地食物为基础，注意食物的质地、营养密度、卫生和制作方法的多样性。

（二）食物转换的方法

食物转换是婴儿逐渐习惯其他食物的过程，引入的食物应由少到多，首先喂给婴儿少量强化铁的米粉，由 1 ～ 2 勺慢慢增加，直至一餐；引入食物应由一种到多种，婴儿接受一种新食物一般需尝试 8 ～ 10 次，3 ～ 5 日，至婴儿习惯该种口味后再换另一种，以刺激味觉的发育。单一食物逐次引入的方法可帮助家长及时了解婴儿是否出现食物变态反应及确定变应原。

（三）营养性食物的选择

从 6 月龄开始为婴儿添加辅食，首选富含铁的泥糊状食物。鼓励婴幼儿尝试新的食物，每次只引入 1 种。留意观察婴幼儿是否出现呕吐、腹泻、皮疹等不良反应，适应 1 种食物后再添加其他新的食物。若婴幼儿出现不适或严重不良反应，应及时送医。

逐渐调整辅食质地，与婴幼儿的咀嚼吞咽能力相适应，从稠粥、肉泥等泥糊状食物逐渐过渡到半固体或固体食物等。1 岁以后可吃软烂食物，2 岁之后可食用家庭膳食。

逐渐增加食物种类，保证食物多样化，包括谷薯类、豆类和坚果类、动物性食物

（鱼、禽、肉及内脏）、蛋、富含维生素 A 的蔬果、其他蔬果、奶类及奶制品等。同类食物可轮流选用，做到膳食多样化。

辅食应选择安全、营养丰富、新鲜的食材，并符合婴幼儿喜好。婴幼儿辅食应单独制作，1 岁以内婴儿辅食应当保持原味，不加盐、糖和调味品。1 岁以上幼儿的食物需合理烹调，添加适量油脂，少盐、少糖、少调味品，宜采用蒸、煮、炖、煨等方法，少用油炸、熏制、卤制等方法。

婴幼儿每日食谱各餐次的热量分配情况为：早餐提供的能量约占一日的 30%（包括上午 10 点的点心），午餐提供的能量约占一日的 40%（含下午 3 点的午后点），晚餐提供的能量约占一日的 30%（含晚上 8 点的少量水果、牛奶等）。三大营养素热量占总热量的百分比为：蛋白质 12% ～ 15%，脂肪 30% ～ 35%，碳水化合物 50% ～ 65%。优质蛋白质应占蛋白质总量的 50% 以上。

第四节　婴幼儿喂养问题及指导

大多数婴幼儿经历各种味道、质地和各种喂养方法后会自然进食。反射性吸吮和饥饿提供最初的进食动力。然而，在婴幼儿生长发育过程中，有些因素会干扰婴幼儿进食，如疾病、家长喂养行为不当等，常常表现为感觉或行为为主的喂养困难、睡觉时喂哺，也表现为发育迟缓或其他并发症。

一、常见的婴幼儿喂养问题

（一）喂养障碍与喂养困难

1. 喂养障碍

有些喂养方面的术语，如厌新、挑食、喂养障碍与喂养困难等缺乏统一定义。一般认为喂养障碍是描述潜在器质性、营养性或情感性问题所致的有严重后果的临床问题，包括回避 / 限制性摄食障碍、异食癖、反刍障碍、神经性厌食、神经性贪食及其他特定的喂养或进食障碍。

2. 喂养困难

（1）喂养困难的定义。

喂养困难是喂养问题的总称，多为照护者认为有“问题”的情况，常用于描述程度较轻尚不足以被诊断为喂养障碍的问题，如喂养者与儿童间互动不良。因此，喂养困难亦可见于营养状态良好，甚至是超重肥胖儿童。

目前多数学者认为喂养困难和喂养障碍均指固体食物或流质食物在口腔处理阶段发生异常，包括进食技巧不成熟、挑食、食欲低下及拒食等，如图 3－2 所示。一般来说，临床儿科医生多关注器质性疾病所致喂养障碍，不注重系统研究儿童行为问题；而精神心理学家更偏重行为问题。儿童保健医生或家庭养育指导师则需要一个易于操作的、器质性与行为观察结合的、涉及儿童与家长关系的判断方法。

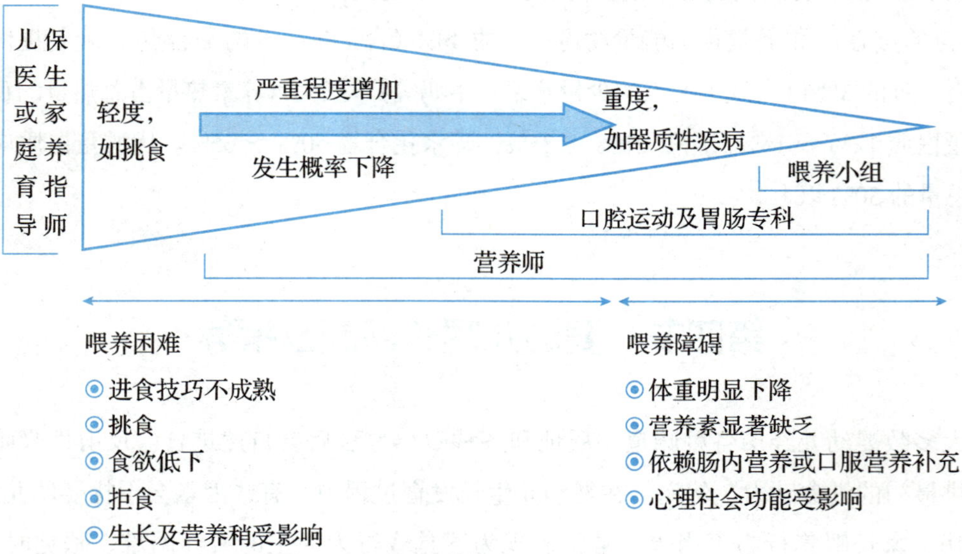

图 3－2　喂养困难与喂养障碍的表现

儿童喂养困难诊治常需多学科合作，若儿科医生与儿童保健医生认为儿童存在喂养障碍，则应及时转诊。如家长因儿童喂养问题就诊，儿科医生或儿童保健医生应重视家长的陈述，按流程确认喂养困难的性质。

（2）喂养困难分类。

根据国外的资料，喂养困难（年长孩子称饮食困难）的孩子可分为以下六大类型。

1）胃口差的孩子。这种类型的孩子虽然胃口差，但一般精神特别好，光玩不想吃饭。胃口差、食欲低下的儿童往往很少有饥饿的表现，对游戏或与人交流却很感兴趣，经常只吃几口就拒绝再吃，到了用餐时间，经常想离开餐椅。

2）对某些食物过于偏好，挑食偏食。对某种食物过于偏好的孩子，即挑食、偏食的孩子，由于质地、口味、气味或外观而拒绝某些特定的食物；对某种食物表现出厌恶、焦虑，从愁眉苦脸、压抑到呕吐；很不情愿尝试新食物，只吃几种喜欢的食物。此类孩子往往同时出现其他感官问题，如因为吵闹声而烦躁不安、对脚下的沙子或草以及亮光等非常敏感，其气质特点为偏敏感型，适应能力比较差。

3）父母的期望不恰当，总是觉得孩子吃得不多、吃得不够。有时孩子有饥饿感，对食物也有兴趣，但父母总是认为孩子吃得太少。父母过度的担忧可能导致强迫进食，进而导致孩子的食欲低下。

4）不良的进食习惯。孩子常见的不良进食习惯有以下几种：进食时只顾看电视、玩玩具、讲故事；经常由大人追逐进食；由于注意力分散，进食时间过长，饭菜经常含在嘴里不下咽。

5）有器质性的潜在问题。患有器质性疾病会导致儿童食欲低下或拒绝进食。如果孩子表现出更多细微的症状和体征，则需要高度怀疑是否患有器质性疾病（例如消化道疾病）。

6）害怕或者恐惧进食。因恐惧而拒绝进食的孩子看到食物、瓶子或高椅子就哭，用哭吵、蜷身或闭嘴来拒绝进食，这种情况往往在噎塞、呕吐、插管或强迫进食后出现，在插胃管的患儿过渡到喂食时经常发生。

二、婴幼儿喂养困难的原因

分析婴幼儿喂养困难的原因可从食物因素、婴幼儿本身的特点以及婴幼儿与抚养者的互动情况三个方面入手。

（一）食物因素

食物来源、品种的选择以及搭配与制作不当可导致喂养困难。如食物量及种类不当导致摄入不足或搭配不均衡；食物品种、质地与婴幼儿发育年龄不符导致婴幼儿“挑食”或“拒食”。

（二）婴幼儿本身的特点

1. 气质

不同气质类型的婴幼儿可有不同的进食行为，如困难型气质婴幼儿难以抚养，易出现进食行为问题。

2. 进食技能发育不良

婴幼儿延迟学习新进食技能，导致进食技能发育延迟，进而会出现不同程度的进食困难，如因咀嚼、吞咽功能差，出现“挑”“偏”食细软食物，拒绝质地较硬或较长食物的现象。

3. 不良进食经历

疾病情况下曾在进餐时出现疼痛、恶心等症状的婴幼儿对于进食会有不愉快的记忆，即使病愈后也可发生食欲缺乏和厌食行为。部分婴幼儿有插管、喉镜等治疗操作的记忆，进食时可出现“拒食”现象。

4. 器质性疾病

婴幼儿患有急、慢性疾病时可能造成喂养困难，重者甚至发生喂养障碍。

（三）婴幼儿与抚养者的互动情况

进餐时婴幼儿与抚养者的互动情况会影响婴幼儿进食，若抚养者能理解和尊重婴幼儿自我择食的意愿则有助于婴幼儿顺利进餐；若抚养者仅注意婴幼儿营养，强迫婴幼儿进食，则会使进食成为婴幼儿的负担并诱发焦虑；若抚养者将患病婴幼儿视为“脆弱儿童”，忽略相应年龄的进餐规则，婴幼儿康复后就会难以适应正常的进餐规则从而造成进食冲突。

三、婴幼儿喂养困难的表现

喂养困难的临床表现程度不一，可从基本正常（抚养者错误理解）至严重症状（行为和器质性障碍），但多数为轻、中度问题，如表 3－5 所示。

表 3－5　喂养困难的临床表现

喂养困难提示症状 / 体征
进食时间长（>30min）
拒食 >1 个月
进食时捣乱、紧张
缺乏适当的独立进食行为
婴幼儿仍夜间进食
婴幼儿分散注意力时增加进食
纯人乳喂养或配方奶喂养时间延长
难以接受质地较硬的食物

现实中，据抚养者描述，婴幼儿喂养困难的症状表现可分为食欲缺乏、挑食、恐惧进食及喂养互动不良。

（一）食欲缺乏

1. 抚养者错误理解

抚养者对婴幼儿进食过度焦虑，但婴幼儿体格生长正常。正常婴幼儿的食量基本与生长速度一致。如果抚养者将家族性矮小、进食量少的婴幼儿视为“食欲缺乏”，采取不恰当的喂养方法，如强迫进食则可致喂养困难。

2. 精力旺盛的“食欲缺乏”

这种情况常出现于进食方式转变阶段，即婴幼儿出现自我意识，希望自我进食时。婴幼儿表现为行为活跃，对除进食外的任何事情均感兴趣，注意力易分散，进餐时难以安坐，缺乏饥饿感而摄食量少。部分婴幼儿出现体重增长不足。精力旺盛婴幼儿的进食过程易出现儿童－家长冲突，若解决不当可影响婴幼儿认知发展潜力，出现退缩、抑郁、攻击等不良行为。

3. 精神不振的“食欲缺乏”

这类婴幼儿多感倦怠、性格孤僻或生长速度不足，但无潜在医学问题。抚养者可能意识不到婴幼儿存在的生长或喂养问题，婴幼儿可能被虐待或忽视，对周围环境不感兴趣，与抚养者缺少言语及眼神交流。

4. 器质性疾病

婴幼儿可能因疾病影响食欲，长期进食不足导致营养缺乏，表现为体重增长不足或下降。对这类婴幼儿需详细询问病史并进行体格检查以排除器质性疾病。

（二）挑食

“挑食”不是医学术语，多为抚养者的判断。不同文化的国家、研究者对“挑剔”进食的婴幼儿有不同的定义。家庭养育指导者需了解“挑剔”进食是喂养困难的较轻的形式，少数婴幼儿有明显的感觉障碍，应予以鉴别。

1. 抚养者错误理解

18～24月龄幼儿在进食技能发育过程中会出现不愿意尝试新食物现象，即“厌新”，这是一种自我保护行为；多次暴露（8～15次），幼儿熟悉新食物后可逐渐接受该食物。但若抚养者不了解婴幼儿在发育过程中对新食物有一个尝试和接受的过程，可误认为婴幼儿“挑食”。

2. 轻度挑食

多数婴幼儿有轻度或一过性“挑剔进食”，无医学与体格生长问题。其表现是：婴幼儿不完全回避某一种类或质地的食物，但反复多次暴露并不能使婴幼儿接受该食物。

轻度挑食婴幼儿的家庭易发生进餐不和谐。

3. 重度挑食

多为喂养障碍婴幼儿。婴幼儿可有“感觉性食物厌恶”，表现为完全回避某一种类、质地或稠度的食物。食谱范围狭窄导致营养素摄入不均衡；部分婴幼儿可对声音、光亮、皮肤接触等产生过度反应；婴幼儿生长明显受到抑制。

4. 器质性挑食

器质性挑食常见于发育迟缓婴幼儿（如染色体异常、线粒体病、神经系统损害、孤独症谱系障碍），表现为对食物高度敏感或不敏感，口腔运动功能延迟；也可见于吞咽障碍婴幼儿。

（三）恐惧进食

1. 抚养者错误理解

健康小婴儿可出现生理性胃肠道功能紊乱，如肠绞痛，导致过度哭闹，部分可能与食物过敏、便秘、胃食管反流、尿路感染等有关，抚养者则可能错误地认为婴儿哭闹是因为恐惧进食。

2. 创伤经历

婴儿因多次进食后出现疼痛等痛苦经历，看见食物、奶瓶，甚至餐椅即哭闹不安；年长儿则会因曾发生呛咳、呕吐、插管或强迫进食而恐惧进食。如持续时间较长可致体重下降或不增。

3. 器质性疾病

婴幼儿进食时的疼痛由器质性疾病本身引起，从而造成恐惧进食，如嗜酸细胞性食管炎、胃炎、小肠动力障碍等。

（四）喂养互动不良

抚养者的喂养方式及态度受文化背景、抚养者及婴幼儿本身的特点的影响。除应答型外，控制型、溺爱型和忽视型均为喂养不良互动模式。

1. 控制型

约一半以上的抚养者表现为控制型。抚养者会忽视婴幼儿的饥饿信号，采用强迫、惩罚及不恰当的奖励方式促进婴幼儿进食。控制型互动方式初期很有效，但随着时间的延长，可致婴幼儿能量摄入不均衡、蔬菜水果摄入不足、营养不足或过剩的风险增加。

2. 溺爱型

抚养者未给婴幼儿设定进餐规则，只想满足婴幼儿的进餐需要，不分时间、地点、环境为婴幼儿准备特殊或多种食物，忽视婴幼儿在就餐过程中发出的信号。溺爱型的互动喂养方式可致婴幼儿营养摄入不均衡，如高脂食物较多，增加婴幼儿超重风险。

3. 忽视型

喂养者未完全尽到抚养婴幼儿的责任，与婴幼儿缺少言语、肢体交流，忽视婴幼儿的进餐信号及生理、情感需求，甚至不为婴幼儿提供食物，致婴幼儿生长障碍。部分忽视型抚养者可能自身存在情绪障碍，如抑郁等。

知识链接

婴幼儿喂养困难评分量表

量表简介：

该量表由加拿大蒙特利尔儿童医院心理学家玛丽亚·拉姆西斯（Maria Ramsay）制作，其中文版于2008年由湖北省妇幼保健院徐海青教授带队矫正标准化。

题目数：14。

计分方法：7级评分。

标准分数：粗分相加，经过Logit变换后转化为标准分。

缺失值：条目得分和 ×14÷ 未缺失值。

评分标准：50分以下，无喂养困难；51～60分，轻度喂养困难；61～70分，喂养困难中度障碍；71分及以上，喂养困难严重。

因子介绍：

因子1：婴幼儿生长状况（12）。

因子2：婴幼儿口腔运动功能（7、8、11）。

因子3：家长喂养行为（1、2、9、10、13、14）。

因子4：婴幼儿进食行为（3、4、5、6）。

量表题目：

1. 你觉得你在喂养孩子过程中有困难吗?

1	2	3	4	5	6	7

非常困难　　　　　　　　　　　　　　　　　　　　容易

2. 你对孩子的喂养及进食感到担心吗？

1	2	3	4	5	6	7

不担心　　　　非常担心

3. 你孩子的食欲如何？

1	2	3	4	5	6	7

非常差　　　　好

4. 孩子每餐从什么时候开始拒绝进食？

1	2	3	4	5	6	7

进餐一开始　　　　进餐结束

5. 你孩子每餐进食需要多少分钟？

1	2	3	4	5	6	7
1～10 分钟	11～20 分钟	21～30 分钟	31～40 分钟	41～50 分钟	51～60 分钟	>60 分钟

6. 你孩子进餐时表现如何（哭闹、玩玩具、看电视、乱跑等）？

1	2	3	4	5	6	7

无上述表现　　　　非常明显

7. 你孩子在进食某类食物时是否有恶心、呕吐的现象？

1	2	3	4	5	6	7

从来没有　　　　大多数时候

8. 你孩子是否有嘴中含着食物但不吞咽的现象？

1	2	3	4	5	6	7

从来没有　　　　大多数时候

9. 你孩子在进食时是否需要逗引或追着喂？

1	2	3	4	5	6	7

从来没有　　　　大多数时候

10. 你是否强迫孩子进食？

1	2	3	4	5	6	7

从来没有　大多数时候

11. 你孩子咀嚼（或吃）的能力如何？

1	2	3	4	5	6	7

良好　非常差

12. 你孩子的生长状况如何？

1	2	3	4	5	6	7

良好　非常差

13. 孩子的进食情况对你和孩子之间关系的影响如何？

1	2	3	4	5	6	7

无影响　非常消极

14. 孩子的进食情况对家庭成员之间关系的影响如何？

1	2	3	4	5	6	7

无影响　非常消极

四、婴幼儿喂养困难指导

（一）饮食行为指导原则

（1）进食时避免分心（比如，不要看电视、讲故事、玩玩具）。

（2）规定进餐的时间，合理进餐时间为 20 ～ 30min，不要长于 30min。

（3）逐渐引入新的食物，对新食物孩子要尝试 15 次左右才吃，家长要避免焦虑。

（4）鼓励孩子自己进餐，尽量固定进餐地点和时间，培养孩子良好的习惯。

（5）提供适合孩子年龄段的食物。

（6）喂饭过程中保持中立态度，不过分鼓励或批评，让孩子把注意力集中在吃饭上。

（7）营造快乐的进餐氛围。

（8）允许与年龄相符的进食狼藉。

进食乐趣源于多种因素，包括食物的味道、气味、口感、性状、温度等，所以要培养孩子对食物所有因素的尝试。进餐时外周和中枢神经系统均参与进食乐趣的产生，所以要使吃饭的过程轻松、愉快，对整个消化吸收均有帮助。另外要考虑到先天遗传因素和生理的接受度对食物选择的影响。

成人的食物气味对婴幼儿有一定的影响。母亲怀孕时吃的食物会通过羊水影响胎儿；当孩子出生以后，母亲吃的食物的气味则会通过乳汁影响到婴儿；当婴儿满6个月添加辅食时，辅食的气味又会影响到婴儿，婴儿断奶后仍受辅食气味的影响；婴幼儿和成人在一起吃饭时，成人食物的味道更会影响孩子。所以成人的食物气味从胎儿期一直影响到孩子长大，想让孩子营养全面均衡，从怀孕开始，就要注意做好榜样，注意食物的多样性。

（二）喂养困难分类指导

1. 食欲缺乏

胃口差、食欲低下的孩子指导原则为：增加活动量，使婴幼儿容易产生饥饿感；注意食物的色、香、味、形搭配，增进食欲；两餐之间不吃零食；婴幼儿用餐时间不超过30min。

2. 父母期望不当

父母期望不当的孩子指导原则为：定期测量孩子身高与体重；指导家长对孩子生长和营养树立适当的期望值；提供和孩子年龄相适应的食物；指导家长不要与其他婴幼儿攀比进食量，并记录婴幼儿每次进食品种和数量，进行营养分析。

3. 挑食偏食

挑食偏食孩子指导原则为：不完全剥夺其偏爱的食物，从孩子能接受的食物开始逐渐实现多样化饮食；家长应树立良好的榜样，并表扬孩子良好的饮食行为；可添加营养素，补充因挑食而摄入不全的营养素。

4. 恐惧进食

因恐惧而拒绝进食的孩子指导原则为：不强迫孩子进食；对新的食物要尝试10～15次；提供孩子喜欢的餐具，并营造一个良好的进餐环境；增加孩子运动量或运动强度。

5. 器质性疾病

器质性疾病导致食欲低下的孩子指导原则为：治疗潜在的病理原因；如果喂养困难

持续存在，对可能的病因做回顾；如果器质性疾病治愈后，喂养困难仍持续存在，则实施饮食行为干预计划。

6. 不良进食习惯

不良进食习惯的孩子指导原则为：鼓励孩子自己进食，允许与年龄相符的进食狼藉，培养其对吃饭的兴趣；规定进食时间（20～30min）；增加活动量，使孩子产生饥饿感；与家长讨论解决方案。

（三）喂养实践指导

（1）食物偏好大多在2～3岁习得，可持续15～20年甚至更久。所以，孕期就得注意营养均衡，孩子加辅食以后是关键期。

（2）当母亲食谱广时，母乳喂养儿较配方奶喂养儿更易接受各种食物。家长在教育婴幼儿时，要树立榜样意识，为孩子做好榜样，自身就要做到不挑食、不偏食。

（3）孩子的生理因素、感知觉、家庭烹饪文化等都会影响婴幼儿进食行为。在婴幼儿进餐时，家长可以减少饮食之外的无关刺激，如将有趣的玩具收起来、将好看的电视关闭，家长也不要在进食时玩手机，这样可以强化食物本身对孩子的吸引力。

（4）给婴幼儿准备的食物除了要美味外，还需要注重色、香、味的搭配。

（5）饥饿能激发食欲，饮食应定时定量，有规律进食，不过分投喂零食，让孩子的胃有排空的时间，这样才能让婴幼儿有饥饿感。

（6）适当补充营养素，增加高能量密度食物，保证孩子的生长发育。在喂养婴幼儿时，应遵循少量多种的原则，注意食物的多样化，坚持荤素搭配、粗细搭配、干稀搭配，少给孩子吃生冷油炸食物。

（四）健康教育

多数喂养困难都是暂时性的，轻者随年龄增长可逐渐恢复正常；3%～10%的程度较重且持续存在者可出现生长发育迟缓、营养不良、语言发育迟缓等问题。单纯喂养行为问题婴幼儿，经合理干预治疗后可矫正，虽短期内可影响营养摄入、生长发育，甚至出现心理行为问题，但长期预后良好。由受过训练的家庭养育指导师对抚养者进行教育是婴幼儿喂养成功的重要条件。

1. 喂养者的责任

教育家长学习应答型喂养方式，即能有效区分不同角色承担的责任。如家长可决定婴幼儿进食地点、时间及食物，判断婴幼儿进食情况；设定进食规则、进行进食进餐示范、正面谈论食物；对婴幼儿在进餐过程中的饥饿和饱足信号及时进行反馈，由婴幼儿根据自身饱足及饥饿信号决定吃不吃、吃多少。喂养是家长和婴幼儿之间的互动过程，应答型喂养模式可促进婴幼儿进食，减少垃圾食品摄入及超重的发生。处理喂养问题需改善家长的喂养态度，从控制型、溺爱型和忽视型转变为应答型。

2. 进食基本规则

教育家长了解婴幼儿进食基本规则，包括控制进食时间、营造良好的就餐环境及培养婴幼儿进食技能等。对生长正常的婴幼儿，家长重点关注饮食行为问题即可，不宜过度焦虑，或采取强迫进食的方式。

具体来说，婴幼儿进食基本规则如下：

（1）避免进食时用电视、电话、玩具等分散婴幼儿注意力。

（2）家长对婴幼儿就餐情况保持中立态度。

（3）进食规律，促进食欲；限制就餐时间（20 ～ 30min）；4 ～ 6 餐 / 点心，餐间适量饮水。

（4）提供与婴幼儿年龄相符的食物种类及质地。

（5）给小婴儿逐渐引入新食物（尝试 8 ～ 15 次）。

（6）鼓励较大婴儿、幼儿自己进食，包括抓食。

（7）允许与婴幼儿年龄相符的进食狼藉。

3. 进食技能训练

进食技能训练是减少喂养困难发生的有效方法之一。家长在关键期要给婴幼儿充分的机会发展进食技能，包括给予适当的口腔刺激，增强口腔运动的力量及协调性，改善肌肉张力和姿势控制能力。此外，选择不同形状、大小的奶瓶或杯子亦有利于不同进食能力的婴幼儿摄入液体食物（如乳类食物）。

本章小结

本章主要从婴幼儿吃什么、怎么吃、吃得怎么样三个角度介绍了婴幼儿营养与喂养的相关知识，从婴幼儿的能量需要和营养素的消化与吸收切入，介绍婴幼儿消化系统和消化道的发育特点，并在此基础之上进一步阐述婴幼儿先天反射、吮吸和吞咽、咀嚼能力的发育特点，有针对性地提出了婴幼儿进食技能与指导方法，还介绍了母乳、配方奶、基础食物的选择等喂养方法。希望通过本章的学习，同学们能运用所学知识分析并指导现实中与本章内容相关的问题，能够在了解婴幼儿营养与喂养相关知识的基础之上提倡并践行顺应性喂养。

同步练习

一、选择题

1. 膳食纤维的功能不包括（　　）。

A. 能促进肠道蠕动　　B. 预防结肠和直肠癌

C. 促进锌的吸收　　D. 有饱腹感

2. 0 ～ 6 个月婴儿需要的水分不能从（　　）中获得。

A. 果汁　　B. 人乳　　C. 配方奶　　D. 水

3. 缺铁的婴幼儿最适合补充的食物是（　　）。

A. 乳类食品　　B. 西红柿　　C. 猪肝　　D. 胡萝卜

4. 烹制婴儿食物时，应（　　）。

A. 尽量清淡　　B. 不要过油、过生、过硬

C. 不要过咸、口味过重　　D. 以上都是

5 . 婴幼儿出生（　　）个月后，随着从母体获得的抗体逐渐减少，患感冒的概率开始增加。

A . 4　　B. 6　　C. 8　　D. 12

二、判断题

1. 人体所需的营养素有蛋白质、脂类、碳水化合物和维生素共四大类。（　　）

2. 在膳食中占比重大的营养素称为宏量营养素，如蛋白质、脂类、碳水化合物。（　　）

3. 奶油是奶制品，可以让婴儿多吃。（　　）

4. 母乳喂养应按时哺乳。（　　）

5. 初乳中含有丰富的抗体，要让新生儿多吸吮。（　　）

三、简答题

1. 婴幼儿需要的营养素有哪些？

2. 如何对婴幼儿进行进食技能指导？

3. 人乳喂养需要注意什么？

4. 什么是顺应性喂养？

四、思考题

平平刚满 6 个月，为增加平平的营养，妈妈开始给平平添加辅食，可每次喂辅食，平平都有很强的抵触情绪。因为平平每天辅食的进食量几乎可以忽略，所以严重打击了妈妈制作辅食的积极性，经常不按时提供辅食，也没有及时添加新食物，甚至中间有过中断辅食的情况，尝试的食物也非常有限。

你是如何看待这个问题的？应该怎样帮助平平顺利度过添加辅食的初期阶段呢？

第四章　婴幼儿睡眠指导

学习目标

知识目标

1. 了解婴幼儿的睡眠规律。
2. 了解 NREM 睡眠与 REM 睡眠。

能力目标

1. 熟练掌握婴幼儿常出现的睡眠问题及其解决方法。
2. 通过了解婴幼儿睡眠的相关知识，能够对婴幼儿睡眠进行科学指导。

素养目标

1. 运用所学知识分析并指导与本章内容相关的问题，帮助婴幼儿养成良好的生活习惯。
2. 培养热爱婴幼儿的感情和关心婴幼儿托育事业的责任感，树立崇高的职业理想和道德信念。

本章导览

- 婴幼儿睡眠指导
  - 睡眠生理功能及意义
    - 睡眠生理
    - NREM睡眠与REM睡眠
    - 婴幼儿睡眠的特点
  - 婴幼儿睡眠发育
    - 胎儿睡眠发育
    - 新生儿睡眠发育
    - 婴儿睡眠发育
    - 幼儿睡眠发育
  - 婴幼儿睡眠问题及指导
    - 夜醒现象与指导要点
    - 磨牙现象与指导要点
    - 夜惊现象与指导要点
    - 梦魇现象与指导要点

案例导入

婴幼儿睡眠

小湘最怕带孩子去婆家住，因为每次只要孩子一哭、一睁开眼，婆婆就立马抱起来，觉得孩子醒了。小湘但凡阻止，说孩子其实还没醒，婆婆就立马生气："这眼都睁了还没醒？我就想抱个孩子，我身上又不脏，不至于被这么嫌弃吧！"

问题：如果你是小湘，你会如何处理？

第一节　睡眠生理功能及意义

睡眠对于人类来说是一项非常重要的生理活动，对婴幼儿来说，睡眠的重要性更加不能忽视，婴幼儿的睡眠直接关系到其发育和认知能力的发展。下面我们就来科学地解读一下婴幼儿睡眠为什么如此重要。

一、睡眠生理

（一）婴幼儿睡眠生理行为过程

人的一生有 1/3 的时间在睡眠中度过，在睡眠的状态下，人对外界的接触和反应处于相对静止的状态，但可被唤醒。

1. 各年龄段婴幼儿睡眠的适宜时间

睡眠是大脑皮层下中枢广泛处于抑制过程的一种生理状态，有助于婴幼儿的脑发育和记忆力的增强。每个婴幼儿的自身气质不同，家庭环境不同，睡眠规律也不一样。

（1）0～3 个月的婴儿。婴儿出生后的前三个月睡眠习惯和吃奶习惯很像，吃奶是少量多次，睡眠也是短暂而频繁的小睡。这个时期的婴儿很少连续睡眠超过 4 个小时，对白天和夜晚没有什么概念，通常一天要睡上 16～20 个小时。

（2）4～6 个月的婴儿。婴儿在 4～6 个月时，每天睡眠时间要保证在 14 个小时左右，不过具体睡眠时间还要根据婴儿的具体情况进行调整，尤其是不要在婴儿睡觉时把婴儿叫醒，因为这个时期婴儿会开始慢慢养成正常的作息时间，白天的睡眠时间会减少。

（3）7 ～ 12 个月的婴儿。7 ～ 12 个月的婴儿在白天睡眠的次数会逐渐减少，一天的睡眠时间也基本在 14 个小时左右，上午和下午均会睡 1 ～ 2 个小时，这个时期的婴儿基本睡了一夜之后，很早就会醒来。

（4）1 ～ 1.5 岁的幼儿。通常情况下，1 ～ 1.5 岁的幼儿需要 13 个小时左右的睡眠，这实际上要比父母认为的或希望的时间要短。

（5）1.5 ～ 2 岁的幼儿。这时的幼儿通常会挑战或者尝试父母定下的规则，看看父母是不是认真的，因此父母就需要让孩子坚持按时就寝，保证晚上睡 11 ～ 12 小时，下午再睡 1 ～ 2 个小时，让孩子养成良好的睡眠习惯。

（6）2 ～ 3 岁的幼儿。近 3 岁的幼儿通常每天睡 12 小时，其中晚上要睡 10 ～ 11 小时，白天睡 1 ～ 2 小时。3 岁的幼儿日间小睡的差异比起 2 岁的幼儿要大很多。同时，3 岁幼儿做梦的频率开始增多，所以在晚上睡觉前，应尽可能地通过寝前常规活动让幼儿安静下来。

2. 婴幼儿健康睡眠时间表

了解婴儿的睡眠时间，有助于提高婴儿的休息质量，促进其健康成长。刚出生的婴儿前十六个小时的睡眠时间基本平均分布于白天和晚上，之后婴儿才能逐渐适应白天和夜晚的区别，白天的睡眠时间会越来越短，晚上的睡眠时间会越来越长。婴幼儿不同阶段睡眠时间具体如表 4 - 1 所示。

表 4 - 1　婴幼儿不同阶段睡眠时间

年龄	每天需要睡眠时间（小时）
新生儿	16 ～ 20
3 周	16 ～ 18
6 周	15 ～ 16
4 个月	13 ～ 18
6 个月	14 ～ 16
9 个月	13 ～ 16
1 岁	12 ～ 15
1.5 岁	13 ～ 15
2 岁	13 ～ 14
3 岁	12 ～ 13

（二）浅睡眠状态

婴幼儿越小，大脑发育越快，需要的睡眠时间就越多。许多人认为婴幼儿睡眠时间不长、容易惊醒，睡眠质量不高，而且很爱哭闹，当婴幼儿在睡眠中发出各种哼哼的声音时，许多人以为婴幼儿醒了，就赶紧抱起来拍哄。其实婴幼儿一直处于睡眠状态中，这是生理原因决定的，这种睡眠状态称作浅睡眠。

婴幼儿的睡眠有深睡和浅睡的分别，一般情况下浅睡的时间比较多。婴幼儿偶尔的微笑、皱眉、噘嘴、半睁眼、呼吸不均、胳膊腿晃动、发出哼响等都是其浅睡时的正常表现。此时，不要以为是婴幼儿饿了、尿了、不舒服等去过度地关心和照料，此时不去管他反而有好处。因为浅睡眠状态对大脑发育很重要。就像成年人一般在浅睡的时候会做梦一样，婴幼儿也会做梦，他们的大脑会把白天看到的、听到的、感受到的等储存起来，这种偶尔的刺激，会促进婴幼儿大脑的蛋白质合成，帮助大脑发育，因此，浅睡对婴儿的脑部发育是有很大作用的，越小的孩子可能浅睡的时间越长。

（三）婴幼儿睡眠的重要性

吃奶和睡觉，这是婴幼儿身体发育的必然需求。如果婴幼儿的睡眠不好，会造成婴幼儿身体发育不良等诸多负面影响。那么，婴幼儿睡眠的重要性都有哪些呢？

1. 婴幼儿的睡眠可以助力成长和发育

首先，婴幼儿在沉睡时，与生长发育紧密相关的生长激素的分泌量会达到最多，可以达到非睡眠状态的 3 倍甚至以上，这些生长激素能够帮助孩子将体内的脂肪转化成肌肉中的能量，促进婴幼儿神经系统和大脑的发育成熟，并能让孩子的身体更加强壮。其次，婴幼儿在睡眠的过程中能够使消耗的体力得到补充和恢复。

2. 婴幼儿的睡眠可以影响认知与行为

婴幼儿睡眠的过程也是大脑在整理、重新组装、认识白天接收到的信息的过程，若睡眠时间不足，则婴幼儿的注意力就难以集中；若睡眠时间过长，则会影响以后婴幼儿对外界事物的好奇心和兴趣，也会使其难以适应以后的入学和学习生活。

3. 婴幼儿的睡眠可以提高免疫力和抵抗力

如果婴幼儿睡眠不足，那么婴幼儿身体中细胞的抵抗力就会降低，免疫细胞、T 细胞和单核白细胞的功能也会有所衰弱，影响生长发育。

4. 婴幼儿的睡眠可以促进学习与记忆

研究报告指出，婴幼儿的睡眠绝不只是为了恢复精力，更是促进大脑发育的重要过程。如果想要维持婴幼儿的认知能力，提升婴幼儿的记忆能力，就需要保证婴幼儿充足的睡眠，为学习能力和记忆能力的发展打下基础。

二、NREM 睡眠与 REM 睡眠

1953 年美国生理学家首次对生理性的睡眠结构进行了分析，提出睡眠由非快速眼动睡眠和快速眼球运动（rapid eye movement，REM）睡眠两种基本睡眠类型组成，两者交替出现并有规律地循环。

（一）NREM 睡眠与 REM 睡眠的概念

1. NREM 睡眠

非快速眼动睡眠（NREM 睡眠）又称“正相睡眠”“慢波睡眠”“慢相睡眠”。科学家们利用脑电图、心电图、眼震颤图和肌电图等精密仪器进行测量，发现随着人们由清醒到思睡而进入睡眠，以及睡眠的逐渐加深，这些仪器上会显示出各种不同的变化，如脑电图中正常的 α 波随着睡眠的逐渐加深而逐渐减少，直到最后完全消失，并且出现了每秒 4 ～ 6 次的慢波和每秒 0.5 ～ 3 次高波幅的梭形慢波。

2. REM 睡眠

快速眼球运动睡眠，又称“异相睡眠”“快波睡眠”“快相睡眠”，在此睡眠阶段，人的眼球会呈现不由自主的快速移动，大脑神经元的活动与清醒的时候相同。多数人在醒来后还能回忆起的梦都是在 REM 睡眠中发生的。REM 睡眠是全部睡眠阶段中最浅的，在 REM 睡眠期醒过来的人会不同于在其他睡眠阶段醒来的情形，是充满警觉心并且精神饱满的。

知识链接

NREM 睡眠与 REM 睡眠的关系

人的睡眠在 REM 和 NREM 之间循环，但大多数时间属于 NREM 睡眠，大脑是在 REM 睡眠期间得到恢复与休息；而身体是在 NREM 睡眠期间修复和再生组织，并构建骨骼和肌肉。人在得不到足够的 REM 睡眠时，就会变得抑郁或易怒。如果 NREM 睡眠不足，人就会变得疲劳、无精打采，免疫反应也会降低。人的睡眠周期如图 4－1 所示。

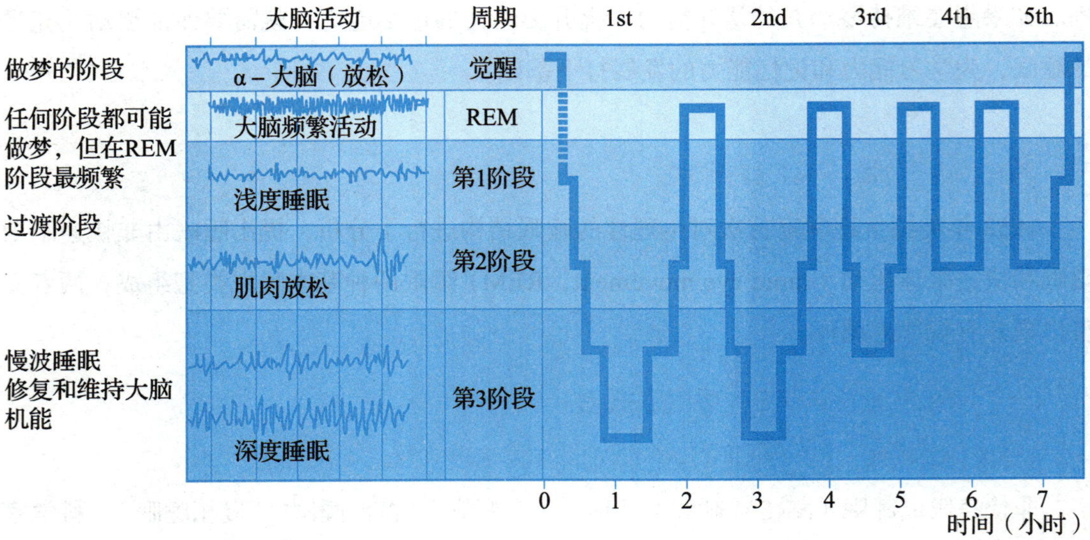

图 4－1　人的睡眠周期

（二）NREM 睡眠与 REM 睡眠的不同表现

1. NREM 睡眠的表现

通常在婴幼儿刚入睡时，有时会进入 NREM 睡眠，有时不会。该周期实际上可分为四个阶段，会持续大约 90 分钟，在 NREM 睡眠期间，心跳减慢、体温降低，并释放生长激素。在 NREM 睡眠之后，婴幼儿会进入 REM 睡眠。

2. REM 的睡眠表现

婴幼儿进入 REM 睡眠之后，通常会持续 20 ～ 30 分钟，在此过程中，婴幼儿的眼球会快速转动，大脑神经元的活动与清醒的时候相同。在一个晚上的睡眠中，通常有 4 ～ 5 个区间的 REM 睡眠，它是全部睡眠阶段中最浅的。

（三）婴幼儿保持 REM 睡眠的方法

处于 REM 睡眠阶段的婴幼儿需要尽量安静、没有很大噪声的睡眠环境，适宜的光线也很重要，窗帘尽量拉上一部分，让房间不要那么亮。适当延长婴幼儿的睡眠时间，既可以增强其脾、骨髓的造血功能，又能提高免疫功能，促进智力的发展。处在此睡眠阶段的婴幼儿也容易被很小的动作吵醒，所以，哄睡前要注意分辨婴幼儿是否处在 REM 睡眠阶段，处在 REM 睡眠阶段的婴幼儿会出现眼睛偶尔转动、眼睛睁开、肌肉抽动、轮胳膊蹬腿、呼吸节奏时缓时急、多次翻身、说梦话、哭叫两声等情况。

三、婴幼儿睡眠的特点

（一）各年龄段婴幼儿的睡眠方式

1. 新生儿

新生儿每天的睡眠时间多于清醒时间。一个新生儿大约有2/3的时间在睡觉，大约每天睡16个小时，新生儿最长的单次睡眠时间平均为2.5～4小时，而且不能区分白天和黑夜，在任何时间都可以睡觉和醒觉。新生儿睡眠通常包括1～2个睡眠周期，开始于REM睡眠，不同于成人最初会进入NREM睡眠。

2. 1～12个月的婴儿

在0～6个月，婴儿需要的总睡眠时间越来越少，到6个月时逐渐减少至大约每日14.5小时，到12个月时减少至约13.2小时。睡眠周期的长度在0～6个月逐渐增加，说明随着孩子一天天长大，单次睡眠时间逐渐变长，睡眠周期缩短至每天3～4次，最长的单次睡眠时间平均约6小时，并且大多在夜间。

3. 1～3岁的幼儿

随着年龄的增长，幼儿每日睡眠时间逐渐减少，从2岁的13个小时降至4岁的11.5个小时。12个月时，婴儿通常白天睡两小觉，而到5～6岁，幼儿就可以像成人一般没有规律的日睡眠，而仅有夜间睡眠。

从新生婴儿频繁而短暂的睡眠周期，到学步婴儿夜间长觉白天小睡，直至学龄儿童只有夜间长觉，婴幼儿此三个年龄阶段的睡眠方式的转变反映了婴幼儿神经中枢活动伴随着发育的神奇变化。由此可见睡眠对婴幼儿大脑发育的重要作用。

（二）婴幼儿的睡眠周期

睡眠周期是指睡眠的生物节律。科学家和心理学家根据人体在睡眠时期的脑电波和身体的各种功能指标（呼吸、肌肉力量、心率、血压等）的变化，以绘制出来的波形图作为睡眠周期的主要研究信息源。国际睡眠医学学会将睡眠分为五个阶段，在90～100min的时间内经历一个不同阶段。随着人们生活节奏的加快和生活水平的日益提升，睡眠问题越来越受到人们的广泛关注，了解睡眠周期，将有助于人们更好地工作与生活。婴幼儿的睡眠过程和周期如图4－2所示。

（三）婴幼儿睡眠的特殊生理现象

1. 婴幼儿睡觉发出声音

原因一：缺钙。育儿专家指出，缺钙会导致婴幼儿睡不安稳，从而发出一些声音。

原因二：肚子胀。婴幼儿食用某些食物可能会导致胃部消化不良，婴幼儿肚子胀的

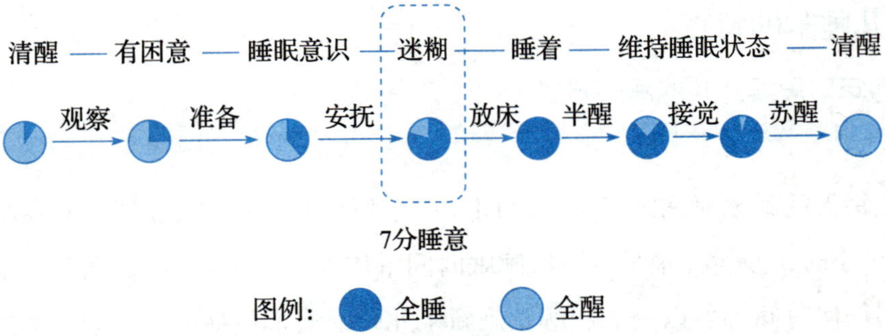

图 4－2　婴幼儿的睡眠过程和周期

现象。如果肚子胀的情况较为严重，就会导致睡觉时发出声音。

2. 短睡型婴幼儿

睡眠是婴幼儿的正常生理本能，充足的睡眠有助于婴幼儿的生长发育。但也不排除有部分短睡型婴幼儿，其睡眠时间比一般婴幼儿少，甚至不喜欢睡觉。婴幼儿跟成人一样，也是有的爱睡觉，有的不爱睡觉。但只要婴幼儿在不睡眠的时候精力充沛、情绪稳定、食欲良好，睡觉有一定的规律，且婴幼儿的体重、头围、胸围、身长等均在正常的范围内，并按一定的规律增长，那么婴幼儿就没有睡眠不足的问题。

第二节　婴幼儿睡眠发育

一、胎儿睡眠发育

（一）胎儿的睡眠时间

胎儿在准妈妈子宫里时，大部分时间都在睡觉。胎儿的睡眠也没有昼夜之分，有的胎儿一天有 22 小时处在睡眠状态。胎儿在子宫内发育的时候睡眠时间远远长于母亲，虽然胎儿在准妈妈肚子中难免会乱踢乱动，但很快就会慢慢进入睡眠。

另外，胎儿也有自己的睡眠规律，大部分准妈妈应该都会有所感知，可以按照胎儿的睡眠规律合理安排自己的休息和活动。但如果安排不当，准妈妈睡眠不足，则会影响胎儿的活动，因此准妈妈也要保持充足的睡眠，适当活动，注意饮食清淡、规律。

(二)睡眠对胎儿的重要性

充足的睡眠对孕妇和胎儿非常重要。胎儿与成年人一样，也有自己的作息时间。不同的是，胎儿的作息时间与准妈妈息息相关，胎儿睡觉时身体同样也在发育，准妈妈有必要明确自己胎儿的作息时间，胎儿处于熟睡状态时，若一直被干扰，胎儿的生长发育就会受到很大影响。影响胎儿作息的两个重要时间段如下。

1. 饭后 1 小时

有的准妈妈会注意到，每到饭点胎儿就会出现胎动，准妈妈吃饭时胎动也会比较频繁。饭后 1 小时的准妈妈，身体能给胎儿提供很多的营养，胎儿可能会出现短暂的频繁胎动，这是因为营养的吸收让胎儿充满能量而兴奋。兴奋过后的胎儿就会犯困，等胎动逐渐停下来，胎儿可能就进入熟睡阶段了，胎儿熟睡的同时，身体也在不断地吸收转化母体所提供的营养，让身体更好地发育，此时是准妈妈休息的好时机，一定不要让环境打扰到胎儿休息。

2. 晚上 11 点之后

准妈妈们作为特殊人群，所消耗的体力会比平时更多，大部分胎儿的作息时间跟准妈妈是同步的，所以孕期里准妈妈的作息时间十分关键。

有的准妈妈有熬夜的习惯，常常很晚才睡觉，第二天起不来不吃早餐。长期熬夜的准妈妈情绪容易暴躁，任何日常琐事都可能会让准妈妈火冒三丈，孕期发脾气很有可能产生假宫缩，造成胎儿早产。准妈妈的这些坏习惯也会直接影响到胎儿，让胎儿昼夜不分，可能会导致胎儿出生以后比较难照料。

知识链接

晚上睡不着怎么办？

有的准妈妈会说，不是我晚上不睡，而是一到晚上宝宝就开始胎动。面对夜里调皮的宝宝，准妈妈应该这样做：

（1）不要摸肚子。

晚上睡觉的时候，孕妈们尽量不要摸着肚子，你或许觉得这样是在安抚宝宝，但宝宝却会觉得你这样是和他互动。

（2）养成规律的睡眠习惯。

有的宝宝可能真的在夜间比较活跃，但越是这样，孕妈越要按照正常的生物钟睡觉，帮助宝宝调整。

（3）减少睡前活动。

孕妈在睡前不要做运动、看剧、听音乐、吃饭等，否则会让宝宝在晚上兴奋得睡不着。

（4）左侧睡。

睡不着的孕妈可以试着调整一下睡姿，尝试以左侧睡为主，并经常变换睡姿，避免身体发麻。

二、新生儿睡眠发育

（一）睡眠对新生儿发育的作用

1. 促进智力发育

睡眠对新生儿来说，有非常明显的促进智力发育的作用。有研究证明，睡眠比较好的新生儿，智力发育也比较好。

2. 促进生长发育

有研究证明，生长激素 70% 左右都是在夜间深睡眠的时候分泌的。有些新生儿睡眠严重不足或不规律，超过三个月到半年以后，身高的增长就会受到影响，这是睡眠障碍导致生长激素分泌不足引起的。

3. 储备能量

睡眠具有储备能量的作用，以供人体完成白天的活动。

（二）新生儿睡觉时常见的四个小动作

1. 蹬腿或抬腿

新生儿身体的力量很弱，四肢也不太灵活。但是，有很多宝宝四肢很有力量，常常蹬腿或抬腿，能够将自己的小被子用小脚丫给蹬开。

2. 翻身

一般情况下，宝宝会在 3 个月时开始学会翻身，有的可能会早一些，在不到 3 个月时就已经会翻身了，但是有的会晚一些，要等到 4 个月或者 6 个月后才能够翻身。宝宝翻身，是四肢力量增强的一种表现，而且说明宝宝的感知力开始增强。感知力和肢体的动作都是受到大脑支配的，可以间接地说明宝宝的大脑发育情况良好。

3. 微笑

人类的面部表情是受到大脑支配的，是接收到大脑命令后作出的动作。处于新生儿时期的宝宝，不是哭就是睡，面部表情很少，很少看到宝宝笑。然而，有些宝宝在吃饱喝足后睡觉时，会明显地露出甜甜的微笑，有的宝宝甚至还会咯咯地笑出声来。

科学地来说，宝宝在新生儿早期是不能够自行控制情绪的，只能通过身体上的满足来带动大脑发出指令作出甜甜微笑的表情。因此，宝宝露出微笑就说明宝宝在身体上得到了很好的满足，心情很好，而且大脑发育情况良好。

4. 受到不同刺激后身体会有所反应

宝宝在新生儿阶段的早期时感知力比较弱。然而，随着宝宝每天不断长大，宝宝的大脑对于外面环境的改变有了一定的感知力。比如，有强烈的太阳光照射到宝宝的脸上时，宝宝就会闭眼；当听到噪声时会哭闹，或者用蹬被子的方式表示反抗；妈妈如果在宝宝睡觉时轻轻地挠宝宝的小脚丫，宝宝就会把小脚丫收缩回去。这些受到不同刺激后身体的反应和表现，都说明宝宝身体的感知力在慢慢增强。

三、婴儿睡眠发育

（一）婴儿的睡眠环境

对婴儿来说，睡眠环境极为重要，很多妈妈会为了方便哺乳选择和宝宝同床，但越来越多的案例证明，母婴同床并不安全，疲劳的母亲翻身时有压到宝宝的风险，大床上的枕头和被子也有造成宝宝呼吸不畅甚至窒息的风险，所以最好在卧室里安放一张婴儿床，母婴同室不同床。可以将宝宝哄睡后放到婴儿床上，婴儿床可以放置在大床一侧，但婴儿床的床垫需要选质地稍微硬一些的，要保证婴儿床的干净与整齐，千万不要在婴儿床上放置小枕头、被子、毛绒玩具以及填充物，如果宝宝不小心将脸埋进里面就会发生呼吸不畅以及窒息的危险，床垫周围也不要有间隙，如果有的话也不能大于两指。

此外，还要注意室内温度，根据温度进行保暖。要避免强光刺激、噪声刺激，这样可以提高婴儿睡眠质量，使婴儿更好地发育和成长。

（二）婴儿的睡姿

1. 侧卧姿势

优点：刚吃完奶的婴儿可采用右侧卧姿势，这样不会压迫心脏，利于食物进入肠道，防止吐奶。

缺点：过久的侧睡可能会导致婴儿出现招风耳、歪扁头。

2. 俯卧姿势

优点：俯卧类似于婴儿还在妈妈子宫内的姿势，可给婴儿带来安全感，有利于婴儿的胸部、肺部及呼吸系统的发育。

缺点：容易因为湿热而长湿疹；脸朝下易使婴儿呼吸不畅或窒息。

3. 仰卧姿势

优点：肌肉状态放松，对婴儿的内脏器官压迫最小，是最合适婴儿的睡眠姿势。

缺点：易漾奶，吐出来的奶容易被吸到气管，且会使婴儿的后脑勺受到压迫。

婴儿的不同睡姿如图 4－3 所示。

图 4－3　婴儿的不同睡姿

总结：这三种姿势各有优缺点，如果家长时间充分，自然是三种姿势轮换最好。需要特别注意的是，俯卧睡姿是必须有家人时刻照看的；婴儿生病时，仰卧的姿势是最为合适的。

（三）婴儿的睡眠问题

1. 婴儿经常出现的睡眠问题与疾病

（1）睡眠不安稳：主要表现为睡眠时间短、容易醒、蹬被子等。

（2）睡前哭闹：主要表现为入睡困难、睡眠时间延迟且睡前啼哭等。

（3）睡眠节奏紊乱：主要表现为白天睡眠时间长，晚上不肯睡。

（4）睡眠摇头：主要表现为睡眠中有规律地点头或左右摇摆头，动作迅速，严重者会撞床板或墙。

（5）夜惊症：主要表现为在睡眠中突然惊起、尖叫、哭喊，对周围事情毫无反应。

（6）梦魇：主要表现为做梦受到惊吓，哭喊。

2. 造成婴儿睡眠问题的主要原因

（1）噪声强烈，光照过强，暴露于吸烟环境，睡眠环境温度过高或过低，睡眠地点频繁更换。

（2）对牛奶过敏，消化不良，过于饥饿或过于饱胀以及长时间腹痛的状态，哺乳不当增加了婴儿的肠道负担。

（3）生活不规律，没有稳定的睡眠时间，睡眠姿势不良，睡前逗乐或者养成了睡觉时含奶嘴的习惯。

（4）微量元素缺失。

（5）患某种呼吸疾病，发热，有肠道寄生虫，缺氧缺血等。

（6）在睡眠中排泄了而父母未及时发现，婴儿因为不适感而睡眠不稳。

四、幼儿睡眠发育

（一）幼儿睡眠的注意事项

1. 幼儿不宜用成人的枕头

婴幼儿的枕头强调阶段适用性，每一段时期应使用不同的枕头，要根据婴幼儿头部的发育随时调整，不可以一个枕头从小用到大，更不可以拿成人枕头给婴幼儿用。建议1岁以前的孩子不用枕头，1～5岁可用小号枕头，厚度6～8厘米，材料微软、透气好、韧性好。

2. 幼儿不宜和大人一起入睡

搂着幼儿睡觉时，大人的头和幼儿的头部挨得比较近，而大人的肺活量要比幼儿大得多，因此，空气中大量的氧被爸爸妈妈夺去了，大人呼出的二氧化碳则弥漫在幼儿周围，使幼儿在缺氧状态下睡眠。

3. 幼儿不宜睡软床

幼儿每天近一半的时间是在床上度过的，而床垫产品如果没有支撑的硬床垫，就没办法支撑起人体S型脊柱，久而久之孩子的脊柱就会有不同程度的变形。

4. 幼儿不宜穿厚衣服睡觉

有的妈妈担心幼儿晚上睡觉时踢被子，生怕孩子着凉，于是就给孩子穿上厚衣服睡觉。穿太厚的衣服睡觉，会使全身肌肉不能完全松弛，幼儿无法进入熟睡状态，妨碍生长激素的分泌。因为只有进入熟睡状态，幼儿的大脑才能分泌出更多的促进生长的荷尔蒙。同时，衣服紧裹在幼儿身上，造成呼吸及血液循环不通畅，也会影响睡眠质量。

（二）促进幼儿睡眠的小妙招

是什么原因导致幼儿睡不安稳呢？其实这个问题不能一概而论，不同的幼儿有不同的情况。幼儿频繁夜醒是正常的，人都有睡眠周期，在每个周期幼儿都有可能醒来。对于不同情况的幼儿要区别对待，但总的来说，要让幼儿睡得安稳，家长可以试试以下几种方法。

1. 督促幼儿规律睡眠

大多数幼儿睡不好都是因为习惯不好，没有形成生物钟，所以也没有规律的睡眠，导致他们的醒和睡是不分白天黑夜的。父母应该在孩子较小的时候就训练他们形成生物钟，让晚上睡整觉成为一种习惯。

2. 养成良好的午睡习惯

幼儿的午睡与晚上的睡眠质量有很大关系。午睡时间过长或者睡得过晚不利于晚上顺利入睡。所以，幼儿的午睡要定时定点，一般睡觉时间在正午或下午的早些时候，比如中午从 13:00 开始睡半个小时到一个小时。

3. 控制卧室的光与声音

父母可以用光与声音来促进幼儿生物钟的形成，通过光亮、黑暗的对比让幼儿认识到白天与黑夜、醒着与睡着的区别。在早上幼儿该起床的时候，把幼儿放在光线很亮的地方，最好有充足的阳光，给幼儿一个拥抱，可以放音乐让他醒来。在晚上幼儿入睡前一两个小时就把室内的光线调暗，在幼儿该睡觉的时候，就关掉所有的灯，让幼儿处于黑暗的环境中。

4. 每天遵循就寝程序

安排一个整体的就寝程序，对幼儿规律睡眠习惯的养成也很有帮助。通过一个程式化的就寝过程让幼儿渐渐明白做完这一切就该睡觉了，这对于他来说是一个睡觉前的仪式。这个过程包括刷牙、洗脸、洗澡、抚触、穿睡衣等，在宝宝睡前一小时就可以进行。

5. 营造安全舒适的床上环境

在幼儿的小床上营造一个安全舒适、像妈妈的怀抱一样温暖的环境也是促进幼儿睡眠的好办法。可以在幼儿身体两旁分别放上一个柔软的小靠枕或者小毛毯，宝宝夜里惊醒四处踢踹时能感觉到柔软的物体，就会误以为是妈妈的身体，这样他就会安然睡去。

第三节　婴幼儿睡眠问题及指导

睡眠对所有人的健康都很重要，较之成年人来说，睡眠对婴幼儿的作用就更重要了，在婴幼儿的成长发育过程中发生的睡眠问题以及睡眠疾病，往往会对婴幼儿的发育及健康带来不利的影响。但目前，婴幼儿睡眠发育在我国还未受到普遍重视，由于睡眠问题及疾病能防能治，所以进行正确的婴幼儿睡眠指导会对婴幼儿的成长发育产生积极的作用与价值。

一、夜醒现象与指导要点

（一）夜醒现象的概念

1. 夜醒的定义

夜醒是指婴幼儿在夜间睡眠的时候常常醒来，不能持续地睡一整晚，是婴幼儿时期常见的睡眠障碍。随着婴幼儿年龄的增长以及神经系统逐渐发育完善，夜醒现象会慢慢消失。

2. 多发人群

夜醒多发于 1 ～ 2 岁的幼儿，没有明显的性别差异，夜醒幼儿因为没有建立起昼醒夜眠的规律，表现为夜间不能持续睡眠，容易惊醒。

知识链接

夜醒冷知识

很多人认为夜醒是婴幼儿的“专利”，成年人不会像孩子那样容易在夜间醒来。事实上，任何身体健康的人，无论他们自己是否意识到，都会经历夜醒。可为何成人的夜醒不会给我们带来困扰，而婴幼儿的夜醒则会极大地影响全家的休息呢？因为，当我们在谈论婴幼儿夜醒时，实际上是在谈论婴幼儿夜醒之后自己继续睡的能力。很多婴幼儿夜醒后，无法自己继续睡，因而会吵醒自己的父母。当夜醒后无法自己继续睡，并影响到周围人的睡眠时，夜醒才称得上是“问题”。瑞士曾进行过一项研究，从孩子出生开始跟踪他们的睡眠状况，发现超过 30% 的 2 ～ 7 岁的孩子每周至少会经历一次夜醒；在 10 岁的孩子中，这个比例仍然高达 23%。

（二）夜醒的原因

1. 从生理角度看

婴幼儿的睡眠周期短于成人，这是早期频繁夜醒的生理因素。

2. 从睡眠习惯角度看

抱着入睡或者喂着奶入睡可能会造成依赖，导致婴幼儿入睡后醒来时无法再次入睡，需要重复之前入睡的情形才能继续睡。对婴幼儿来说，睡前在妈妈温暖的怀抱里，嘴里含着美味，醒来却发现周围一片安静漆黑，妈妈不知道到哪里去了，便很难再安心继续睡。婴幼儿认为只有抱着或者吃着奶才能睡，睡眠联想很单一，也是婴幼儿长期习惯性夜醒的主因之一。

3. 习惯性夜醒

夜醒现象每天在固定的时间出现，被称为"习惯性夜醒"。习惯性夜醒一般是由于婴幼儿在某个时间点因为偶然的原因惊醒过，受到喂奶、抱哄等干预，变成习惯固化下来。夜醒并非全部是自然的生理需求，而有可能是受到父母行为干预的结果。

（三）夜醒的指导要点

1. 解决方法

婴幼儿的睡眠没有大人成熟，醒太多是不正常的，但是会醒是正常的。改善频繁夜醒的思路是将夜醒次数减少到能够承受的范围，而不是不分原因地试图一下子"消灭"全部夜醒。家长需要调整心态，对于"孩子安睡一整夜"不要抱太大的奢望，也不要太悲观。

父母可以尝试调整放下婴幼儿的程序：避免头低脚高，先将臀部放在床上，稳定一两分钟，再放下头部，最后将手拿开，可以辅助一些手段安抚孩子，如搂住胳膊、轻拍、按手等。为了维持睡眠环境一致，还可以尝试在孩子迷糊的时候就放在床上，使其直接在床上完成入睡的过程。

2. 具体措施

（1）陪睡。有时婴幼儿睡小床时易醒，但如果有人陪睡或者是在大床上就睡得很踏实。陪睡可能改善睡眠状况，但父母和孩子同睡时必须注意安全。

（2）抚摸。抚摸对小月龄的孩子很有帮助，睡前帮孩子按摩，放松肌肉，能够改善其睡眠。要想让婴幼儿保持睡眠状态，可以把手放在宝宝身上轻轻安抚，或轻轻拍，动作缓慢，停留一会儿再拿开。

（3）瓶喂。瓶喂主要用于排查孩子是否是饿醒的，要会观察或者思考，用奶瓶喂，看宝宝吃了多少，以事实为依据决定如何安抚。此外，还可以逐渐往奶里面添加水，最终转成全部是水。不过采用这种方式的前提是孩子能够接受奶瓶喂养。

（4）延长连续睡眠时间。如果孩子在一段时间内已经稳定地可以 5 小时不饿，那么排除婴幼儿猛长期外，应该有信心孩子不饿，减少在这个睡眠阶段的干预，尽可能保证婴幼儿睡眠的完整性。

（5）延迟反应。有时候孩子只是在浅睡眠或者正在尝试继续睡的时候发出了一些动静，延迟应答可以保护孩子这种有益的尝试。

（6）必要时叫醒。有时候婴幼儿发生夜惊，突然大哭不止，无法完全辨识父母，可以尝试开灯或者用声音叫醒他，孩子彻底醒来就不哭了。

二、磨牙现象与指导要点

（一）磨牙的原因

如果婴幼儿有夜间磨牙的现象，一定要带孩子到牙科去看一下，因为磨牙会让孩子的牙齿保护层牙釉质受到损伤，因此一定要及时诊治。造成磨牙的原因很多，比如不规律的进食、睡前过于兴奋、不经常锻炼。出牙期间婴幼儿牙床痒或痛觉得不舒服，或者当孩子处于换牙期的时候，牙齿咬合关系相对不稳定，就会引起磨牙。有些婴幼儿偏向一侧睡觉挤压到了咬肌也可能会引起磨牙。除此之外，心理压力、紧张、玩得过累、焦虑等也会引起磨牙。

（二）指导要点

（1）如果婴幼儿的牙龈不适，可以让孩子多啃咬，如可以咬牙胶、磨牙棒或者用咬咬乐来吃水果。

（2）针对心理方面的原因，父母要多陪伴孩子，多跟孩子互动和交流，常带孩子出去玩，分散其注意力。

（3）如果婴幼儿兴奋过度，那父母就要注意合理安排宝宝的日常生活，做到劳逸结合，临睡前不要玩太激烈的游戏、讲情节特别紧张的故事等，让宝宝安静地、慢慢地进入睡眠的状态。

如果以上方法都尝试了，孩子磨牙的情况还是迟迟得不到改善，就要及时去正规的医院进行治疗。

三、夜惊现象与指导要点

（一）夜惊现象的概念

婴幼儿夜惊属于一种睡眠障碍，生理因素和心理因素都可能是导致夜惊出现的原因。其主要表现为婴幼儿在入睡后突然坐起、尖叫、哭喊、双目睁大直视，有的孩子还自言自语，别人却听不懂他在说什么，有的孩子会用手摸着嘴，或者手到处乱指，有的孩子甚至下床行走，神情十分紧张、恐惧，而且呼吸急促、心跳加快、面色苍白、出汗，但对周遭事物毫无反应，数分钟后缓解，继续入睡。夜惊若经常出现即为夜惊症。

（二）夜惊的原因

1. 生理原因

因为婴幼儿时期的神经、大脑发育还不健全，抑制睡眠觉醒的大脑皮质发育不成熟，所以对婴幼儿的睡眠会有一定的影响，可能出现夜惊。这属于婴幼儿发育的自然现象，随着婴幼儿大脑的发育，这种情况会逐渐减少或消失。

2. 病理原因

（1）缺维生素 D 或缺钙。

婴幼儿身体缺乏维生素 D 和微量元素钙，会导致婴幼儿的神经系统兴奋性值较高，从而出现夜惊或是夜间哭闹的现象。有时婴幼儿不存在缺钙的情况，喝的奶量也不少，但仍然出现夜惊，此时应考虑与维生素 D 缺乏有关。可以适当地给婴幼儿补充一些维生素 D 制剂以及钙制剂，维持体内维生素 D 和钙的吸收正常，从而减少夜惊的发生。

（2）积食。

如果婴幼儿睡前吃奶水过多，导致积食而使胃肠道不舒服，也会出现夜惊的现象。

（3）孩子生病了。

孩子鼻子堵塞了、感冒了或者受到感染了，都会导致孩子感觉难受，以致晚上不睡觉。如果孩子持续几天都这样，那么就要带孩子去看医生。

3. 其他原因

如果婴幼儿在白天受到了惊吓，或是处于过于吵闹、陌生的环境中，使婴幼儿产生一定的心理恐惧或压力，也可能在晚上睡觉时出现夜惊的现象。

（三）夜惊的解决方法

1. 睡眠要有规律

婴幼儿出现夜惊之后一定要及时调整睡眠，让睡眠进入规律的状态，白天尽量安抚婴幼儿焦虑的情绪，睡眠环境也不要经常换来换去，要营造一个安心舒适的睡眠环境，这样才可以帮助婴幼儿尽快进入睡眠状态，从而改善夜惊的问题。

2. 谨慎服用药物

当婴幼儿感冒时，家长可能会让婴幼儿吃一些感冒药，不过在给婴幼儿服用药物的时候一定要多加小心，因为很多感冒药都会引发夜惊的情况，所以最好去医院找医生开具比较安全的药物服用。

3. 家长陪睡

婴幼儿如果经常出现夜惊现象，为了让婴幼儿更有安全感，家长可以陪同婴幼儿一起睡觉，这样就可以让婴幼儿觉得安心，当婴幼儿出现夜惊的时候，家长也可以及时发现，帮助婴幼儿缓解夜惊的症状。

四、梦魇现象与指导要点

（一）梦魇现象的概念

梦魇是指在睡眠时，因梦中受惊吓而喊叫，或觉得有什么东西压在身上，不能动弹。人在突然惊醒时，肌肉神经可能还未醒，因此会出现神志清醒而动弹不得的现象。梦魇还常常伴有压抑感和胸闷。

婴幼儿梦魇一般都发生在睡眠的后半夜，多表现为从睡眠中惊醒，能迅速恢复并能清晰地回忆令人恐惧的梦境。

（二）梦魇的原因

1. 受到强烈的刺激

比如白天看了恐怖的影视剧，梦里可能重现其中的一些情节，如身临其境一般，遭遇到打打杀杀等。

2. 患有某种病

比如肠道有寄生虫或者是呼吸道发生感染等，可能梦到自己的腹部被人用刀割、喉咙被人卡住等。

3. 心理上有压力

如果婴幼儿心里面有不愉快的事情，内心压抑，可能会在梦里面发泄出来，借梦境宣泄自己内心的不愉快和各种压抑的情绪。

4. 出现了某种不良习惯

不良的睡眠或饮食习惯会诱发梦魇，比如睡觉的时候把手放在胸口上压着或者是睡觉以前进食太多等。

5. 药物的影响

某些感冒药的成分可能会导致婴幼儿出现梦魇多梦的情况。

（三）梦魇的临床表现

梦魇一般发生于后半夜，表现为长而复杂的噩梦，伴有令人苦恼的精神体验。梦境由非恐怖性逐渐发展到恐怖性，越接近梦的结尾，梦的内容会越离奇、恐怖，婴幼儿通常从不同程度的焦虑状态中惊醒，并对梦境有清晰的回忆。梦境的内容常常伴随生命威胁，可梦见自己被追赶与围攻，陷入水深火热、山崩地裂的情境，或面对绝望无助的紧要时刻，通常导致婴幼儿拼命挣扎、惊恐万状、惊叫直至惊醒，并很快恢复定向力与警觉性，能清晰回忆起恐怖的梦境。梦魇会影响睡眠质量，若长期反复出现会导致焦虑、抑郁和各种躯体不适症状。

（四）梦魇的指导要点

1. 梦魇的治疗

通常不必进行治疗，如果婴幼儿有治疗的需求，或梦魇为其他需要治疗疾病的一部分，则可采取病因治疗、认知心理治疗、行为治疗等几种方法。

2. 具体安抚方法

（1）襁褓法。

有人认为紧紧包裹起来会让孩子哭得更厉害，其实不然。因为孩子在妈妈的子宫中是被紧紧包裹着的，所以一旦胳膊被包裹起来，他们会更有安全感。

做法：用襁褓包裹婴幼儿也有技巧，不要把婴幼儿全身垂直包住，包成“蜡烛包”。应该尽量把孩子的手臂裹紧，而把腿放松，否则会影响孩子髋部发育。

（2）侧卧法。

孩子哭闹时，许多父母习惯把孩子仰抱起来，但仰着会让孩子有一种往下掉的感觉，反而会让其更加没有安全感。

做法：安抚孩子时，不要让孩子的脸对着妈妈的胸口，闻到母乳的味道会让他更容易哭闹。正确的方法是让孩子脸朝外，侧卧。

良好的睡眠习惯是婴幼儿睡眠质量的保证，而良好的睡眠质量对婴幼儿的身心发

展起着至关重要的作用。因此，从新生儿开始培养婴幼儿良好的睡眠习惯，就成为婴幼儿保教领域一个不可回避的课题。本章主要从睡眠的生理功能及意义、婴幼儿睡眠发育和婴幼儿睡眠问题及指导三大方面出发，从胎儿、新生儿、婴儿、幼儿四个生长阶段，对婴幼儿睡眠进行了细致的讲解，对婴幼儿常出现的睡眠问题进行了深层次的分析，并提出了切实可行的建议和对策，希望能够帮助婴幼儿养成良好的睡眠习惯。

一、选择题

1. 关于培养婴幼儿良好的睡眠习惯，下面表述不正确的是（　　）。

A. 可以保证婴幼儿生长激素的分泌　B. 促进婴幼儿身高、体重的增长

C. 保证婴幼儿认知能力的提高　D. 帮助婴幼儿调节情绪

2. 正常婴幼儿的睡眠表现是（　　）。

A. 睡眠不安　B. 睡眠安稳、入睡快

C. 入睡困难，睡眠中哭闹　D. 嗜睡不醒

3. 下列行为和习惯会影响婴幼儿睡眠的是（　　）。

A. 过度兴奋　B. 饮食正常　C. 睡眠姿势好　D. 良好睡眠习惯

4. 下列不属于婴幼儿期常见的睡眠问题的是（　　）。

A. 磨牙　B. 夜醒　C. 尿床　D. 梦魇

5. 下列不属于培养婴儿良好睡眠习惯的是（　　）。

A. 父母应注意婴幼儿睡眠习惯的培养　B. 帮助婴幼儿克服睡眠不安情绪

C. 检查婴幼儿睡眠时上床的时间是否太早　D. 把玩具作为婴幼儿睡觉的一种心理暗示

二、判断题

1. 婴幼儿的三种基本睡眠姿势是侧卧、俯卧、仰卧。（　　）

2. REM 睡眠即“快速眼球运动睡眠”，又称“正相睡眠”。（　　）

3. 蹬腿、翻身、微笑都是宝宝睡觉时常见的小动作。（　　）

4. 婴幼儿常见的四种睡眠问题是夜醒、夜惊、梦魇、磨牙。（　　）

5. 饭后 1 小时、晚上 23:00 之后是影响胎儿作息的两个重要时间段。（　　）

三、简答题

1. 请简要论述婴幼儿的夜醒现象，并说明其产生的原因和解决措施。

2. 婴幼儿的睡眠对其成长发育有何好处？

3. 作为一名父亲或母亲或指导师，你应该如何保证婴幼儿充足的睡眠？

四、思考题

你接触到的婴幼儿是否也有夜醒、磨牙、夜惊、梦魇等睡眠问题？他们的父母是怎么解决的，在解决过程中遇到过哪些问题？你怎么看待他们的解决方式？

第五章　婴幼儿家庭保健与安全防护指导

学习目标

知识目标

1. 了解婴幼儿“三浴”锻炼与抚触对婴幼儿生长发育的作用。
2. 了解婴幼儿用药特点和喂药原则。
3. 了解婴幼儿常见意外伤害的类型、危险因素及急救方法。

技能目标

1. 掌握婴幼儿“三浴”锻炼与抚触的方法。
2. 掌握婴幼儿常见症状的护理方法。
3. 掌握婴幼儿常见意外伤害的预防措施。
4. 掌握婴幼儿常见意外伤害的处理办法。

素养目标

1. 了解“三浴”锻炼、抚触对婴幼儿生长发育的深远意义。
2. 认识安全防护在婴幼儿生长发育过程中的重要性，加强对婴幼儿安全防护的关注。

本章导览

- 婴幼儿家庭保健与安全防护指导
  - 婴幼儿“三浴”锻炼与抚触指导
    - “三浴”锻炼与婴幼儿身心发展的关系
    - “三浴”锻炼指导方法
    - 抚触与婴幼儿身心发展的关系
    - 婴幼儿抚触指导
  - 婴幼儿常见症状护理指导
    - 婴幼儿患病征兆
    - 婴幼儿体温的特点与类型
    - 婴幼儿用药特点与喂药原则
    - 婴幼儿常见症状的识别与护理指导
  - 婴幼儿常见意外伤害处理指导
    - 婴幼儿常见意外伤害的主要类型
    - 婴幼儿意外伤害的危险因素
    - 婴幼儿常见意外伤害及其处理指导

案例导入

小伤不断的小瑜

早晨妈妈刚去上厕所，小瑜就哭了起来，妈妈立刻过去查看，看见小瑜的左手食指被手工剪刀划破了。妈妈一边给她处理伤口一边安慰小瑜："还痛吗？马上就不流血了。"妈妈很快就包扎好了，说道："已经包扎好了，过几天就没事啦。"过了一会儿，妈妈听见"咚"的一声，发现是小瑜的腿撞到桌子发出的声音。妈妈过去一看，小瑜腿上被撞的地方已经发青了，她龇着牙，眼泪在眼眶中直打转。妈妈说："小瑜真坚强，来，妈妈给你用冰袋敷一敷。"

问题：婴幼儿磕磕碰碰、小伤小痛时有发生，你知道该如何正确处理这些安全事故吗？

第一节　婴幼儿"三浴"锻炼与抚触指导

一、"三浴"锻炼与婴幼儿身心发展的关系

"三浴"锻炼是指充分利用空气、阳光、水等自然因素，配合一些器械、玩具、音乐等，利用科学的方法进行身体锻炼，以促进婴幼儿的新陈代谢和生长发育，增强体质和抗病能力，提高婴幼儿的健康水平。

"三浴"锻炼对婴幼儿生长发育的作用如下：

（1）促进婴幼儿生长发育。"三浴"锻炼可以加速新陈代谢、增加肺活量；可以使心率减慢，增加心脏的搏出量，使肌肉、骨骼也得到相应的发展；可以增强呼吸系统、消化系统尤其是神经系统的功能。

（2）增强婴幼儿体质，减少疾病的发生。"三浴"锻炼可以使婴幼儿与空气、阳光充分接触，使血管的调节功能更加协调，增强呼吸道黏膜对寒冷的适应性，减少呼吸道疾病的发生。皮肤经过光照能产生活性维生素 D，可以减少佝偻病的发生。

（3）有利于智力的发育。"三浴"锻炼可促进血液循环和新陈代谢，改善脑部供氧，增强大脑机能，使婴儿精力充沛、智力不断发展。

（4）有利于良好的情绪和心理素质的培养。“三浴”锻炼结合游戏、体育活动可以给婴幼儿带来精神上的极大快乐，有助于养成性格开朗、积极向上的品质。

二、“三浴”锻炼指导方法

（一）空气浴

1. 空气浴的作用原理

新鲜空气的氧含量高，能促进新陈代谢。空气浴可以利用气温和人体皮肤表面温度之间的差异形成刺激，气温越低，刺激强度就越大，寒冷的空气可以使交感神经更活跃，从而锻炼呼吸器官、增强心脏活动和机体适应外界气温变化的能力。对气温的感受不仅取决于气温本身，还与空气湿度、气流有关。所以进行空气浴时，还要注意气温、空气湿度及气流的影响。

2. 空气浴的气温控制

健康婴儿出生后就可以进行空气浴，可先在室内进行，温度不低于 20℃；当气温在 25℃以上时可去室外锻炼。寒冷温度为 0℃～14℃，低温为 14℃～20℃，温暖温度为 20℃～30℃，应从温暖温度开始，逐步过渡到低温，最后过渡到寒冷温度的空气浴。如遇大风、炎热或温度过高的天气时，不宜进行空气浴。

3. 空气浴的操作

（1）准备。

1）环境准备。保持室温为 20℃，相对湿度为 55%～65%。

2）家长个人准备。家长做好个人准备，如束起头发，修剪指甲，摘掉首饰、手表，洗净双手等。

3）物品准备。婴幼儿短衫、短裤（单薄、肥大），尿布，婴儿床，大毛巾，室温计。

4）婴幼儿准备。婴幼儿精神饱满，情绪稳定，身体健康。

（2）操作步骤。

1）身体状况检查。

2）室内进行空气浴。

A. 前期。房间通风，保持空气清新，室温保持在 20℃以上。婴幼儿穿单薄肥大的短衫、短裤或赤裸身体。穿好尿布，平躺于床上，裸露四肢。时间从 5min 逐渐延长到 20min。做完后洗澡、擦干身体。

B. 中期。1 岁以内的婴儿可结合被动操、主被动操及游戏进行。

C. 后期。夏季每日进行 1 次，做完后可冲洗或淋浴。冬季做完后必须用干毛巾擦身。

3）户外进行空气浴。当室外温度在 25℃以上时可到室外进行空气浴，先从裸露四肢做起，逐渐至裸露全身。

4）观察身体状况。在进行空气浴过程中应密切观察婴幼儿的精神、情绪及身体状况。

5）洗手、记录。记录锻炼时间及婴幼儿身心表现。

4. 空气浴的注意事项

（1）要根据季节、天气变化和婴幼儿的身体情况合理安排锻炼时间和方式。

（2）要循序渐进，密切注意婴幼儿的反应，如有皮肤发紫、面色苍白、发凉等状况，应立即停止。

（3）身体特别虚弱，患急性呼吸道疾病、各种急性传染病、急慢性肾炎、化脓性皮肤病感染和炎症等的婴幼儿，应禁止锻炼。

（二）日光浴

1. 日光浴的作用原理

日光中有两种对人体有益的光线：一种是红外线，可使人的血管扩张，血液循环加快，新陈代谢增强，促进生长发育；另一种是紫外线，紫外线除了能够杀菌、提高皮肤的防御能力外，还可以使皮肤内的 7- 脱氢胆固醇转化为维生素 D，促进机体对钙、磷的吸收，预防佝偻病的发生。同时，紫外线还可以刺激骨髓制造血红细胞，防止贫血。

2. 日光浴的适宜条件

（1）适宜的温度。日光浴最好选择初秋到春季进行，一般气温以 20℃～ 24℃为宜。高温季节不宜进行，冬季应根据气候变化和婴幼儿体质灵活掌握。冬季不能隔着玻璃窗进行日光浴，因为日光中大部分紫外线被玻璃吸收，会降低日光浴的效果。所以，要尽量使日光直接照射身体皮肤，才能取得日光浴的效果。

（2）适宜的时间。夏季南方地区可在上午 8:00—10:00 进行日光浴，北方地区可在 9:00—11:00 进行日光浴；春秋可在 10:00—12:00 进行日光浴；冬季可在中午进行日光浴。3 ～ 6 个月婴儿可在阴凉处凉棚下进行日光浴，照射时间从 2min 逐渐增至 10min。6 ～ 12 个月婴儿可由 5min 渐增至 20min。1 岁以上婴幼儿可直接在阳光下进行日光浴。

（3）衣着要求。夏季，婴幼儿可裸体，头戴白帽，眼戴遮阳镜；春秋季气温在 20℃～ 24℃时穿短裤；冬季可穿不太厚的棉衣，暴露头面部及手。应避免日光直射婴幼儿的头面部，头部应盖上白色毛巾或戴上白帽。

3. 日光浴的操作

（1）操作准备。

1）环境准备。保持室温为 22℃，相对湿度为 55% ～ 65%。

2）家长个人准备。家长做好个人准备，如束起头发，修剪指甲，摘掉首饰、手表，洗净双手等。

3）物品准备。婴儿短衫、短裤，白色毛巾或白色帽子，尿布，糖盐水，水杯，小匙。

4）婴儿准备。婴幼儿精神饱满，情绪稳定，身体健康。

（2）操作步骤。

1）户外进行日光浴。根据季节给婴幼儿穿合适的衣裤。日光照射从下往上进行，从脚腕开始，再到膝盖，适应后解开尿布照射腹部，最后到脖颈以下的全身及背。开始时每次 2 ～ 3min，以后每隔 2 天增加 1min，5 ～ 6 天后照射时间可延长到 15min 完全适应后每次照射不超过 20min。

2）室内进行日光浴。打开窗户。具体操作同户外日光浴。

3）观察身体状况。进行日光浴过程中应密切观察婴幼儿的精神、情绪及身体状况。

4）洗手、记录。记录锻炼时间及婴幼儿身心表现。

4. 日光浴的注意事项

（1）婴幼儿生病时（如有发热、严重的贫血、心脏病以及消化系统功能紊乱等），身体特别虚弱，不宜进行日光浴。

（2）日光浴后要及时给婴幼儿喂水。

（3）不要隔着玻璃晒太阳，尽量让阳光直接照射皮肤。

（4）要注意观察婴幼儿的反应，如脉搏、呼吸、皮肤发红及出汗情况，以判断婴幼儿可直接日光照射的时间和强度，若日光照射后，婴幼儿出现虚弱感、大汗淋漓、神经兴奋、睡眠障碍、心跳加速等情况，应减少或停止日光照射。

（三）水浴

1. 水浴的作用原理

水浴是指利用水的温差和水的机械作用来锻炼身体。通过水的刺激，使机体体温调节机能的反应能力得到增强，能够促进血液循环，增强机体对外界气温变化的适应能力。水的热导率是空气的 30 倍，对于健康的婴幼儿，低于 20℃能引起冷的感觉，20℃～ 32℃能引起凉的感觉，32℃～ 40℃能引起温的感觉，40℃以上能引起热的感觉。水浴锻炼可以从温水逐渐过渡到冷水。

2. 水浴的种类及适宜条件

（1）温水浴。

新生儿在脐带脱落后即可进行温水浴，水温为37℃～37.5℃。冬春季每日1次，夏季可每日2次，在水中时间为7～12min。每次浴毕用较冷的水（33℃～35℃）冲淋，随即用毛巾擦干、包裹，穿好衣服。冬季要注意调节好室温、水温，做好浴前的准备工作，减少体表热能散发。

（2）擦浴。

擦浴适用于7个月以上的婴幼儿，体弱儿也适用。室温应在20℃以上，开始时可用35℃左右的水，以后水温可每隔2～3日下降1℃，降至26℃左右，选择吸水性好的毛巾浸入温水后拧成半干，给婴幼儿擦浴，摩擦全身皮肤，按上肢、胸、腹、侧身、背、下肢的顺序，摩擦至皮肤微红，完毕后用干毛巾擦干。

（3）游泳。

婴幼儿游泳可以通过皮肤与水的接触，促进视觉、听觉、触觉等的发育，促进婴幼儿脑神经生长发育，促进骨骼发育，增进食欲，增加肺活量，增强婴幼儿抵抗力，增加睡眠，减少哭闹，促进亲子情感交流。

1）适宜游泳的婴幼儿。

A. 足月正常分娩的剖宫产儿、顺产儿（0～12个月）。

B. 32～36周分娩的早产儿、低出生体重儿（体重为2 000～2 500g，住院期间无须特殊处理）。

2）不宜游泳的婴幼儿。

A. 患有婴幼儿疾病需接受治疗者。

B. 小于32周的早产儿，体重低于2 000g的低体重儿。

3. 水浴的操作

（1）操作准备。

1）环境准备。保持室温为22℃，相对湿度为55%～65%。

2）家长个人准备。家长做好个人准备，如束起头发，修剪指甲，摘掉首饰、手表，洗净双手等。

3）物品准备。室温计、水温计、浴盆、喷水壶、大毛巾、热水瓶、口服糖水。

4）婴幼儿准备。婴幼儿精神饱满，情绪稳定，身体健康。

（2）操作步骤。

1）水浴操作。室温调至22℃（观察室温计）。浴盆里放35℃温水，用水温计测量，以后水温每 3 日降 1℃，直至 28℃（可在台历上记录）。让婴幼儿站在少量温水的浴盆里，提起灌了冷水的喷水壶冲淋婴幼儿，按照上肢、胸背、下肢的顺序操作。冲淋时不可冲头部，动作要迅速。冲淋结束时立即用大毛巾擦干身体，要求擦到皮肤发红。淋浴时所用的喷头不宜高过婴幼儿头顶 40cm，水温的机械压力会对皮肤产生按摩作用。

2）观察身体状况。水浴过程中应密切观察婴幼儿的精神、情绪及身体状况。

3）洗手、记录。记录锻炼时间、水温及婴幼儿身心表现。

4. 水浴的注意事项

（1）水浴最好从夏季开始，每日锻炼的时间因人而异。

（2）水浴前要做好准备活动以加速产生热量。出现寒战应立即停止，将身体擦干并采取保暖措施，到室内休息，喝温开水或糖水，并进行观察。

三、抚触与婴幼儿身心发展的关系

（一）婴儿皮肤感觉的发展

皮肤感觉包括触觉、痛觉、温度觉等，新生儿触觉很灵敏，其敏感的部位是眼、口的周围、手掌及足底等，到 6 个月左右皮肤会有触觉的定位能力。新生儿对痛觉的反应迟钝，2 个月后才对刺激表现出痛苦。新生儿温度觉很灵敏，环境温度骤降的时候就啼哭，保暖后即安静。

（二）婴幼儿抚触的原理与作用

婴幼儿抚触是指通过皮肤感觉，即对婴幼儿进行头部、胸腹部、四肢、背部及臀部等处皮肤的接触和抚摸，以促进婴幼儿身心发展的一种方法。每日 3 ～ 5 次，可随婴幼儿的心情局部进行，每次 5 ～ 15min。婴幼儿抚触对婴幼儿生长发育的作用如下：

（1）可刺激皮肤，有益于循环、呼吸、消化等系统的发展及机体肌肉放松。

（2）抚触是父母与婴幼儿之间最好的沟通方式。

（3）婴幼儿抚触可以增进食欲，增强抵抗力，促进智力发育，舒缓情绪。

四、婴幼儿抚触指导

（一）操作准备

（1）环境准备：播放舒缓的音乐，室温为 26℃～ 28℃，相对湿度为 55% ～ 65%。

（2）家长个人准备：家长做好个人准备，如穿有颜色的纯棉套装，束起头发，修剪指甲，摘掉首饰、手表，洗净双手等。

（3）物品准备：婴幼儿抚触油、大浴巾。

（4）婴幼儿准备：婴幼儿精神饱满，情绪稳定，身体健康。

（二）操作步骤

1. 姿势选择

（1）坐姿。双腿前伸，婴幼儿位于家长两腿之间，面向家长。

（2）跪姿。家长面向婴幼儿，双膝跪于垫子边缘，臀部和小腿之间加软垫。

（3）盘膝坐姿。家长双腿盘曲而坐，将婴幼儿放在自己的正前方。

（4）站立姿势。家长站立在台面前，将婴幼儿放在自己的正前方。

以上姿势无论选择哪种，家长都应保持双肩放松、背部挺直。

2. 涂抹抚触油

将少量抚触油均匀涂抹在双手手掌内。婴儿抚触油主要包括两大类：一种是植物性抚触油；另一种是动物性抚触油。植物性抚触油主要是采用天然的植物原料合成的，动物性抚触油主要是提取动物体内的某种元素添加而成的。纯植物油是首选，因为植物油分子较小，容易被婴幼儿皮肤吸收，而且其含有丰富的油酸和多种营养成分，如维生素、矿物质等，不仅温和无刺激，还有利于滋养皮肤。

3. 开始抚触

（1）头部抚触。

1）额头。竖向拉抻，用一只手的食指和中指在额头上从前至后抚触；横向平抚，将两只手除拇指外的四指放于枕后，用拇指在眉弓上方向两侧抚触。

2）太阳穴。两手食指在太阳穴周围对称画八字，点按，称为八字点按法。

（2）鼻部抚触。

首先用一只手食指轻点鼻尖；然后用食指和拇指夹捏鼻尖处；最后将两只手除拇指外的其余四指放于枕后，两只手拇指在鼻翼两侧由鼻根至鼻翼抚触。

（3）脸部抚触。

两只手食指（随着婴幼儿月龄的增长，可食指、中指并用）在脸颊对称画小圈抚触。

（4）唇部抚触。

首先用一只手食指轻点人中处；然后用食指点按下唇中间的位置；再将两只手除拇指外的其余四指放在枕后，两只手拇指从嘴角处向上提拉，使嘴部呈微笑的状态；最后用一只手食指从唇角一侧画圈。

（5）上肢抚触。

1）抚触式。用两只手全手掌从上臂抚触到前臂。

2）钳捏式。将两只手虎口打开，从上臂捏到前臂。

3）滚搓式。双手从上臂滚搓到前臂。

4）挤牛奶式。将一只手虎口打开，从腋下挤捏到腕部。

（6）手部抚触。

将两只手的拇指放在婴幼儿的手心里画圈，还可以轻轻拍打婴幼儿手背，将婴幼儿的手张开。用两指或三指按照从拇指到小指的顺序从手指根部搓揉抚触到手指尖部。

（7）下肢抚触。

1）抚触式。两只手全手掌从大腿抚触至小腿。

2）钳捏式。将两只手虎口打开，从大腿捏至小腿。

3）滚搓式。双手从大腿滚搓至小腿。

4）挤牛奶式。将两手虎口打开，从大腿根部挤捏至脚踝处。

（8）脚部抚触。

用两只手除拇指外的其余四指握住婴幼儿脚踝，用拇指按摩脚心，轻拍婴幼儿脚背。用两指或三指按照从拇趾到小趾的顺序从脚趾根部搓揉抚触至脚尖部。

（9）胸部抚触。

1）平抚式。双掌在婴幼儿胸前平抚。

2）画小心形。把双手放在婴幼儿胸前，由内向外画小心形。

3）画大心形。把双手放在婴幼儿胸前，沿胸向上画大心形至肋骨处，双手除拇指外的其余四指自然分开，向上提拉。

（10）腹部抚触。

1）十字交叉法。由左至右，由上至下，抖动腹部。

2）时钟操作法。以婴幼儿肚脐为中心，沿顺时针方向在腹部画圈。

3）U 字形抚触法。手指从婴幼儿腹部右边至左边抚触。

4）推挤式。抓住婴幼儿两脚踝，轻轻向上推挤（注意两腿要并拢）。如操作过程中婴幼儿因腹部不舒适而哭泣，则应停止抚触。

（11）背部抚触。

将婴幼儿由仰卧位调整至俯卧位，顺势双手向前，将婴幼儿的头轻侧向旁边，以免造成呼吸困难。

1）抚触式。由上至下用手指在婴幼儿背部画 S 形进行抚触。

2）推挤式。用手掌由婴幼儿的尾椎向颈部轻轻推挤。

3）握鸡蛋式。手呈握鸡蛋状，用指关节由下至上推挤婴幼儿背部抚触。

4）打圈式。在婴幼儿肩部、臀部用两全手掌对称画圈抚触，背部中心用单手掌画圈抚触。

5）揉面团式。用手掌、手指横向、竖向碾压婴幼儿背部抚触。

6）十字交叉式。全手掌由婴幼儿腰部向肩部抚触，两手交替进行。

知识链接

抚触儿歌

眉毛弯弯像月牙，额头宽宽福气大，
小脸蛋，胖嘟嘟，宝宝爱笑不爱哭。
小耳朵，像元宝，天天锻炼听力好，
大脑袋，真聪明，长大要当发明家。
从肋下到肩上，宝宝呼吸又顺畅，
小肚子，软绵绵，宝宝笑得甜又甜。
妈妈给你揉揉臂，宝宝长大有力气，
数数小指头，1、2、3、4、5。
扭一扭，捏一捏，干啥全都有，
数数小指头，1、2、3、4、5。
妈妈给你揉揉腿，宝宝又跳又会跑，
捋一捋，推一推，数数小指头，1、2、3、4、5。
大腿捏一捏，快乐不停歇，
捋一捋，推一推，数数小指头，1、2、3、4、5。
妈妈给你揉揉背，宝宝干啥都不累，
四指并拢打圈圈，从上到下走中间。
从脊柱往外推，八字交叉揉一揉，
宝宝干啥都不愁。
捏捏脊，排排食，助消化，不攒肚。
臀部揉一揉，宝宝健康长肉肉。

（三）抚触后整理

（1）观察身体状况。在抚触过程中应密切观察婴幼儿的精神、情绪及身体状况。

（2）洗手、记录。抚触前后注意洗手，抚触后记录锻炼时间及婴幼儿身心表现。

（四）注意事项

（1）抚触一般在婴幼儿进食后 1 小时左右进行，沐浴后最好。

（2）抚触时婴幼儿是全身裸露的，注意室内温度一定不能低于 25℃。

（3）抚触前家长要摘下手上所有的饰物，包括戒指、手表等，注意指甲要修平，以免刮伤婴幼儿娇嫩的皮肤。

（4）在进行抚触的过程中，应不断与婴幼儿交流，增强婴幼儿对家长行为的理解和配合。

（5）当婴幼儿啼哭、皮肤破溃、身体不适时，暂不进行抚触。

第二节　婴幼儿常见症状护理指导

一、婴幼儿患病征兆

婴幼儿由于生理功能发育不全，所以体质较弱，对疾病的抵抗力差，且染病后病情发展较快。虽然婴幼儿在生病时不会表达或者表达不清楚疾病的部位和症状的轻重，但是婴幼儿生病往往会有一些征兆，比如神情、面色、呼吸、食欲、睡眠、大小便等方面会有所改变，如果照护者细心观察，就能及时发现婴幼儿生病的迹象，并及时就医，及早治疗。

（一）观察婴幼儿的神情与面色

1. 精神、情绪方面

健康的婴幼儿通常都活泼好动，眼睛有神，不哭不吵不闹腾，看上去很有精神。婴幼儿出现目光呆滞、两眼直视、两手握拳等情况常常是惊厥的预兆；婴幼儿发热的时候，常常表现为烦躁不安、面色发红、口唇干燥；婴幼儿哭声无力或一声不哭往往提示病情严重；除明显征兆外，婴幼儿还可能表现出萎靡不振、烦躁不安或爱发脾气等。

2. 面色

健康的婴幼儿面色红润，有光泽。婴幼儿如果身体虚弱、多汗，会导致面色变差，缺少光泽；婴幼儿面色苍白，同时还伴有发热现象，是患上肺炎的表现；婴幼儿面色萎黄、哭闹不休，有可能是败血症的前兆；有心脏病的婴幼儿面色也通常是苍白的；贫血或者失血的婴幼儿除了面色苍白之外，还常常伴有嘴唇、牙龈变得灰白，需要引起照护者的注意。

（二）观察婴幼儿的呼吸

健康的婴幼儿呼吸通常都是非常均匀、有节奏、不紧不慢的。婴幼儿呼吸系统处于发育阶段，患病时易引起呼吸异常。

婴幼儿张口呼吸或常做深呼吸动作是鼻子不通气的表现；若婴幼儿呼吸变粗、频率增加或时快时慢，面部发红则可能是发热；若婴幼儿呼吸急促，每分钟超过 50 次，鼻翼扇动，口唇周围青紫，呼吸时肋间肌肉下陷或胸骨上窝凹陷，很可能是患了肺炎、呼吸窘迫症、先天性横膈膜疝气等病，照护者切不可掉以轻心。

（三）观察婴幼儿的食欲

健康的婴幼儿食欲好且没有大的波动，进食较有规律，食量也较稳定。如果婴幼儿食欲下降或拒食，则可能是患病的前兆。

1. 食欲不振

缺锌、维生素 A 或 D 中毒可能引起食欲低下；寄生虫病、蛔虫病、钩虫病、消化性溃疡、慢性肠炎、结核病、肝功能低下等都可能引起食欲不振；婴幼儿发烧时，食欲也会下降；患流行性腮腺炎的婴幼儿，在腮腺肿大前的 1 ～ 2 天会出现发烧、头痛、呕吐、食欲不佳等全身不适的症状。

2. 食欲亢进

食欲亢进一般表现为容易饥饿、进食量明显增加。若婴幼儿出现“三多”症状，即吃得多、喝得多、尿得多，或者吃不饱，即使吃得多，体重也不升反降，应检查是否患有甲亢或糖尿病；婴幼儿心理异常也会出现贪食；遗传性肥胖患儿也有贪食的习惯。

3. 异食癖

异食癖是指婴幼儿对食物以外的非食物物品表现出不可自制的食欲，如喜食泥土、蜡烛、煤渣、纸张等，常见于体内锌、铁严重缺乏的婴幼儿。

（四）观察婴幼儿的睡眠

健康的婴幼儿一般入睡较快，睡得安稳，睡姿自然，呼吸均匀，表情自如，无鼾声，身上略微有汗。如果婴幼儿有睡眠少、入睡困难、易醒、睡不安稳或嗜睡等异常现象出现，则说明婴幼患上了某种疾病。

若婴幼儿入睡前爱用手搔抓肛门，可能是患了蛲虫病；若婴幼儿睡前烦躁不安，睡眠中踢被子，睡醒后颜面发红、呼吸急促，可能是发烧了；若婴幼儿在睡眠中不断咀嚼、磨牙，则可能是睡前过于兴奋或有蛔虫感染；若婴幼儿常在睡眠中啼哭，睡醒后大汗淋漓，平时容易发怒，则可能患了佝偻病；若婴幼儿嗜睡，常是脑炎、脑膜炎等疾病的早期表现。

（五）观察婴幼儿的大小便

1. 大便异常

正常的婴幼儿大便颜色是黄褐色，且便量与所吃食物的多少和性质有关。便秘和腹泻都预示着婴幼儿身体不适。95% 的便秘属于功能性原因，并非身体本身异常，通常给婴幼儿多吃些蔬菜或其他高纤维食品就可以解决这个问题。

发生肠炎时，大便会呈水样或蛋花汤样；病毒性肠炎的粪便多为白色米汤样或蛋黄色稀水样；如婴幼儿摄入的蛋白质较多，就会导致大便奇臭无比。

2. 小便异常

健康的婴幼儿一般昼夜排尿 1L 左右，每天 6 ～ 8 次，颜色清晰透明，呈淡黄色。如果尿的颜色出现明显异常，则是疾病的信号。如果婴幼儿的尿呈洗肉水样，同时眼皮水肿，可能是急性肾炎；如果婴幼儿尿色加深呈橘黄色或棕绿色，可能是肝、胆疾病，也可能是受到药物影响；如果婴幼儿尿内有脓，尿液呈乳白色，同时伴有尿急、尿频、尿痛的现象，可能是尿路感染。

二、婴幼儿体温的特点与类型

体温指的是机体内部的温度。在临床实践中，常通过测量体表温度来观察体温的变化。正常婴幼儿的体温是相对恒定的。

（一）婴幼儿体温的特点

婴幼儿体温一般为 36℃～ 37℃，有时因测量方法不同而存在差异。正常的体温在不同个体之间也存在差异，且常受机体内外因素影响而有所变动。同一个体的体温在同一天之内也会有变化，一般下午高，清晨低，剧烈运动、进餐、哭闹、情绪波动等因素也会导致体温升高，但体温变化范围不会超过 1℃。

（二）婴幼儿发热的类型

在正常情况下，人体的产热和散热是保持动态平衡的。由于各种原因而产热增加或者散热减少则会出现发热。在临床上，医务工作者常用的发热的分类方法是病因分类，即把发热分为感染性发热与非感染性发热。

1. 感染性发热

感染性发热是最常见的发热类型，通常是由各种病原体如病毒、细菌、支原体、衣原体、真菌、寄生虫等感染引起的。

2. 非感染性发热

（1）内分泌及代谢疾病：甲状腺功能亢进、甲状腺炎、脱水等。

（2）结缔组织疾病：类风湿性关节炎、系统性红斑狼疮、皮肌炎等。

（3）变态反应性疾病：风湿热、溶血反应等。

（4）血液病及恶性肿瘤：白血病、淋巴瘤等。

（5）颅内疾病：脑出血、脑震荡、癫痫持续状态等。

（6）物理及化学性损害：中暑、内出血、大面积烧烫伤、骨折等。

（7）生理性发热：情绪紧张、剧烈运动后出现低热。

知识链接

发热的分度

发热的临床分度以口腔温度为标准，据此可将发热程度分为：

（1）低热：37.3℃～ 38℃。

（2）中度发热：38.1℃～ 39℃。

（3）高热：39.1℃～ 41℃。

（4）超高热：41℃以上。

三、婴幼儿用药特点与喂药原则

（一）婴幼儿用药特点

（1）婴幼儿时期新陈代谢比较旺盛，药物在体内的吸收、分布、代谢和排泄的过程比成人快。

（2）婴幼儿体液占体重的比例比成人大，水盐转化率比成人快，但是对水和电解质代谢的调节功能比较差，容易导致失衡，对影响水盐代谢和酸碱代谢的药物特别敏感，较成人易于中毒。

（3）婴幼儿处于生长发育时期，消化系统、血液系统、神经系统以及肝肾功能等发育均不完善，特别是新生儿、早产儿的肝肾功能和某些酶系统尚未成熟，用药不当容易导致不良反应和中毒，年龄越小，用药越要小心。

（4）婴幼儿免疫系统发育不完善，而且又处在快速生长发育中，抵抗力较差，易患各种感染性疾病和营养缺乏性疾病，许多疾病又会反过来影响机体对药物的耐受能力。

（5）婴幼儿处于生长发育期，激素的应用会影响其发育，某些中枢抑制药会影响其智力发育。

（6）婴幼儿年龄不同，发育的营养状况也不同，不能以成人剂量的几分之几来计算，要按体重或体表面积计算剂量，此外还必须充分考虑其生理特点。

（二）婴幼儿喂药原则

婴幼儿因为身体发育尚未完善，各个脏器都比较娇嫩，一旦用药不当，就可能造成难以挽救的损害。因此，照护者对药物的使用方法越熟悉，婴幼儿的健康就越有保障。

1. 用法用量要精准

不论是药品的使用时间、频率，还是次数、用量等，都需要照护者严密管控。一旦超出剂量，就容易引发中毒，而剂量过少则不易达到疗效。因此，对于婴幼儿用药，要达到用量精准的目的，还要考虑剂型与婴幼儿服用的方便性、接受度等问题。

2. 使用方法经医师确认

虽然大部分婴幼儿用药对肠胃的伤害都很小，在饭前或饭后服用均可，但具体的使用方法仍需经过医师确认，才能保证收到最好的疗效，同时将对婴幼儿身体的影响降至最低限度。

3. 尽量不混合用药

某些药物与乳制品相结合后会导致药效降低，因此不建议把药物加入牛奶中给婴幼儿服用。此外，葡萄柚汁会让药物的剂量相对变高，也建议避免并用。

4. 不自行服用药物

使用药物最忌讳吃别人的或者是自己以前剩下的，即使是类似的症状，在判断上也很容易出错，毕竟前后病因可能有很大不同，而且药物也可能出现过期、变质等种种问题。婴幼儿用药，应该由医师先确认病因，然后再对症用药。

5. 进行必要的检查，避免误吃

（1）检查药物种类是否正确。

（2）检查药物是否标明有特殊注意事项。

（3）检查药物是否仍在保质期内。

（4）检查药量是否正确无误。

（5）检查照护者双手是否清洗干净。

四、婴幼儿常见症状的识别与护理指导

症状是指患者主观感受到不适或痛苦的异常感觉或某些客观病态等。与成人相比，

婴幼儿对症状的表述能力差，患病后常不如成人典型，这给患儿疾病的早期识别造成了相当大的困难。因此，掌握婴幼儿疾病的临床表现是及早发现婴幼儿患病的关键。

（一）发热

发热也称“发烧”，是指机体在致热源的作用下或者由于各种原因导致体温调节中枢发生功能障碍时，体温超过正常范围。发热是婴幼儿最常见的症状，是机体的一种防御性反应。持续发热两周以上，称为长期发热。

1. 病因

发热分为感染性发热与非感染性发热两大类，以感染性发热最为多见。各种病原体，如病毒、细菌、支原体、衣原体、立克次氏体等引起的感染，无论是急性的还是慢性的，无论是局部性的还是全身性的，均可导致发热。

2. 临床表现

婴幼儿腋下体温正常范围通常是36℃～37℃。正常情况下，测量体温超过37.5℃，可考虑为发烧，提示处于疾病状态，建议及时就诊寻找发烧原因。而体温低于35℃属于低温，提示保暖不足或有严重疾病发生。发热会引起婴幼儿身体不适，同时会造成婴幼儿体内能量消耗增加，心率加快，消化力减弱，神经系统受损。发热时常伴有寒战、结膜充血、淋巴结肿大和皮疹等。此外，对于婴幼儿来说，发热还有可能引发高热惊厥。

3. 防治与护理

（1）降温。

婴幼儿高热易引起抽搐，因此当婴幼儿体温过高时，照护者应尽快采用物理降温措施，一般可用冷毛巾、冰袋湿敷在婴幼儿额头或枕部，也可用温水擦拭患儿的四肢、腰背和臀部等处，帮助散热；或者遵照医生嘱咐服用退热药物，一般体温降到38℃以下时就可以停药。但需要注意，降温需要一个舒缓的过程，下降太快会使婴幼儿不适应而出现其他症状。常见的物理降温方法如图5－1所示。

图5－1　常见的物理降温方法

（2）严密观察病情发展。

1）注意随时监测患儿体温，采取降温措施后应每30min测量一次体温，以了解体温的变化。

2）注意观察患儿发热程度及过程、伴随症状及体征、治疗效果，以及饮水量、饮食量、尿量和体重的变化。

3）高热患儿应注意观察有无惊厥，并给予适当护理。

（3）一般护理。

1）补充营养和水分。由于食欲下降和消化吸收功能减退而导致的能量消耗增加，可能会使患儿消瘦和营养不良，故应给予高热量、高蛋白、高维生素、易消化的流质或半流质饮食，多吃新鲜蔬菜及水果，做到少量多餐。鼓励患儿多喝温开水，保证患儿摄入充足的水分，促进毒素和代谢产物的排出。

2）在发热过程中，患儿可能会大量出汗，应当及时为患儿更换衣物，保持皮肤的清洁。高热患儿唾液分泌减少，口腔黏膜干燥，因此特别容易发生口腔炎症，所以应当鼓励患儿多漱口，保持唇以及口腔的清洁。

3）应当将患儿置于舒适、安静、温暖的环境中，若患儿出现惊恐、焦虑等不适，应当给予患儿精神安慰，缓解不良情绪。

4）鼓励患儿多进行户外运动，不挑食，提高免疫力；养成良好的卫生习惯，不去人多的地方，避免接触病原体。

（二）咳嗽

咳嗽是咳嗽中枢受到刺激引起的，表现为深吸气后声门关闭，继而突然剧烈地呼气，气流冲出狭窄的声门裂隙，产生咳嗽动作和发出声音。

1. 病因

引起咳嗽的原因非常多，对于婴幼儿来说，最常见的原因是呼吸道疾病，如各种气管、支气管、肺部感染性疾病。此外，吸入高温、寒冷气体或者化学性刺激气体，也会引起咳嗽与咳痰。

2. 临床表现

（1）咳嗽的性质。

咳嗽无痰或痰量极少，称为干性咳嗽，主要见于急（慢）性喉炎、急性支气管炎的初期。咳嗽伴有咳痰，称为湿性咳嗽，常见于慢性支气管炎、肺炎、肺脓肿等。

（2）咳嗽的病程。

呼吸道异物多引发突发性咳嗽；呼吸道或肺部急性感染引起的咳嗽病程通常在 2 周之内；长期慢性咳嗽多见于慢性支气管炎、慢性肺炎、肺脓肿以及百日咳等疾病。

3. 防治与护理

（1）观察病情。

及时将患儿送往医院，如果患儿咳嗽持续时间较长或加重，特别是出现呼吸困难、口唇青紫时更应及时就诊，避免延误治疗时机。

（2）一般护理。

保证患儿休息时间，可适量进行户外运动，但也应避免过量运动，以免加重咳嗽。患儿在睡眠时，应鼓励其采用侧卧位，将患儿上半身垫高，这样既可以防止呼吸道分泌物返流到气管，引起咳嗽而影响睡眠，对于呼吸困难者也有利于肺通气。避免吃刺激性和油腻的食物，鼓励清淡饮食，适量补充维生素。

（三）呕吐

呕吐是指通过胃的强烈收缩，迫使胃和部分小肠内容物经食管、口腔排出体外的现象。严重的呕吐可使患儿长期处于窒息状态，同时患儿也可因为呕吐物的误吸而造成呼吸系统感染。

1. 病因

引起呕吐的原因很多，主要分为反射性呕吐、中枢性呕吐、前庭障碍性呕吐。凡呕吐伴有听力障碍、眩晕等症状者，需考虑前庭障碍性呕吐，如迷路炎、梅尼埃病、晕动病等。不同年龄阶段婴幼儿呕吐的原因如表 5－1 所示。

表 5－1　不同年龄阶段婴幼儿呕吐的原因

年龄阶段	呕吐的原因
新生儿时期	分娩时吞入羊水，经多次呕吐将胃内容物吐净，可自行缓解；消化道畸形（食管闭锁、肠道闭锁、肛门或直肠闭锁）；脑部产伤，可致喷射性呕吐，常伴尖声哭叫（脑性尖叫）
婴儿时期	喂养方式不当，奶瓶孔过大，喂奶过急；各种感染，如咽炎、化脓性中耳炎、支气管炎、肺炎等；中枢神经系统疾患，如化脓性脑膜炎；肠套叠，伴腹痛、血性黏液便等
幼儿时期	除上述原因外，还可因贲门痉挛而呕吐；滥用维生素 A 或 B 制剂过量，发生中毒，也可引起呕吐等症状
学龄前及学龄儿童期	常见原因有感染，其中胃肠道感染最易引起呕吐，其他如呼吸道、尿路感染等；中枢神经系统疾病，多见于脑膜炎、脑炎；各种中毒；肠蛔虫症所致的并发症，如蛔虫性肠梗阻、胆道蛔虫症等

2. 临床表现

（1）呕吐的时间。

功能性消化不良患儿经常表现为晨起呕吐；鼻窦炎患儿起床后脓液经鼻后孔流出刺激咽部，也会导致晨起呕吐；晚上或者夜间呕吐主要见于幽门梗阻。

（2）呕吐与进食的关系。

进食过程中或餐后即刻呕吐，可能是幽门管溃疡或者精神性呕吐；餐后一小时以上呕吐称为延迟性呕吐，提示胃张力下降或者胃排空延迟；餐后较久或数餐后呕吐，呕吐物为隔夜宿食，常见于幽门梗阻；餐后近期呕吐，特别是集体发病者，多为食物中毒。

（3）呕吐物的性状。

呕吐物有发酵、腐败气味提示胃潴留；呕吐物有粪臭味提示梗阻的位置比较低，多为低位肠道梗阻；如果呕吐物为咖啡色，则可能是上消化道出血。

3. 防治与护理

（1）发作时的处理。

患儿呕吐发作时最主要的危险是窒息，因此发生呕吐时，应当立即处理。首先应安抚患儿情绪，使其保持镇静，以免加重呕吐；同时立即松解患儿衣领，帮助其取侧卧位，迅速清除口、鼻腔呕吐物，严防呕吐物被吸入气管而引起窒息；呕吐后为患儿清洗口腔，及时更换被污染的衣物，尽力让患儿感到舒适。

（2）注意观察病情。

观察患儿呕吐的情况，了解病情的变化，如呕吐的表现、呕吐次数、呕吐物性状，并做好记录，必要时留取呕吐物，并送往医院进行化验。

（3）一般护理。

安抚患儿，避免其产生紧张情绪。患儿呕吐完之后，应当保证患儿营养与水分的摄入，以免体液不足。当患儿呕吐严重时，应当及时送医，根据医嘱给予液体疗法及止吐药。保证患儿营养供给，少量多食，严重呕吐的患儿需禁食。平时让婴幼儿养成良好的饮食习惯，按时进餐，不暴饮暴食，少吃油炸、辛辣等刺激性食物；饭前便后要洗手，养成良好的卫生习惯。

（四）腹痛

腹痛是婴幼儿常见的症状，多由腹部脏器疾病引起，但腹腔外疾病及全身性疾病也可引起腹痛。腹痛的性质和程度，既受病变性质和病变严重程度影响，也受神经和心理因素影响。

1. 病因

婴幼儿由于年龄的不同，引起腹痛的原因也有不同。新生儿时期以肠痉挛较多见；婴幼儿时期则以肠套叠、嵌顿疝为常见；学龄前幼儿多为肠蛔虫症、蛔虫并发症以及自主神经紊乱引起的功能性腹痛等。

2. 临床表现

（1）腹痛的一般表现。

只有年龄较大的患儿才有能力表达自己腹痛，对于低龄患儿，只能从其表现推知其发生了腹痛，如哭闹、蜷曲双腿、烦躁不安、出汗、拒绝吃饭、精神萎靡等。

（2）腹痛的部位。

腹痛部位多为病变所在的部位。如胃、十二指肠和胰腺疾病疼痛多在中上腹部位，胆道蛔虫症、肝炎表现为右上腹痛，阑尾炎一般表现为右下腹疼痛，肠蛔虫症以及急性肠炎表现为脐部疼痛。功能性疾病，如肠道功能紊乱引起的腹痛，一般为脐周疼痛，且定位不准确。需要注意的是，急性阑尾炎的早期表现为上腹痛，然后转移至右下腹，但小儿急性阑尾炎疼痛部位很不典型，故很难早期诊断。

3. 防治与护理

（1）对症处理。

对于功能性腹痛，如受凉引起的腹痛，可给予腹部热敷，疼痛剧烈的患儿可给予止痉药。需要注意的是，对于病因不明的腹痛，切记不可擅自处理，以免掩盖症状，延误治疗。

（2）密切关注病情。

注意观察腹痛的性质、部位、程度、持续时间等，如病情加重，应及时送往医院治疗。同时，腹痛剧烈的患儿可因翻滚而坠床，故应加强看护，防止意外发生。

（3）一般护理。

遵医嘱用药；允许进食的患儿应给予营养丰富、易消化的食物；让患儿注意休息，一般采取下肢屈曲仰卧位或者侧卧位，以减轻患儿腹痛症状。

（五）腹泻

腹泻指排便次数增多，粪便性质稀薄，或者带有黏液、脓血、未消化的食物。腹泻是一些疾病常见的症状，在我国，腹泻是发病率仅次于呼吸系统感染的婴幼儿常见病。腹泻分为急性和慢性两种，超过 2 个月的腹泻为慢性腹泻。

1. 病因

（1）急性腹泻。

肠道疾病是婴幼儿腹泻最常见的原因；由于婴幼儿消化系统发育尚不成熟，当食物摄入过多或者摄入一些刺激性食物时，就容易造成消化功能紊乱，引起腹泻；感染也是腹泻的常见原因之一，一般由病毒、细菌、真菌、寄生虫感染引起；婴幼儿易误食一些有毒有害物质，也是导致腹泻的常见原因之一。

（2）慢性腹泻。

对于婴幼儿来说，慢性腹泻主要见于消化系统的慢性感染，如肠结核、慢性细菌性痢疾等。同时，慢性肝胆疾病患儿也会因消化酶减少而引起腹泻。

2. 临床表现

（1）起病及病程。

急性腹泻一般起病急、病程短，多是由于消化不良或者急性感染所致；慢性腹泻起病慢、病程长，多是由于慢性感染所致。

（2）腹泻次数和粪便性质。

急性腹泻常有过量或者不洁饮食史，一般在进食后24小时内起病，每天排便数次甚至数十次，多呈糊状或者水样便，少数细菌感染者会有脓血便；慢性腹泻表现为每天排便次数增多，一般为稀便或脓血便，主要见于结核、慢性痢疾等。

（3）腹泻与腹痛的关系。

急性腹泻常伴有腹痛，尤其是感染性腹泻较为明显。小肠疾病的腹泻，疼痛部位多为脐周，便后腹痛缓解不明显；结肠病变腹痛部位一般在下腹，便后腹痛可缓解。

3. 防治与护理

（1）对症护理。

感染性腹泻患儿应进行消化道隔离，生活用品及接触到的物品要进行严格的消毒。每次大便后都要用清水清洗肛周皮肤，并及时擦干皮肤，及时为患儿补充水分及电解质，防止造成水、电解质平衡紊乱。

（2）密切观察病情。

密切观察患儿病情，监测生命体征，记录患儿排便次数及粪便性质。如果发现病情加重，应及时将患儿送往医院诊治。

（3）一般护理。

对于腹泻较轻的患儿不必禁食，而应当给予营养丰富、易消化的食物，如小米粥、水果汁、肉汤等；腹泻严重的患儿应当禁食，并及时送往医院给予静脉营养。注意患儿腹部保暖，可顺时针腹部按摩3～5次/天，每次5min。

（六）便秘

便秘是指大便次数减少，一般每周少于3次，常伴排便困难，粪便干结。

1. 病因

便秘的原因可分为功能性便秘和器质性便秘，前者较为常见，主要是进食量少、食物缺乏纤维素或者摄入水分不足对结肠运动的刺激减少所致。此外，精神因素也会引发功能性便秘，婴幼儿主要是由情绪紧张引起的，一些孩子面对陌生的环境会产生紧张的情绪，从而抑制便意，干扰了正常的排便习惯。还有些孩子因患器质性疾病，如肠梗阻、肠扭转等，造成排便减少。

2. 临床表现

便秘主要表现为排便不畅、粪便干硬、腹痛、腹胀、消化不良、食欲不振等，严重者排出的粪便坚硬如羊粪，排便时左腹部或下腹部痉挛性疼痛，有时腹部触诊可摸到包块，由于大便干硬造成排便困难，甚至疼痛，患儿更加不愿排便，如此恶性循环，会造成便秘加重。

3. 防治与护理

（1）对症处理。

帮助患儿采取蹲式排便，因为蹲式排便比坐式排便更有利于增加腹压，促进排便；若仍排便困难，大人可用手按照结肠的走向，按顺时针方向（患儿右下腹部→右上腹部→左上腹部→左下腹部）进行按摩，以促进粪便排出。若以上措施无效，可采用通便剂如开塞露、甘油栓等软化粪便，刺激肠道蠕动，以达到通便的效果。

（2）一般护理。

合理膳食，让婴幼儿多吃富含纤维素的食物，如水果、蔬菜，多饮水，多吃杂粮；鼓励婴幼儿多运动，促进肠道蠕动，以防止便秘的发生；安抚婴幼儿，缓解其焦虑情绪，让其养成按时排便的习惯。

第三节　婴幼儿常见意外伤害处理指导

一、婴幼儿常见意外伤害的主要类型

（1）意外跌伤：磕碰、挫伤、摔伤、擦伤、脱臼、扭伤、骨折等。

（2）突发人为伤害：抓伤、咬伤、割伤等。

（3）特殊意外伤害：烫伤、触电、鼻及外耳道异物、呼吸道异物、鼻出血、蜂蜇伤、刺伤等。

（4）突发疾病：高热惊厥、中暑、癫痫、晕厥等。

（5）重大意外事件：食物中毒、火灾等。

二、婴幼儿意外伤害的危险因素

（一）外部因素

1. 家长因素

婴幼儿意外伤害与父母的年龄、职业、文化程度及家庭关系有密切关系。

2. 社会经济水平与环境因素

（1）经济发展水平。

早在30年前，在发达国家和中等发达国家，意外伤害就已是婴幼儿死亡的首要原因；在发展中国家，近几年意外伤害才成为婴幼儿死亡的首要原因。

（2）地理环境。

地理环境不同，婴幼儿意外伤害的主要危险因素也有所不同。在城市的主要危险因素是车祸；在农村的主要危险因素是溺水。在北方的主要危险因素是窒息、中毒、车祸；在南方的主要危险因素是溺水。

（二）内部因素

1. 年龄因素

（1）婴幼儿是意外伤害的高危人群，年龄不一样，婴幼儿意外伤害的发生率也不一样。

（2）美国儿童意外伤害主要致死原因：婴儿及5岁以下幼儿为虐待、溺水和烧伤；5～9岁儿童为车祸和行人意外：10～14岁为车祸。

（3）我国儿童意外伤害主要致死原因：0～1岁为意外窒息、坠落伤和烧烫伤；1～3岁为烧烫伤、跌伤、动物咬伤和交通伤害；4～6岁为跌伤、动物咬伤和烧烫伤、坠落伤、溺水；5～14岁为车祸。

2. 性别因素

男孩意外伤害发生率明显大于女孩，男女之比为（2.05～3.34）：1，而且随着年龄的增长，比例不断加大。5～6岁男孩是意外伤害的高危人群。

3. 其他因素

身体与心理发育水平；行为气质、行为动机、行为偏离、攻击性行为等行为因素；心理冲突、情绪压抑等心理因素。

三、婴幼儿常见意外伤害及其处理指导

（一）鼻出血

1. 鼻出血的原因

婴幼儿的鼻腔黏膜血管比较丰富，易扩张，受外伤、挖鼻孔、打喷嚏，以及天气干燥等都可使鼻血管破裂而出血。

2. 鼻出血的处理方法

若不清楚婴幼儿哪侧鼻出血，可用食指和拇指两个手指捏紧婴幼儿两侧鼻翼，让婴

幼儿弯腰低头，如图 5－2 所示，让婴幼儿用口呼吸，按压 2 ～ 5min 后即可止血，然后用干净的毛巾擦洗干净。对经常鼻出血的婴幼儿，家长可在婴幼儿易出血的那个鼻孔涂抹红霉素软膏，同时不断提醒婴幼儿不要挖鼻孔。此外，鼻腔出血时，还可用纱条或棉球堵住鼻腔，也可用手指横向按压婴幼儿上唇部位，同时冷敷前额和鼻子。

图 5-2　鼻出血处理方法

（二）表皮擦伤

1. 表皮擦伤的初步判断及基本处理

如果伤口小而浅或仅擦伤表皮，可用凉开水洗净周围的皮肤，再用凉开水冲洗伤口。如有泥沙等污物应彻底洗干净，如冲洗不掉，可用消毒后的针挑出，以免污物留在伤口中。清洁伤口后用 75% 的酒精由里到外消毒伤口周围皮肤，伤口表面涂碘附，如伤口有少量出血，可用消毒纱布止血后再上药，不用包扎，避免沾水，让其自然干燥。

2. 表皮擦伤处理的注意事项

（1）擦伤的创面不必包扎，但要注意避免沾水、尘土及其他污物，以防止创面感染。

（2）脸部的擦伤需注意如有沙子、煤渣嵌入皮肤时，要及时用软刷子刷洗创面，不能有渣屑留于伤口中，一般不要涂抹药水。如果擦伤面较大，在面部创面清洁消毒后，敷上油纱布，再包扎好。

（3）擦伤的伤口不宜用创可贴，消毒后让伤口自然暴露在空气中，以待愈合。这是因为擦伤皮肤的创面比普通伤口大，再加上普通创可贴的吸水性和透气性不好，不利于创面分泌物及脓液的引流，反而有助于细菌的生长繁殖，容易引起伤口发炎，甚至导致溃疡。

（三）四肢扭伤

1. 四肢扭伤的初步判断及基本处理

不要随便活动已经扭伤的部位，可将扭伤的肢体抬高。若无皮肤破损，可在局部冷敷。用两块毛巾浸泡在冷水中，交替使用，或用冰袋等冷冻物品包上较厚的毛巾冷敷，使受伤部位血管收缩，减少出血，敷 1h 左右即可。24h 后如局部仍有红肿、疼痛，可改用热敷，以扩张血管，利于血液循环，促进康复。如局部疼痛严重或有其他异常情况，应及时就医。

2. 四肢扭伤处理的注意事项

（1）不能随便扭动。很多时候随便扭动会使损伤的部位症状加重，尤其是在没有进行确切诊断之前，更不应该随便活动已经扭伤的部位。

（2）24h 内不能热敷。热敷会使破裂的毛细血管进一步扩张，加重血肿，延迟愈合。

（3）24h 内不应随意涂抹红花油。在损伤的急性期（24h）内，若使用红花油涂抹揉搓，会加重损伤部位的血液渗出，加重肿胀，所以应在发生损伤 24h 之后使用红花油。皮肤破溃或者过敏的患者不宜使用红花油。

（四）蚊虫叮、蜇、咬伤

1. 蚊虫叮、蜇、咬伤的初步判断

大部分蚊虫叮咬或蜜蜂蜇伤可出现疼痛及局部皮肤红肿、瘙痒，但不会对婴幼儿产生很大的危害。少数婴幼儿被蜇伤后会出现过敏反应，需要紧急治疗。需要急救的情况包括呼吸困难，出现伴有伤痕的广泛分布的皮疹，头晕眼花或晕厥感，出现休克症状，以及婴幼儿口腔内蜇伤。如果婴幼儿出现以上情况，家长需要做急救处理后，再将婴幼儿送往医院。

2. 蚊虫叮、蜇、咬伤的紧急处理及注意事项

（1）如果婴幼儿被蜜蜂蜇伤，要检查皮肤内是否留有蜂刺，如果有，则应用指甲钳或镊子把蜂刺夹出来。夹的动作一定要轻，以免把毒囊挤破。

（2）为缓解蜇伤部位的肿胀和瘙痒等症状，可在蜇伤部位的周围涂些医用酒精或少许抗组胺软膏。注意不要用花露水，因其非但没有消炎作用，还会刺激伤口。

（3）可以把一块浸透冷水的纱布拧干，敷在被蚊虫蜇咬或叮咬的部位。

（五）心脏骤停

1. 心脏骤停的表现

心脏骤停的表现是突然昏迷，呈“潮式呼吸”或呼吸停止；瞳孔散大；心跳停止；触摸不到脉搏（如果婴幼儿的颈动脉不好摸到，可以摸桡动脉）。

2. 心脏骤停的急救处理

（1）拨打 120，立即与急救中心进行电话联系，告知患儿情况和地点。

（2）实施心肺复苏。在救护车到达之前，积极进行心肺复苏抢救，其基本步骤如下：

1）先将婴幼儿的头部略向后倾 15° 左右，以使其呼吸道畅通，检查喉内有无异物。

2）口对口人工呼吸。操作者先深吸一口气，如果患者是 1 岁以下婴儿，可将嘴覆

盖住婴儿的鼻和嘴；如果是较大的幼儿，则口对口封住，拇指和食指紧捏幼儿的鼻子，保持其头后倾，将气吹入，同时可见患儿的胸廓抬起。停止吹气后，放开鼻孔，使其自然呼气，排出肺内气体。重复上述操作，幼儿每分钟 18 ～ 20 次，婴儿可稍快。

3）胸外心脏按压术。如口对口呼吸无效，要立即实施胸外心脏按压。胸外心脏按压是现场抢救的首选方法，是心肺复苏的关键措施之一，必须立即进行。在按压前先抬高患儿下肢，解开衣领和衣扣，以增加静脉回流，抢救在血液循环系统恢复之前（可以摸到脉搏之前）不能停止。救助 1 岁以下的婴儿时，用一只手垫着背部，支撑起婴儿的头颈，用另一只手的两个手指按压胸骨下段的位置，每分钟至少 100 次，下压的深度为 1.5 ～ 2.5cm。1 次人工呼吸配合 5 次按压。救助 1 岁以上幼儿时，将其放置在平坦处，用一只手的手掌部压迫胸骨的下段，每分钟至少 100 次，压下的深度约为 2.5 ～ 3.5cm。1 次人工呼吸配合 5 次按压，最好两人配合。

胸外心脏按压时接触部位不要过大，只需手掌根部接触，手指部分不要接触幼儿胸部，以免伤及肋骨；按压时动作要有节奏，用力要均匀，形成一种冲击力；放松时手掌不离开原位；可触及幼儿颈动脉或股动脉搏动查看按压是否有效。

（六）气管异物

1. 气管异物的原因和临床表现

婴幼儿咽部进入异物多因其进食不慎，将糖果、骨头渣等卡在咽部附近或嵌入扁桃体而引起疼痛，吞咽时疼痛加剧。发现婴幼儿呛咳，口唇、面色发绀，呼吸困难时，要及时处理，将异物排出。如处理不当或处理不及时，会造成婴幼儿窒息死亡。常见异物为肉骨、糖果、枣核、硬币、口香糖、果冻、纽扣、固体小玩具等。

2. 气管异物的急救措施

异物进入气管后，引起呛咳，成人常会错误地直接给婴幼儿拍背，这样容易使异物进入气管的深部。正确的处理方法如下：

（1）若是小婴儿发生气管异物，可采取以下方法：抢救者前臂放于大腿上，让孩子以骑跨姿势俯卧于抢救者手臂上，并用一只手固定孩子下颚，使其面朝下，头保持低位，在孩子背上轻拍 1 ～ 5 次，观察孩子是否将异物吐出。

如果异物还没有吐出来，则把孩子翻过身来使其仰卧在抢救者的大腿上，面朝前，抢救者将两手的中指或者食指放在患儿胸廓下和肚脐上的腹部位置快速向上冲击压迫，动作要轻柔，直到异物排出，如图 5－3 所示。注意要边急救边送医院，以免耽误治疗时间。

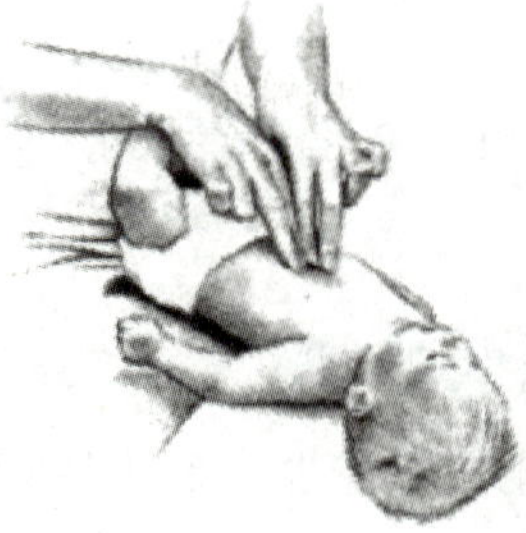

图 5－3　气管异物急救方法

（2）若是稍大些的幼儿，可以采取站姿，让幼儿上身略向前倾，家长用双臂将幼儿拦腰抱住，右手握拳，左手按压在右手上，两个大拇指顶住幼儿肚脐上方两指处，猛烈而迅速地往上顶，直到异物排出。

3. 气管异物的预防措施

（1）应将坚硬的食物磨碎给婴幼儿食用，不要喂食整粒花生、豆类等，婴幼儿吃东西时不要逗笑或打闹。

（2）经常叮嘱婴幼儿不要随便将东西放入口内，也不要将纽扣等小物品放在婴幼儿随手能拿到的地方。

（七）被宠物咬伤、抓伤

1. 狂犬病的症状

狂犬病是由狂犬病病毒引起的一种人畜共患的中枢神经系统急性传染病，多见于狗、猫等宠物咬伤、抓伤。

狂犬病潜伏期为 1 ～ 3 个月，一旦发病，死亡率几乎 100%。表现为特有的狂躁、恐惧不安、怕风恐水、流涎和咽肌痉挛，直至发生瘫痪而危及生命。

2. 狂犬病的急救措施

由于狂犬病病死率非常高，因此被宠物抓咬后的伤口处理和免疫预防是早期非常重要的处理措施。

（1）伤口处理。主要为清创，立即用 20% 的肥皂水和清水反复彻底清洗伤口和抓伤处，至少 20min，再用 75% 的乙醇或 2% 的碘附涂擦，也可用 1% 的新洁尔灭消毒液冲洗，以清除和杀死病毒。如果伤口比较深，需注射高效价免疫血清，亦可酌情应用抗生素及破伤风抗毒素。

（2）注射狂犬疫苗。去当地的疾病预防控制中心注射狂犬疫苗，原则上，应于被宠物咬伤或抓伤后的第 1 日、7 日、28 日各肌注狂犬疫苗一次，注射疫苗后，可能出现低热症状，多饮水，体温可自行下降。

3. 预防措施

有婴幼儿的家庭不提倡养宠物，如有家庭宠物则应按照规定进行预防接种。

（八）溺水

1. 溺水常见原因及症状

根据统计，溺水是青少年和儿童死亡的第一杀手，夏季是溺水事件的高发期。其中，5 岁以下婴幼儿溺水死亡的首要因素是成人疏于照看，其次是设施有缺陷。前者主要包括：婴幼儿自行离开父母，不慎摔跤或滑落于池塘、下水道。后者主要包括：住宅或公园、绿地等设置的水景等景观设施为造型美观而缺少必要的安全护栏，婴幼儿游戏时不慎滑落；城市下水道井盖破损，导致婴幼儿落入下水道的沟渠中溺水致死。有的婴幼儿是在和成人一起乘坐交通工具时发生意外，坠河或翻船导致溺水。婴幼儿溺水的症状表现是出现面色发绀、抽搐，严重的出现昏迷、心跳和呼吸停止。

2. 溺水的急救措施及溺水急救后的护理

当婴幼儿发生溺水时，家长要保持冷静，观察婴幼儿神志、面色、心率及呼吸等，及时呼叫 120 急救。根据溺水的不同情况，争取时间积极抢救。

（1）浅水中溺水的婴幼儿急救。抢救者应双手托住婴幼儿腹部高举过头，使婴幼儿的腰背向上，头和脚同时下垂，促使呼吸道内的水自然流出。与此同时，抢救者的双手臂应不停地颠颤，这样不但能使溺水婴幼儿呼吸道内的水自然流出，还能起到人工呼吸的作用。

（2）深水中溺水的婴幼儿急救。抢救者应从其背部托其头或拉其胸，使溺水婴幼儿口鼻露出水面，迅速游泳托上岸。应谨防被溺水婴幼儿抱住自己的身体，最好携带救生圈、木板、绳索或小船，用于自我保护。

（3）离水上岸后的急救。

1）迅速清除婴幼儿口中的泥沙等污物。

2）立即将婴幼儿抱起，使其俯卧在抢救者的肩上，腰背向上，头及脚下垂。抢救者扛着婴幼儿快步奔跑，并不时颠颤，使其呼吸道内的积水倒出，也可使溺水婴幼儿俯卧于水牛背、斜坡、大石头、小木凳上，取头低脚高位，同时进行人工呼吸及注意保暖。抢救者还可单腿跪地，使溺水婴幼儿俯卧在另一条屈曲的腿上，然后拍打其背部。总之，应力求既能倒出呼吸道内的积水，又能便于人工呼吸和心脏按压。

3）如果婴幼儿尚有心跳、呼吸，应及时撬开口腔，迅速清除其中的泥沙等污物，并将舌头拉出，保持呼吸道畅通。如果婴幼儿呼吸、心跳已经停止，应立即进行口对口的人工呼吸及心脏按压，要分秒必争，不可只顾倒水而延误心肺复苏，尤其是最初几分钟的急救更为重要。

心跳、呼吸复苏后，应及时将婴幼儿送往医院继续抢救。离水上岸后的急救过程中要注意保暖，密切观察，必要时仍应继续进行心肺复苏。

3. 溺水的预防

加强对婴幼儿的看护，不带婴幼儿到池塘或沟渠周围等容易滑落的地方玩耍。不要让婴幼儿单独外出玩耍。在农村，家里的水池、水缸要加盖，家庭使用的水井要加台、加盖；不让婴幼儿单独到有粪坑、粪池的地方如厕。家长带婴幼儿到陌生的环境中时要有安全意识，遵守安全规则。

（九）触电

1. 触电的发生原因及症状

婴幼儿发生触电，大多是好奇心重，将钥匙、发卡等物品甚至是自己的手指插入插座或插孔所致。也有部分婴幼儿是由于缺乏认识，玩弄电器或者操作不当而造成触电，如在家玩弄电器开关、插头等，在插、拔插头时捏住插头的金属部分或是拉住导线猛拔，洗手后未擦干就去接触电源插头或开关电器。另外，在高压电线断落范围内玩耍、夏季被雷电击中也可造成电击伤。

触电对人体的伤害可分为局部和全身两种症状。局部症状，轻者感到发麻，重者可出现烧伤。全身症状是电流通过心脏，可引起心室颤动，致使心脏停搏，呼吸骤然停止。

2. 触电的急救措施

（1）及时拨打 120 急救热线。

（2）关闭电源。救护者需冷静分析现场情况，选择安全的方法，既要尽快使触电婴幼儿脱离电流，又要保证自己不遭电击。可采取穿胶底鞋、踩在干木板上等措施。若电源电闸离得很远或一时找不到，可用干燥的木棍、竹竿等绝缘工具，把触电婴幼儿身上的电线挑开。

（3）实施心肺复苏。触电婴幼儿脱离电源后，应立即观察婴幼儿是否有心跳、呼吸，如已停止，应在现场进行急救，立即实施心肺复苏，切勿轻易放弃。

（4）协助急救医生转运。在实施心脏按压和人工呼吸的同时，应尽快把婴幼儿送往医院，因电击后弹离电源或自高空跌下常可并发颅脑、内脏等损伤，如脑外伤、脾破裂、骨折、大出血等。因触电引起的局部灼伤也应在医院及时治疗。

3. 触电后的护理

婴幼儿发生触电后要严密观察其神志、面色、心率及呼吸等生命体征。

4. 触电的预防

（1）重视安全用电的教育。多给婴幼儿讲述电的危险性，告诉婴幼儿远离电源插座和带电电器。教育婴幼儿不要玩弄灯头、插销、电线和插座。可以给婴幼儿读一些相关的儿童图画书以加强婴幼儿对电的警惕性。

（2）家中电力线路要定期做安全检查和维护。及时发现安全隐患，防止发生漏电等事故。电力布线时，线路和插座等要尽量设置在婴幼儿触碰不到的高处。低处布线的情况下，可以装暗线，或是把线路装进线槽内。

（3）选择适宜的插座。最好选择带有安全挡板的插座，这样可以在一定程度上避免婴幼儿把手指或是金属物插进插座。对于接近水源的插座，最好安装防水盖，防止意外倒水或是婴幼儿玩水泼到插座上发生漏电事故。

（4）使用安全防护盖。移动插座不要置于婴幼儿容易触碰到的地方，并尽量带防水功能，平时要严禁婴幼儿触碰插座，更要阻止婴幼儿将手指或是金属物插进插孔。对于特别好动的婴幼儿，最好为插座安装安全保护罩，甚至可以把插座装进安全箱里上锁保护，防止触电。

（十）烫伤

1. 烫伤的常见原因

烫伤是由于高温物质（如开水、热汤、热油、蒸汽等）、火焰、腐蚀性化学物质或放射线所引起的皮肤和组织损伤。轻度烫伤皮肤表面会发红，重度烫伤皮肤可出现水疱或表皮剥落。

2. 烫伤的急救措施

（1）脱离热源。迅速移开热源，如热水袋、热水、开水壶、饭锅、盐酸、硫酸或者含强碱的溶液等。

（2）用冷水冲洗烫伤皮肤。用流动冷水对烫伤处冲淋 5 ～ 10min，也可用干毛巾包冰块置于烫伤部位，这样可降低体表温度，减轻创面的受伤程度并起止痛作用。

（3）清理烫伤部位。尽快脱去或剪掉烫伤部位的衣、帽、鞋、袜等。若衣服和皮肤粘在一起切勿撕拉，将未粘在皮肤上的衣服剪开，粘在皮肤上的部分让其留在皮肤上送往医院处理。如果身上还沾有热粥、热菜等，要轻轻拭去。

（4）涂药。创面呈红色但无起疱时，可用棉棒蘸蓝油烃涂于患处。若皮肤表面出现小水疱，尽量不挑破，待其自行吸收，以免感染。若皮肤表面出现大疱或表皮剥落，则要及时送往医院处理。

3. 烫伤急救的注意事项

（1）婴幼儿发生烫伤时要及时降温，越早越好，如果烫伤时间超过 10min 再做降温处理，则作用不明显。

（2）创面忌涂酱油、黄酒，也不要涂紫药水、红药水。

（3）若眼睛里溅入强酸、强碱，应立即分开眼皮，将凉开水倒入壶中，对眼睛冲洗 10 ～ 15min。

4. 烫伤的预防

（1）将相关用具放置在婴幼儿触摸不到的地方。将暖水瓶、饮水器、电饭煲放置在婴幼儿不易触碰的安全位置。不使用桌布，以防婴幼儿拉扯桌布导致容器倾倒。

（2）保证火源和热源安全。将打火机、火柴、燃气炉、电取暖器、热水袋、暖手宝等器具管理好。

（3）洗澡用水。洗澡时先放冷水，再放热水。

（4）化学物品安全存放。家中的清洁剂、碱水、浓硫酸等要存放在婴幼儿接触不到的区域。

本章小结

本章主要介绍了婴幼儿“三浴”锻炼与抚触的意义及指导方法、婴幼儿常见症状护理指导及婴幼儿常见意外伤害处理指导等内容，旨在引导家长科学育儿，掌握婴幼儿常见疾病的护理方法，学会对常见意外伤害的急救处理和预防，从而帮助家长树立科学育儿观念，在婴幼儿护理过程中，加强对婴幼儿的关心、爱心、细心以及责任心，提高安全照护意识和能力。

同步练习

一、选择题

1. 小明不小心被开水烫伤了，妈妈应该马上采取的急救方法是（　　）。

A. 涂酱油　　B. 涂碘附

C. 用冷水冲淋或浸泡　　D. 涂清凉油

2. 意外触电后，应以最快的速度使婴幼儿（　　）。

A. 进入医院治疗　B. 吸上氧气　C. 伤口得到包扎　D. 脱离电源

3. 下列急救做法中，错误的是（　　）。

A. 如果玻璃刺入婴幼儿身体，应立即拔出后送医，防止受伤严重

B. 婴幼儿发生切伤出血，身体受伤部位尽量放得高于心脏，这样容易止血

C. 应用止血带止血法时每隔半小时左右应放松止血带，以免组织坏死

D. 被烫伤时，应尽快脱去或剪掉烫伤部位的衣、帽、鞋、袜等

4. 下列选项不属于婴幼儿用药原则的是（　　）。

A. 用法用量要精准　B. 可根据经验自行服用药物

C. 使用方法经医师确认　D. 尽量不混合用药

5. 朵朵的手不小心被割伤了，老师的正确做法应该是（　　）。

A. 直接消毒伤口　B. 直接包扎

C. 止血即可　D. 先止血，后消毒，再包扎

二、判断题

1. 使用胸外心脏按压法救助婴幼儿时，要垂直向下用力。（　　）

2. 若婴幼儿出现气管异物，可以马上让婴幼儿吃馒头或喝水把异物咽下去。（　　）

3. 小宇在家玩滑板扭伤了脚，爸爸立即用热毛巾给小宇敷脚，以减轻肿胀。（　　）

4. 婴幼儿便秘严重时，可采用肥皂条通便法和开塞露通便法刺激婴幼儿排便。（　　）

5. 婴幼儿发烧时要多穿衣服、多盖被子，让婴幼儿发汗以促进身体的恢复。（　　）

三、简答题

1. 简述“三浴”锻炼和抚触对婴幼儿生长发育的作用。

2. 简述婴幼儿的用药原则。

3. 简述婴幼儿常见意外伤害的危险因素。

四、思考题

1. 家庭中婴幼儿常见的意外伤害有哪些？家长应如何预防与处理？

2. 家长应如何帮助婴幼儿做好“三浴”锻炼？

五、实操训练

1. 分组实操练习婴幼儿抚触。

2. 分组实操练习婴幼儿各种常见意外伤害的急救方法。

第六章　婴幼儿家庭教育实施指导

学习目标

知识目标

1. 了解婴幼儿粗大动作、精细动作、听说能力、认知能力发展的意义。
2. 了解婴幼儿粗大动作、精细动作、听说能力、认知能力发展的特点与规律。

能力目标

1. 掌握婴幼儿粗大动作、精细动作、听说能力、认知能力的发展规律。
2. 能就婴幼儿的粗大动作、精细动作、听说能力、认知能力发展进行家庭训练指导。

素养目标

1. 通过学习婴幼儿动作、听说、认知发展基本规律，理解对其进行能力训练的意义。
2. 通过了解婴幼儿的动作、听说、认知发展训练方法，主动关注、宣传相关知识。

本章导览

- 婴幼儿家庭教育实施指导
  - 婴幼儿粗大动作能力训练指导
    - 婴幼儿粗大动作的概念
    - 婴幼儿粗大动作发展的意义
    - 婴幼儿粗大动作发展的规律与特征
    - 婴幼儿粗大动作能力训练
  - 婴幼儿精细动作能力训练指导
    - 婴幼儿精细动作的概念
    - 婴幼儿精细动作发展的意义
    - 婴幼儿精细动作发展的规律与特征
    - 婴幼儿精细动作能力训练
  - 婴幼儿听说能力训练指导
    - 婴幼儿听说能力发展的意义
    - 婴幼儿听说能力发展的规律与特征
    - 婴幼儿听说能力训练
  - 婴幼儿认知能力训练指导
    - 婴幼儿认知能力发展的意义
    - 婴幼儿认知能力发展的规律与特征
    - 婴幼儿认知能力训练

案例导入

在尊重和爱的世界里尽情涂鸦

所有的孩子都爱涂鸦，朵朵也不例外！最开始，她只是在画板上随便画。后来，她发现墙上也能画，以至于家具、鱼缸、衣服、电器、包装盒都没能幸免！我总是不经意地发现，这儿多了几笔，那儿又画了一团，到处都是像龙卷风、毛线团那样的痕迹。虽然一眼看上去乱乱的，但仔细欣赏，你就会发现这里面的乐趣和美！

后来，我和朵朵约定好，划分了可以涂鸦的区域。餐厅区和电视背景墙归姐姐，沙发背景墙和书房是她的“地盘”，大家只能在自己的区域画。朵朵牢牢记住了这个约定。从此以后，朵朵就在自己的区域画画，一有时间就去画几笔，不知不觉，整面墙都快画满了！

问题：孩子的涂鸦意味着什么？你遇到孩子在家里到处乱涂时应该怎么办？

第一节　婴幼儿粗大动作能力训练指导

一、婴幼儿粗大动作的概念

根据不同部位、不同大小的肌肉或者肌肉群产生的动作差异，可将人体的动作概括为两大类：粗大动作与精细动作。粗大动作往往又被称为大肌肉动作，主要指那些由人体头颈、躯干、四肢等大肌肉或大肌肉群产生的动作，它们往往是发展人体动作技能的基础，包括了位移技能、非位移技能与操作技能，如：抬头、伸手、提腿、翻身、坐立、爬行、站立、行走、跑步、上下楼梯、单脚站立、跳跃、推拉、抛接、踢、攀岩、骑脚踏车、游泳、球类等运动等。婴儿期的大动作发展进程大致可简要概括为：二抬、四翻、六会坐、七滚、八爬、周会走。1～3 岁幼儿期粗大动作的发展主要是动作协调、平衡等动作技能的进一步提高。

二、婴幼儿粗大动作发展的意义

（一）婴幼儿粗大动作的发展是大脑成熟的重要指标

婴幼儿时期是大脑发育的关键期，粗大动作的发展可以增强大脑发育的协调性，使人脑各有关部位的神经联系更加丰富、更加精确，对婴幼儿自信心的培养和独立性的形成具有促进作用。

（二）婴幼儿粗大动作的发展有利于提高平衡

平衡能力是婴幼儿必须具备的基本能力，空间知觉能力对思维有明显的促进作用。平衡能力的提高对于婴幼儿对各种感观信息的接受、传导及统合都有明显的促进作用。翻跟头、滚动、滑板、攀登、走平衡木、旋转及左右手和左右脚的协调活动（踢球、跑步、上下楼梯等）的训练都能有效提高身体平衡能力和空间感知能力。

（三）婴幼儿粗大动作的发展有利于促进注意力的发展

粗大运动训练可以帮助婴幼儿改善注意力，运动过程本身就需要集中注意力，如拍球、抛接球、滑滑梯、走平衡木等，特别是走平衡木对训练注意力的集中很有帮助。另外，孩子对活动的物体很感兴趣，兴趣可以引起注意，这样经过一段时间的训练，便会发现孩子的注意能力有了一定的提高。

三、婴幼儿粗大动作发展的规律与特征

（一）婴幼儿粗大动作发展的规律

婴幼儿粗大动作发展的规律主要包括以下三个方面。

1. 由头至脚的发展

即从身体上部动作发展到下部动作。婴幼儿最早的动作发生在头部，其次在躯干，

最后是下肢，沿着抬头、翻身、坐、爬、站、行走的方向发展。

2. 由近端至远端的发展

即先从躯干发展，建立躯干的稳定性，然后再建立肩膀及髋关节的稳定性，最后发展手脚的动作。

3. 由粗略而整体至精细且协调的发展

即最初的动作是全身性的、笼统的、散漫的，以后逐步分化为局部的、准确的、专门化的。

（二）婴幼儿不同年龄阶段粗大动作发展的特征

1. 0～1 岁婴儿粗大动作发展的特征

（1）0～2 个月。俯卧时会转头。俯卧时头能抬至 45°，仰卧时手脚会乱动，且两脚会在空中交互踢，身体被直立抱起时，头虽会左摇右晃但脖子会用力使头颈挺直。

（2）3～5 个月。俯卧时会用手肘支撑。能将头、胸部抬高，头能抬高至 90°。俯卧时会将手臂伸直，以手掌撑床，将头、胸部抬高。能从俯卧翻身至仰卧。从仰卧被拉起时，头不会往后仰。从仰卧被拉至坐时，会主动抓住对方的手坐起。被扶着腋下站立时，双脚仅能支撑一点点身体重量。

（3）6～8 个月。坐在椅子上身体会挺直。被扶着腋下站立时，双脚能支撑身体的大部分重量。坐时仅靠手轻微撑地，能独立坐稳几秒钟。仰卧时头会抬高。能从仰卧翻身至俯卧。俯卧时肚子贴地，身体会打转。会肚子贴地匍匐前进。被人扶着站立时，双脚会原地连续跳。

（4）9～11 个月。趴着的时候，肚子离地，会用手及膝盖、异侧手脚交错地爬行移动。不需靠手撑地能独自坐稳十分钟。坐时会扶着家具站起来。站时身体会慢慢坐下去。会扶着家具或东西边缘走。一手被牵着时会向前迈步。能独自站立。

2. 1～2 岁幼儿粗大动作发展的特征

（1）12～15 个月。能独立行走。能用爬的方式上楼梯。站立时会把球丢出去，但无法丢在定点。行走时起动、停止及转弯皆能控制自如不会跌倒。能独立从俯卧转换至站立。能倒退走。

（2）16～19 个月。会跑步但不稳。能用一手扶着扶手上楼梯。能用爬的方式下楼梯。会由站姿坐到小椅子上。会爬上大人坐的椅子。扶着时能单脚站。

（3）20～23 个月。能用一只手扶着扶手下楼梯。会蹲着玩，且不扶东西能从蹲姿转换至站姿，或从站姿转换至蹲姿。能双脚同时离地原地跳跃。

3. 2 ～ 3 岁幼儿粗大动作发展的特征

（1）24 ～ 27 个月。会扶着扶手，用双脚同上一阶梯的方式来上下楼梯。会双脚同时站在平衡台上不会跌倒。会踢球。能双脚一起从楼梯最后一阶往下跳。

（2）28 ～ 31 个月。会用脚跟接脚趾的方式行走。会单手抬高过肩丢小球 1.5 ～ 2m 远。在平衡台上能用脚跟接脚趾的方式行走不会跌倒。能以大人的方式从仰卧转换到站姿。

（3）32 ～ 36 个月。会脚踩踏板骑三轮车。会两脚交替上下楼梯。能单脚站立不跌倒。会以大人的走路模式行走（走路时，脚着地的刹那，另一脚的脚板抬高，脚趾伸直）。走路时双手交替摆动自然。跑起来很平稳。

四、婴幼儿粗大动作能力训练

（一）婴幼儿粗大动作能力训练的原则与注意事项

婴幼儿粗大动作能力训练主要遵循渐进性原则、适宜性原则与趣味性原则。在日常的训练过程中应当遵守如下注意事项：

（1）训练动作技能要循序渐进，不可操之过急。

（2）选择的训练项目要适合婴幼儿的年龄特点。

（3）训练时要注意上下肢同时进行刺激。

（4）训练应做到时间短、次数多。

（5）训练时要关注婴幼儿的情绪和表情，成人要随时用表情和语言跟婴幼儿沟通。

（二）婴幼儿粗大动作能力训练的阶段性特点

1. 0 ～ 6 个月

原始反射支配时期，以移动运动为主。

发展特点：仰卧、侧卧、俯卧、翻身、蠕行、抱坐、扶坐等。

目的：增强颈部、背部、腰部的力量，促进身体全面发育。

2. 7 ～ 12 个月

步行前时期，以移动运动为主。

发展特点：独坐、爬行、扶站、姿势转换、花样爬（障碍爬）、扶走等。

目的：增强背部、腰部、腿部的力量。

3. 13 ～ 18 个月

步行时期，以行走平衡感发展为主。

发展特点：站立、独立走（向不同方向走、直线走、曲线走、侧身走、倒退走）、攀登、掌握平衡等。

目的：增强腰部、腿部力量，促进综合协调能力的发展。

4. 19 ～ 36 个月

基本运动技能时期，以技能运动为主。

发展特点：跑（追逐跑、障碍跑）、跳（原地向上跳、向前跳）、投掷（投远、投向目标）、单脚站立、翻滚、走平衡木、抛物接物、玩运动器械（坐滑梯、荡秋千、蹬童车）等。

目的：增强背部、腰部、四肢的力量，促进身体全方面综合协调发展。

（三）婴幼儿粗大动作能力训练指导要点

1. 抬头

增强颈部力量，为翻身独坐做准备。学会抬头，可以扩大婴儿视野，促进智力发展。游戏设计：0 ～ 3 个月婴儿，每天 4 到 5 次。

（1）俯卧转头：0 ～ 2 个月，抚触时，俯卧，转头。

（2）亲子头碰头：0 ～ 3 个月，与母亲头碰头练习。

（3）竖抱抬头：0 ～ 3 个月，喂奶后，拍嗝。

（4）俯腹抬头：1 ～ 3 个月，空腹放在母亲胸前，俯卧在母亲腹部，逗引抬头。

（5）横托抱练抬头：0 ～ 3 个月，横托抱，训练婴儿脖颈力量。

（6）俯卧抬头：两次喂奶之前，让婴儿俯卧，轻轻按摩婴儿背部，逗引抬头并左右转头。

（7）照镜子抬头：1 ～ 3 个月，锻炼颈部的肌肉，训练用上臂支持身体的能力。

2. 翻身

增强背肌和腹肌的力量，帮助婴儿掌握翻转的技巧。游戏设计：3 ～ 6 个月婴儿每天 4 ～ 5 次，喝完奶半小时后进行，每次 1 ～ 2min。

（1）被动翻身：握婴儿的手将其拉起变侧卧位—将婴儿左腿放在右腿上—轻轻刺激婴儿背部。

（2）逗引翻身：婴儿侧卧—用玩具在婴儿一侧引逗—婴儿半自主翻身。

（3）背单翻身：训练体验翻身，婴儿仰卧，同时拉高一边被单。

（4）卷卷翻身：把婴儿用毛巾包成“春卷”，再从一侧拉起，让婴儿滚动、翻身。

（5）翻身过物：5～6个月，摆放障碍—练习越物—翻身灵活—反复训练。

（6）翻身打滚：5～6个月，仰卧—侧卧—俯卧，训练婴儿翻身的灵活性，及视听觉与头、颈、躯体、四肢肌肉活动的协调。

3. 坐

锻炼婴儿脚腿的伸屈能力及腰部的力量，促进婴儿身体整体的协调。游戏设计：

（1）扭扭操：2～5个月，婴儿平躺，拉双脚—将左脚抬起，交叠于右脚上—再反过来（重复10次）。

（2）逗逗飞（抱坐）：手指游戏。

（3）拉大锯（拉坐）：婴儿先仰卧，母亲双手拉婴儿坐起。

（4）小小不倒翁（坐稳不倒）：6～10个月，训练平衡能力和节奏感。这个游戏应在婴儿马上要学走路之前进行，最好每天练习几次，直到孩子能够走路。孩子会走路后，也可利用这个游戏进一步训练其平衡感。

4. 爬

爬行是婴幼儿成长过程中的一个重要环节。家长们千万不要忽视爬行的作用，不要因为孩子四处爬而限制他们爬行的自由，因为孩子在爬行中能够获得各方面的好处。游戏设计：

（1）反射性匍匐动作（蹬爬）：新生儿期，俯卧位时可做反射性匍匐动作，洗澡后抵足。

（2）上下肢练习（爬行前准备）：单臂支撑训练、踢腿跪膝练习、两腿交叉练习、四肢协调爬行练习。

（3）上下坡爬行：爬行过程可使前庭平衡系统得到充分的训练。

（4）手足爬行：用毛巾提起婴儿腹部。

（5）花样爬行：用玩具逗引婴儿向前、向后、向左、向右爬行。

（6）双侧交互爬行：像四肢动物一样爬行。

（7）爬跪站坐训练：在爬行时，让婴儿停下来改做其他动作，然后再继续爬行，如把跪立、攀物站起、坐下、俯卧等动作与爬行组合在一起，使婴儿在爬行的过程中不断变换动作，以刺激大脑细胞的活动，培养平衡能力。

5. 站

游戏设计：

（1）扶物站起：诱导婴儿扶着东西（椅子、小床等）站起来，婴儿站立时用玩具逗引 3 ～ 5min，扶住孩子的双手让其慢慢坐下。

（2）坐膝站起：成人盘腿坐在地垫上，让婴儿坐在成人腿上，成人帮助其站起来再坐下，反复多次。

（3）座椅站起：让婴儿坐在高度适宜的椅子上，练习站起来再坐下。

（4）蹲站：1 岁婴儿适用，站起时要给婴儿一个可以借助的力量。

（5）站起坐下：成人用语言要求婴儿站起或坐下，训练婴儿较灵活地站起、坐下的能力，建立平衡感。

6. 行走

锻炼婴幼儿腿部肌肉，为站立行走做准备，发展婴幼儿的平衡能力及动作的协调性。游戏设计：

（1）蹬自行车：2 ～ 5 个月，做被动操、主被动操。

（2）移步行走：1 岁左右婴幼儿，让孩子踩在成人脚上，成人移动行走，让孩子体验行走的感觉。

（3）扶东西走：在成人搀扶下能做蟹行。

（4）推车走：不宜用助走车，可提供小推车，让孩子扶着推车的扶手，边推车边走，家长在旁边保护，及时用语言鼓励。

（5）独走几步：两个成人面对面站立，逗引孩子独自行走。

（6）跨越障碍：18 个月后，可人为设置一些障碍物，让幼儿尝试迈过障碍物。

（7）坡度走：18 ～ 24 个月，在带有斜坡的路面上从下往上走，或从上往下走。

（8）有难度走：24 个月后，练习走直线、踩脚印、交替踩、走 S 线、走环形线、直角走、高低杠走、向后走。

7. 跑

游戏设计：

（1）抱着跑、袋鼠跑、火车跑：成人抱着孩子变换不同的速度、不同的方向跑，以锻炼孩子耳内半规管的适应能力。

（2）跑步扶停：孩子刚会跑的时候平衡感不够好，动作的控制能力不够强，让孩子向家长方向跑，家长扶停。

（3）牵着跑：成人和孩子面对面，牵着孩子的两只手，慢慢向后退，待其适应后只牵其一只手，跑时不要用力握孩子的手，尽量让其自己掌握平衡。

（4）逗着跑：用一只皮球或叮当作响的铁罐用力向前滚作为目标，成人与孩子一起抢目标物体。

（5）放手跑：成人在距离孩子 2m 远的地方蹲下来，鼓励孩子快速跑过来，到达以后将孩子抱起来。

（6）自动停稳跑：在孩子跑时喊口令“一、二、三，停”，使其渐渐学会将身体伸直、步子放慢，平稳地停下来。

第二节　婴幼儿精细动作能力训练指导

一、婴幼儿精细动作的概念

精细动作是指手和手指的动作，主要包括眼手协调、手指屈伸和指尖动作等局部活动。人的精细动作能力是长期进化的结果，人类在手足分工之后，获得充分使用手的条件，逐步形成了手部特别是手指灵巧而精确的操作能力。在婴幼儿时期精细动作发展迅速，从双上肢整体的动作开始，逐步分离出单侧上肢、手掌、手指的独立活动，并在感知觉的参与、协同下，逐渐形成目的明晰、指向精确的选择性动作，是人类特有的高级功能之一。手部精细动作是由人脑的高级神经中枢发送指令来完成的动作，手部动作越精细，控制手部动作的大脑区域就越大。手部精细动作和孩子的智力发展紧密相关，我们可以通过锻炼精细动作来促进婴幼儿手眼协调能力的发展。

二、婴幼儿精细动作发展的意义

（一）有助于婴幼儿生活自理能力的养成

随着年龄的增长，婴幼儿的自我意识得到进一步发展，其自我服务意识也愈加强烈。这种自我服务意识体现在日常生活中的方方面面，比如穿衣服、穿鞋、系鞋带、扣纽扣、用筷子、用勺子、端杯喝水等，这些都需要宝宝手部小肌肉群的共同协作，也需要手眼协调。自我服务劳动具有即时性、生活性、经常性的特点，婴幼儿处在轻松、自然的生活氛围中，经常动手、日积月累、积少成多，其精细动作就可以在潜移默化中得以发展，自我服务能力也能得到持续的提高。

（二）促进婴幼儿认知能力的发展

从 20 世纪 80 年代开始，国内外就逐渐开始进行婴幼儿精细动作发展与脑认知发展的行为学研究。在对癫痫、脑瘫、中风、脑外伤等颅脑疾病患者进行手部手指以及手眼的精细动作训练时，许多患者的感觉、知觉、记忆、思维、言语等认知水平常伴有不同程度的提高。通过对这些患者脑部疾病的康复训练，医学领域获得了最初的医学经验，意识到脑部损伤的康复与精细动作发展存在着密切的关系。同时，教育学、心理学领域的研究进一步证实了医学领域的推测。对以运动发育迟缓（包括大动作和小动作）为主要特征的婴幼儿的调查研究显示，该类患儿常常同时伴有感知觉、记忆、思维、语言等认知困难，并且与其他类型的认知障碍也存在较高的同现率。

（三）促进婴幼儿神经系统的生长发育

现代脑生理学研究表明，人类的脑功能具有区域性特点，即人脑的不同部位各有比较偏重的某项功能。但这并不是说这个部位一定是负责做什么的，所谓的分工也不是绝对意义上的。在脑的动作神经中枢里，有掌管手运动功能的神经组织，使手在运动时，与大脑相应管理手功能的神经元相联系。手的动作越精细，操作程度越复杂，相应区域在大脑上占的面积越大。一般来说，拇指与食指能完成相当复杂的精细动作，相应区域在大脑的运动中枢上占很大的面积，因为它需要有许多复杂功能的神经元支撑。

三、婴幼儿精细动作发展的规律与特征

（一）婴幼儿不同年龄阶段精细动作发展的规律

婴幼儿不同年龄阶段精细动作发展的规律如下。

1. 动作混乱阶段

1 个月以内的婴儿，动作没有条理，只是胡乱摆动，常常紧握小手。

2. 无意触摸阶段

2 ~ 3 个月的婴儿，手偶尔碰到物体就会去抚摸，特点是手只会沿着物体的边缘移动而不会抓握，是纯粹的无意动作。

3. 无意抓握阶段

3 ~ 4 个月的婴儿，东西放在婴儿手掌上他会去抓握，甚至能抓在手里摇晃，但这并不是他有意的操控，只是手的偶尔挥动。

4. 手眼协调阶段

4 ~ 6 个月的婴儿，手眼不协调的抓握之后会慢慢发展出手眼的协调，表现为：

（1）能够按照视线去抓住所看见的东西。

（2）动作有了简单的目的和方向。

（3）动作虽然有目标，但还伴随着许多不相干的动作。

（4）当手里拿着一件东西时，如果看见另一件东西，就会把手里的东西扔掉，去拿

另一件东西。

5. 手的动作灵活丰富阶段

6 ～ 12 个月的婴儿，手的动作日益灵活起来，表现为：

（1）6 个月以后学会双手配合，能够把一只手里拿着的东西放到另一只手里。

（2）五指分工逐渐灵活，7 个月左右大拇指的动作和其他手指动作逐渐分化。

（3）喜欢摆弄物品，把东西搬来搬去，敲打、摇晃。

（4）喜欢重复动作，许多婴儿常常喜欢把东西扔到地上，等着家人拾起来后，反复再扔。

6. 使用工具阶段

1 岁以后幼儿逐渐能准确地拿各种东西；1 岁半左右的孩子已不再是随意地敲敲打打，而是根据物体的特性来使用；2 岁以后，幼儿能够自己用小毛巾洗脸，能够拿起笔来画画。

（二）婴幼儿不同年龄阶段精细动作发展的特征

1. 0 ～ 1 岁婴儿精细动作发展的特征

0 ～ 1 岁婴儿手眼协调不仅代表婴儿精细动作能力的发展水平，同时也标志着婴儿智力的发展水平。0 ～ 1 岁婴儿精细动作发展特点为：新生儿具有先天的握持反射，所以，婴儿常常两手紧握成拳；3 个月左右，当婴儿握持反射消失后就有了主动抓握物体的能力；当婴儿能将玩具从一只手换到另一只手，说明婴儿两个大脑半球已经能协调配合。

2. 1 ～ 2 岁幼儿精细动作发展的特征

1 ～ 2 岁是使幼儿小肌肉变得更加灵活的关键阶段。其精细动作发展特点为：1 ～ 2 岁幼儿手部小肌肉群已经有了较好的发展，具备了灵活运动的能力，掌握了许多基本动作，可以自如地摆弄一些比较小的物体，但其上肢和手部基本动作发展还不完善，经常让幼儿摆弄物体和玩具，可以帮助幼儿发展手部的基本动作。与此同时，幼儿的内心世界也更加丰富起来，好奇心特别强，只要是眼睛看到的、手抓到的东西他都非常感兴趣，拿来往嘴里塞、咬，敲敲打打地玩个不停。此时父母应注意为幼儿营造一个清洁、安全、温馨的生活环境。

3. 2 ～ 3 岁幼儿精细动作发展的特征

在 2 ～ 3 岁这个阶段，陪伴者要给幼儿多动手的机会，通过大脑的思维和眼睛的观察不断纠正，改善幼儿手指动作的精细化程度。2 ～ 3 岁幼儿精细动作发展特点为：这一时期是幼儿建构构思发展的敏感期，又是幼儿小肌肉协调性发展的敏感期。幼儿双手的灵活性、协调性以及手的控制能力有了明显的提高，手眼协调能力有了很大的发展，手指和手腕灵活协调地配合互动。随着思维和动作的发展，幼儿产生“自己动手”的强烈愿望，陪伴者可以利用一些简单工具来锻炼幼儿的精细动作，训练其手指灵巧程度，开发其智力，培养其生活自理能力。

四、婴幼儿精细动作能力训练

（一）婴幼儿精细动作能力训练的原则

1. 坚持刺激性原则

在婴幼儿发展的不同时期，提供合适的刺激物，让婴幼儿有机会进行触摸、抓握、拍打、敲打、拼插等各种精细动作的训练，可以发展良好的感知觉和动作行为，促进大脑细胞的发育和手眼协调能力的形成。

2. 落实操作性原则

精细动作能力训练离不开配套的操作玩具，这种玩具不是让婴幼儿自行玩耍，而是在成人的引导下，有步骤地进行操作，等婴幼儿掌握了操作技巧后，就可以让婴幼儿自行玩耍。

3. 保证递进性原则

精细动作的发展是由简单到复杂的过程，这也是大脑发育逐渐成熟的过程，因此向婴幼儿提供的玩具学具也需要遵循由简单到复杂的递进性原则。

（二）婴幼儿精细动作能力训练的注意事项

（1）婴幼儿精细动作能力训练时要注重的是训练过程对大脑发育的作用，而非过分追求技能的结果。

（2）婴幼儿精细动作能力训练要结合日常生活进行，要生活化、具体化、游戏化，不要错过日常生活中训练精细动作的好机会。

（3）婴幼儿精细动作能力训练时要考虑精细动作发展的个体特点，采取因材施教的方式。

（4）要注意双手同时进行训练，还要特别加强左手的训练（普通孩子），促进大脑全面发展。

（5）要注重趣味性，注意做与玩的结合，提高孩子的综合素质，无论孩子掌握的动作在成人看来是多么简单，都要给孩子由衷的欣赏和赞许。

（三）婴幼儿精细动作能力训练指导要点

1. 新生儿阶段

目标：训练抓握反射。

具体方法：准备一个布制的摇铃让新生儿抓握，最好是黑白色或者是对比强烈的颜色，这样可以更好地吸引婴儿的注意力。通过摇铃训练婴儿小手的抓握能力，从而增强手指的触觉，扩展手的活动范围。

2. 1 ～ 3 个月

目标：进一步锻炼手部的抓握能力。

具体方法：轻轻抚摸婴儿的手背，刺激婴儿手部的反射动作。给婴儿准备一些方便抓握的玩具，练习抓、握、摇、捏等动作，继续训练婴儿小手的握持能力，并且引导婴儿观察和玩自己的小手。

3. 4 ～ 6 个月

目标：锻炼小手的灵活性。

具体方法：在婴儿伸手可及的范围内，悬挂一些容易抓握、带有声响的玩具，逗引婴儿向左右侧转或向前抓握玩具，以锻炼婴儿手眼协调能力和准确抓握能力；引导婴儿将玩具从一只手换到另一只手；也可以准备一些面巾纸让婴儿撕着玩，以培养婴儿手指的灵活性。

4. 7 ～ 9 个月

目标：培养用手解决问题的能力。

具体方法：准备一些面包片、香蕉丁等大小、软硬适中的食物，让婴儿用手抓着吃，以锻炼婴儿手眼协调能力；和婴儿玩积木游戏，引导婴儿学习如何把抓住的东西放开；把积木放在婴儿够不到的餐垫上，引导婴儿通过拉近餐垫来取得积木；鼓励婴儿双手拿着两个玩具对敲，培养手的灵活性。

5. 10 ～ 12 个月

目标：锻炼婴儿拇指和食指的协调性。

具体方法：给婴儿买些适合的绘本，练习翻页并培养阅读的兴趣；练习用拇指和食指将瓶盖打开再合上的动作；把小积木放在布或者纸下，引导婴儿将布或者纸掀开后取出积木。

6. 13 ～ 18 个月

目标：引导手部精细动作和认知能力同步发展。

具体方法：培养幼儿用笔涂色的兴趣。引导幼儿画竖线（如画小树、小草等）；引导幼儿画横线（如画马路等）。给幼儿准备一个有不同形状小孔的镶嵌盒，引导幼儿将形状相对应的零件塞进镶嵌盒里，这也可以让幼儿在活动小手的同时认识不同的形状。

7. 19 ～ 24 个月

目标：通过手部动作培养创造力和专注力。

具体方法：准备一些安全环保的橡皮泥玩具，让幼儿尽情地发挥想象力，随意揉捏，充分发挥创造力；还可以多让幼儿玩穿珠游戏，培养幼儿对事物的专注力。

8. 25 ～ 30 个月

目标：培养手指的控制能力。

具体方法：给幼儿一双小巧的玩具筷子，教幼儿如何用筷子夹起盘中的枣、花生、糖果等，锻炼幼儿手指的操作能力和控制力。

9. 30 ～ 36 个月

目标：进一步发展手脑协调能力。

具体方法：准备一些花花绿绿的纸，和幼儿一起玩剪纸游戏；还可以引导幼儿进行简单的描画或填色游戏，进一步发展幼儿手脑协调的能力。

第三节　婴幼儿听说能力训练指导

一、婴幼儿听说能力发展的意义

0 ～ 3 岁是学习语言的最佳时期，婴幼儿大脑皮层的语言区特别敏感，容易对听到的语音进行记录和整理；1 岁以前是婴儿分辨语音的敏感期，在此时期营造面对面的语言交流环境，有利于婴幼儿在 1 岁后接受新的语音；1 ～ 2 岁是婴幼儿理解词意的敏感期，在此时期加强看和听说相结合的训练，有利于提高婴幼儿的理解能力，更容易听懂成人说的话。发音是说话的准备，经常训练婴幼儿的发音，可以促进婴幼儿发音器官的发育及协调性。婴幼儿的听说能力是婴幼儿与同伴和成人之间沟通的工具。

二、婴幼儿听说能力发展的规律与特征

（一）婴幼儿听说能力发展的规律

婴幼儿听说能力发展是一个由量变到质变，连续、有规律的过程。每个婴幼儿开始使用语言的时间不尽相同，但听说能力发展的阶段大体相同。其发展阶段可划分为：0 ～ 1 岁前语言阶段，1 ～ 2 岁语言发展阶段，2 ～ 3 岁基本掌握口语阶段。

1. 0 ～ 1 岁前语言阶段

在这个阶段，婴幼儿的语言发展主要体现在语音感知和理解方面，处于语言发展的

准备期。

（1）简单音节阶段（0～3个月）。

这个阶段婴儿语言发展的特点表现为：1）听觉较敏锐，对语音敏感，具有一定的辨音水平。2）用不同的哭声代表不同的意思。3）能发出一些单音节（如a、e、u等）和“咯咯”的笑声。

（2）连续音节阶段（4～8个月）。

这个阶段婴儿语言发展的特点表现为：1）开始“咿呀学语”，有时能无意识地发出mama、baba、papa等连续音节。2）懂得简单的词、手势和命令。3）出现小儿语。如d-a、d-a、da—；b-a、b-a、ba—。4）发音接近成人的语音。

（3）学话萌芽阶段（9～12个月）。

这个阶段婴儿语言发展的特点表现为：1）发出的连续音节明显增加。发音更加频繁，可将音节连在一起重复地发出。如du-du-du-。2）听懂和能理解的词语明显增多。能理解拍手、摇头、再见、不可以等常用词语的意思。3）倾听和辨音能力进一步提高。如听到呼喊声会较快地转向声源，能直接找到声源（9个月左右）。4）会开口说话。

2. 1～2岁语言发展阶段

1岁前为口语发生期，从1岁起婴幼儿就进入了正式学习语言的阶段。1～2岁幼儿的口语处于不完整句时期，从单词句阶段发展到简单句阶段。

（1）单词句阶段（1～1岁半）。

单词句指婴幼儿用一个单词来表达比该词意义更为丰富的意思。单词句阶段的词所表达的意思是不精确的，往往是和这个词的相关情境相联系的，成人需要将婴幼儿说话时附加的手势、表情、体态等因素结合起来理解，才能确定他们说话的意思。

在语音方面，婴幼儿模仿发音的积极性明显提高，常常自发地模仿他所听到的音。这个阶段婴幼儿模仿发音的特点是：

1）单音重叠的现象普遍，连续的音节增多，如a-ba-ba-ba-ba；2）近似词的音节也增多，如ba-bu；3）无意义的音节逐渐减少；4）不完整地模仿词音，如成人说“小汽车”，婴幼儿会说“车”或者“车一车”。

在词汇方面，这个阶段幼儿说出的词有四个明显的特点：一是以音代物，如把汽车称作“嘀嘀”。二是以词代句，即明显的单词句特点，如婴幼儿说“球球”，在不同的情景下可能代表不同的意思，比如“这是球球”“我要球球”等。三是一词多义，说出的一个词并不只是代表一个意思，而是代表多种意思，如婴幼儿说“妈妈”，这时“妈妈”常常反映多种意思，有可能是让妈妈抱，也有可能是想喝水或吃东西，还有可能是要玩玩具；四是词的泛指性，如“饭饭”代表所有的食物。

（2）简单句阶段（1岁半～2岁）。

1岁半以后，婴幼儿说话的积极性显著提高，会逐渐用简单句表达自己的意思，每个词开始代表一个明确的事物或动作，表达的意思远比单词句时清楚，但是每个句子都比较短小，大部分在5个字以内，也称“电报句”。

在语音方面，幼儿已经掌握了双唇音、舌面音的发音，但还不会区分平舌音z、c、s和翘舌音zh、ch、sh，前鼻音n与后鼻音ng，不会准确发边音l。

在词汇方面，幼儿的词汇量迅速增加，由掌握几十个词，发展到掌握300多个词，会使用的词近70%仍然是名词，但动词、形容词、数词、副词等也出现在婴幼儿的话语中。

在句式方面，此时期是多种句式并存的阶段。常用的句子有单词句（大约占1/3）、简单句（占1/2以上）、复合句（不到1/10）。他们使用句子的特点是短句多，句子大都在5个字以内，使用的简单句是结构完整而无修饰语的简单句，如“妈妈抱抱”。两岁左右的幼儿开始使用少量的复合句，多是属于最简单的、只由两个短句组成的句子，不用连接词。

3. 2～3岁基本掌握口语阶段

2岁以后，幼儿开始学习运用合乎语法规则的完整句更为准确地表达意思。研究证明，2～3岁是学说话的关键时期，是复合句发展阶段，是基本掌握口语的阶段。

在语音方面，幼儿的发音器官逐渐发育成熟，发音困难日渐减少，但在区分平舌音和翘舌音、前鼻音与后鼻音方面还存在问题，能准确发出这些复杂的音要在3岁以后。

在词汇方面，2～3岁是词汇量迅速增加的时期，一年当中掌握的词可由300个猛增到1 000个左右，词的种类和对每类词所含内容的认识都扩大了许多，词的泛化现象明显减少，对词义的理解也日益接近成人用词的含义，词的概括性程度进一步提高，如对“树”“花”等，已能理解为代表一类事物的词。

在口语表达方面，婴幼儿开始能用比较完整的句子与人交流，表达个人的要求和愿望。他们所使用的句子中，陈述句占绝大多数，经常出现的复合句已占总句数的1/3以上，但仍然是省略连词的简单句的组合。句子的含词量已达6～7个。

2岁以后，幼儿开始喜欢听故事和理解简单的故事情节，而且一个故事可以听多遍，喜欢诵读短小的儿歌。

婴幼儿听说能力发展顺序及平均年龄如表6-1所示。

表 6－1　婴幼儿听说能力发展顺序及平均年龄

月龄	听说能力发展情况
7 天	婴儿对声音作出一些反应
37 天	微笑着对刺激作出反应、发出长元音、转向说话的人、说“啊－咕”、发出咂舌声
5	转向叮当响的铃铛
6	咿呀学语
7	向上侧转看叮当响的铃铛
8	无区别地说“dada”和“mama”
9	玩躲猫猫这样的姿势游戏、直接看叮当响的铃铛、听懂“不”字
11	把“dada”和“mama”做名字用、对加手势的指示命令作出反应、说出第一个词
12	说出没有真正词的无意义的“句子”、说出第二个词
13	说出第三个词
14	对没有手势的直接命令作出反应
15	说出 4～6 个词
17	用一些真正的词说出无意义的句子、能够指出身体的 5 个部位、说出 7～20 个词
19	形成双词联结
21	形成双词句，能说出 100 个左右的词
24	能说出 300 多个词，近 70% 是名词，不加区别地使用代词
30	有区别地使用代词
36	掌握 1 000 个左右的词、使用复数、说出三词句

（二）婴幼儿听说能力发展的特征

1. 理解先于表达

语言交往需要具备理解能力和表达能力，一般在婴幼儿能说出 10 个词之前，他们就已经能听懂 50 个词了，因此理解是语言发展的基础，听懂话是说话的前提。

2. 非口语表达突出

口语表达包括发音、音调、语法、语意等，非口语表达包括书面表达和身体动作表达。在婴幼儿期，非口语表达比较突出。婴幼儿期的非口语表达主要依靠眼神、身体姿势及动作，它们都可以正确表达婴幼儿的感受和需求。

3. 对词的理解是有序的

婴幼儿理解成人的语言是按照名词→动词→其他词类的顺序进行的。所以，成人一般先告诉婴幼儿这是什么，让婴幼儿给周围的事物配上名称，属于名词阶段；再告诉婴幼儿做什么，属于动词阶段；最后才告诉婴幼儿事物的性质，属于形容词阶段。

4. 语言的理解与经验有关

婴幼儿对语言的理解是建立在婴幼儿的感知经验、概念建立、对符号口语理解的基础上的。所以概念的建立、掌握词汇的多少，是衡量婴幼儿语言发展水平的一个重要标志。

三、婴幼儿听说能力训练

（一）婴幼儿听话能力训练

倾听是婴幼儿感知和理解语言的行为表现，婴幼儿只有懂得倾听、乐于倾听，才能真正理解语言的内容、形式和运用方式，掌握与人进行交流的技巧。因此，培养婴幼儿的倾听能力非常有必要。

1. 婴幼儿听话能力训练目标

（1）喜欢听优美、悦耳的声音，乐意听别人的声音。

（2）听到别人对自己说话时，能用声音、手势、表情或者单词作出反应。

（3）能安静地倾听并参与成人念儿歌、讲简短故事的活动。

（4）能听懂并执行生活常规的指令。

2. 婴幼儿听话能力训练内容和方法

（1）0～1 岁婴儿听话能力训练内容和方法。

出生后的第一年是婴儿学说话的准备期。此时，婴儿反复地自我发音，其特点是听得多、说得少，理解多、表达少。因此，听话活动是 0～1 岁婴儿最重要的语言教育活动和内容。

0～1 岁婴儿听话能力训练内容主要涉及感知声音、辨别语音及听懂词义等方面。

1）感知声音的训练方法。

A. 创设有声的环境，让婴儿感知声音。如每当婴儿醒来时，成人要对婴儿面带微笑，轻声说话，用亲切、温柔的声音逗引婴儿，如：“宝宝，你醒了，跟妈妈笑一笑，咦，你笑得真美！”

B. 播放优美悦耳的轻音乐，使婴儿产生最初的节奏感和乐感。如给婴儿喂奶或者哄婴儿睡觉时轻哼轻柔的催眠曲或自编儿歌、曲调。

C. 提供尽可能多的不同种类的声音刺激。如让婴儿感受自然界的声音、识别人类活动的声音等。

D. 让婴儿寻找声源。成人可以在不同的方向弄出声音来，让婴儿去寻找声源。

2）辨别语音的训练方法。

频繁的语音刺激既能培养婴儿的语音感知与辨别能力，还可以增加婴儿的发音率。成人的重要任务之一便是为婴儿提供丰富的语音刺激。

A. 区分语调训练。根据不同情景，成人用不同的表情和语调与婴儿对话，使婴儿逐渐能够感受到语言中不同的感情成分，逐渐提高对语言的区别能力。

B. 对不同频率、强度、音色声音的识别能力训练。具体可以采用辨别声音的长短、大小、快慢、相同或不同等方式来训练。

C. 坚持每天与婴儿交谈。成人在给婴儿喂奶、洗澡、换尿布或拥抱他时，都可以用温柔亲切、富于变化的语调反复地与婴儿交谈，告诉他你正在做什么。这样既能传递成人对他的爱，又能使婴儿近距离地观察成人讲话时的口型，以便婴儿模仿发音。这种交流每天可进行 2 ～ 3 次，每次 2 ～ 3min。

D. 给婴儿唱儿歌或念顺口溜。选择短小且富于节奏感的儿歌或简单的顺口溜，在亲子互动、抱着婴儿散步或换尿布的时候，唱或念给他听。每天至少唱念 1 ～ 2 首，每首儿歌至少唱念 3 ～ 4 次。

E. 播放童谣。喜欢听歌曲是婴儿的天性，童谣特有的节奏和韵律最适合婴儿听。照护者可以选择节奏欢快的童谣，随时放给婴儿听，每次放几分钟就行。

3）听懂词义的训练方法。

8 ～ 9 个月时，婴儿开始建立起语音与实物的联系，如妈妈问："灯在哪儿？"婴儿会抬头将目光投向天花板上的吊灯。因此，此阶段不仅要教婴儿听懂词音，而且要教他听懂词义。

A. 训练婴儿把一些词和常用物体联系起来。如父母说"跟奶奶再见"的同时，让婴儿挥挥小手；给婴儿看妈妈的照片，然后发出"这是妈妈"的声音，再指着妈妈的照片问："妈妈在哪里？"婴儿就会有意识地去找。

B. 增加语言交流的机会。成人要在日常活动中主动地、不断地和婴儿用语言进行交流。可以说成人正在做的事，如在洗奶瓶时，可以对婴儿说："宝宝，妈妈正在洗奶瓶。"婴儿在玩玩具时，可以说："宝宝在玩小汽车，小汽车跑得真快。"

C. 给婴儿讲故事、念诗歌、唱童谣。这些规范化、具有韵律且优美的语言会在婴儿的大脑里留下深刻的印象，增加婴儿的词汇量，并提高输入语言的质量。

通过以上训练，从 8、9 个月开始，婴儿便可以开始真正听懂成人所说的话。大约从 10 个月开始，婴儿会说出第一个有意义的单词。

（2）1 ～ 3 岁幼儿听话能力训练内容和方法。

1 ～ 3 岁幼儿的听话内容更为丰富，在良好的语言环境中，此阶段的幼儿逐步能注意倾听他人讲话，并能听懂讲话内容，能逐步分辨语音的差别，能分辨出不同的声音；喜欢听故事、诗歌和童谣，喜欢听成人讲故事，喜欢玩听说游戏等。因此，此阶段听话能力训练的内容主要涉及激发倾听兴趣、创设倾听环境、提供倾听文学作品的机会、开展听说游戏等方面。

1）激发倾听兴趣的训练方法。

成人可以利用大自然的优势，激发幼儿倾听的兴趣，带幼儿去大自然中聆听各种美妙的声音；成人也可以通过游戏、故事等培养幼儿倾听的兴趣；成人讲述故事的声音要抑扬顿挫，声情并茂，并利用手势、表情、动作等体态语言来调动幼儿倾听的积极性和参与度。

2）创设倾听环境的指导方法。

在幼儿入睡前、起床的时候及饭前饭后的空余时间或一些过渡时间，成人可播放一些优美动听的歌曲、故事、儿歌，也可以由教师或家长讲故事等；在带领幼儿外出时，可以让幼儿注意倾听大自然的各种声音（如风声、雨声），倾听各种动物的叫声（如蝉鸣、鸟叫声），倾听各种交通工具的声音（如自行车清脆的铃声、汽车的鸣笛声等）。幼儿听后，成人可以引导幼儿模仿、表达，充分发挥幼儿的想象力和创造力。

3）提供倾听文学作品机会的训练方法。

成人每天让幼儿听一些优美动人、主题鲜明、短小精悍的故事。幼儿较喜欢反复地听同一个故事，成人可以根据具体情况让幼儿讲述故事的大致内容，以提高其学习兴趣。

4）开展听说游戏的训练方法。

A. 游戏“小小录音机”：同伴或家长表达之后，请幼儿尽量将他们所讲的内容原封不动地复述下来。

B. 游戏“猜猜我是谁”：训练幼儿区分熟人的声音和动物叫声的能力。

C. 传声筒游戏：用报纸做成传声筒，让幼儿模仿成人说的话。如妈妈在传声筒一端说“小星星，亮晶晶”，幼儿在另一端重复妈妈的话。

（二）婴幼儿说话能力训练

表述是以一定的语言内容、语言形式以及语言运用方式表达和交流个人观点的行为，是婴幼儿语言学习和发展的主要表现之一。婴幼儿只有愿意向别人表达自己的见解，并且具备表达能力时，才能真正地与人进行交际，达到交流的目的。因此，表述行为的培养是婴幼儿语言教育的重要内容。说话训练就是培养婴幼儿在一定范围内运用语言进行表达和与他人进行交流的能力的语言教育活动。

1. 婴幼儿说话能力训练目标

（1）有“说”的兴趣。

（2）能正确发出基本语音。

（3）学说普通话，会与别人对话或表达自己的愿望。

（4）学习围绕一定的话题交流，培养口语表达能力。

（5）学说简单的语句，愿意用语言与人交往。

（6）学会简短的儿歌。

2. 婴幼儿说话能力训练内容和方法

（1）0～1岁语言准备阶段的训练。

该阶段说话训练的重点内容是进行发声练习，具体方法如下：

1）用儿语和婴儿说话。儿语的特点是频率较高、音调夸张、词语简短、语调缓慢、重复多，常伴有目光接触、夸张的表情和动作，所以更适合婴儿。

2）让婴儿看着成人的嘴型说话。如抱起婴儿，让他面对着你，在他面前做张嘴、吐舌或其他各种表情，并用亲切温柔的声音和婴儿“谈话”，逗他发音。逐渐地，婴儿就会发出应答似的声音和你“交谈”。

3）给婴儿念故事、唱儿歌。如成人可以握住婴儿的手指与脚趾和他做游戏，边数他的手指和脚趾边念儿歌：“枪打一只鸟，枪打两只鸟，枪打三只鸟，枪打四只鸟，枪打五只鸟，‘砰’的一声，五只小鸟飞走了。”也可以念故事。如此不断变换花样，反复唱念，会提高婴儿听音和发音的积极性。

4）指物命名。成人先帮助婴儿辨别经常接触的事物的名称，如家具、食物、玩具等，并让婴儿不断重复事物的名称，进而指物问婴儿：“这是什么？”引导婴儿主动说出名称；还可以通过命名游戏，让婴儿辨别自己身体各部分的名称，如头、眼、耳、鼻等。

5）玩一些口腔动作游戏或者发音游戏。婴儿在2～3个月时就能无意识地发出一些像“a”“e”这样的单元音了，在后面几个月还会发出“ma-mo”等复合音。在与婴儿玩发音游戏时，成人注视着他，用唱歌的方法发“a—”的音，接着抚摸他，对他微笑。如果他发出了声音，那么成人应立即重复他的声音，并且和他反复进行这种游戏。

6）重复婴儿的语音。重复婴儿的语音有助于诱导婴儿发音，会使婴儿在咿呀学语期所发出的语音显著增多，还会使婴儿学会运用声音来吸引成人的注意。

（2）1～1岁半理解语言阶段的训练。

1岁左右说出第一批具有概括性意义的词，标志着婴幼儿开始进入正式学说话的阶段。该阶段训练的主要内容是让幼儿模仿发音和尝试表达，具体方法如下：

1）鼓励幼儿发音。引导、鼓励幼儿发出各种音节。其实，从3、4个月起，不论婴幼儿发音是否清楚，都可以训练婴幼儿独立发“a”等音节。

2）尽可能多地告诉幼儿自己的身体部位和物品名称及特征。如指出幼儿的五官和手脚在哪里；指着一些物品清晰、准确地告诉幼儿物品的名称、颜色、形状和大小等。

3）鼓励幼儿学习人的称呼并说一些日常礼貌用语。如让幼儿学习说出与他/她关系密切的人的称谓；学说“谢谢”“你好”“再见”等。

4）看图说话。经常和幼儿一起阅读图画书，并用清晰的声音读给幼儿听。

5）鼓励幼儿用语言和手势表达需要。

（3）1岁半～3岁语言表达阶段的指导。

这个阶段是幼儿语言发展的飞跃时期，又称“语言发展的突发期”。1岁半至2岁时，幼儿已能说简单句，但不完整，前后词序颠倒。2～3岁是幼儿语言发展最为迅速的时期，一般2岁以后，幼儿的语言发展非常迅速，2岁时只能说2～3个字的词语，3岁能说完整的简单句，并出现一些不太复杂的复合句，能唱简短的歌谣、能数数，还有创造性的言语出现。发展心理学家称这个时期为“口语学习敏感期”。此阶段语言教育的内容主要是训练幼儿的口语表达能力，具体训练方法如下：

1）让幼儿表达自己的需求。如幼儿渴了想喝水，原先可能只会说“水水”，这时成人可以指导幼儿说出表达需求的短句，如“我想喝水”“妈妈，我想喝水”等。

2）给幼儿看图说故事而不是念故事。借助图书说故事可帮助幼儿发展语言。

3）教幼儿学念儿歌。念儿歌就是用儿歌化的语言和幼儿说话，照护者可以将幼儿平常接触到的事物和有趣的事物编成儿歌，用说唱的方式或有节律地说给幼儿听，激发幼儿说话的兴趣。

4）鼓励幼儿自由地复述所见所闻。带幼儿去公园玩、散步或坐车时，有意识地引导幼儿观察周围的人和事物，并教幼儿说相关的词句，回家后让幼儿自由地讲述自己的所见所闻给其他家人听。

5）用不同的话表达相同的内容。指导幼儿用不同的词汇表达相同的内容，能有效地训练幼儿的语言表达能力，幼儿表达方式也会逐渐丰富起来，语言会变得灵活、生动、准确、充满智慧，如“宝宝是妈妈的儿子”，可以说成“我是妈妈的宝宝”等。

第四节　婴幼儿认知能力训练指导

认知能力是指人脑加工、储存和提取信息的能力，即人们对事物的构成、性能、与他物的关系、发展的动力、发展方向以及基本规律的把握能力。它是人们成功地完成各种活动最重要的心理条件。认知能力主要包括知觉、记忆、注意、思维和想象的能力。

一、婴幼儿认知能力发展的意义

（一）婴幼儿感官具备认知生理基础

婴儿从出生开始，就敞开心灵的“窗口”，即眼、耳、口、鼻和皮肤等感觉器官，具备了会看、会听、有味觉、有触觉的生理基础。新生儿的大脑有上亿个神经细胞，如果经常从“窗口”给予婴幼儿适宜的刺激，他们就可以学习、接受和处理各种信息，这就是提高认知能力的基础。

（二）认知能力是智力发展的基础

婴幼儿认知能力包括知觉、记忆、注意、思维和想象等多种能力。婴幼儿需要在丰富而适宜的探索环境中发展认知能力，在观察、动手操作和思考中认识世界。智力就是人的认知能力方面的特征，智力开发主要是通过采用各种手段提高婴幼儿的认知能力来实现的。

（三）有利于提高大脑的感觉统合功能

婴幼儿认知能力的形成是大脑发育成熟的结果，婴幼儿的认知主要是通过感觉和知觉实现的，即依靠眼、耳、口、鼻等器官去搜集信息，通过中枢神经的作用变成视觉、听觉、嗅觉、味觉和触觉等知觉，中枢神经系统进一步将知觉整合为感知。每一个正常的婴幼儿都具有惊人的学习能力。成人可以根据婴幼儿探索的兴趣，创设丰富的环境，启发婴幼儿自主学习。通过视觉、听觉、触觉和前庭平衡方面的训练，使婴幼儿大脑的感觉统合功能逐步提高。

（四）认知能力是求知学习的基础

认知发展是个体早期心理发展的重要组成部分，也是衡量个体神经系统及大脑发育的重要指标。0～3 岁是人脑迅速生长的发育期，也是人认知能力发展的最佳时期。3

岁前婴幼儿的认知能力是其所有能力、技能、情感、行为习惯发展的基础，是婴幼儿探索世界的主要方式，是其今后求知学习的基础。

二、婴幼儿认知能力发展的规律与特征

（一）婴幼儿认知能力发展的规律

认知是婴幼儿学习和利用知识的过程。婴幼儿认知能力的发展一般包括以下几个阶段：

第一阶段（新生儿时期）：婴儿出生后 1 个月就有记忆的能力。新生儿能通过外界条件刺激及玩具性条件刺激来改变反应性行为，条件反射的形成即为学习的开端。

第二阶段（1 ～ 4 个月）：出现初级循环反应。婴儿喜欢重复那些偶然发生的动作，如吸吮其他东西。

第三阶段（4 ～ 8 个月）：将循环反应从自己身上扩大到身体以外的事物，如用脚去踢一件已经玩弄过的玩具而不会踢一件没见过的新玩具。

第四阶段（8 ～ 12 个月）：动作是有目的的，如为了玩弄毛绒小狗，知道先把障碍物移开。

第五阶段（12 ～ 18 个月）：不满足于一个动作，而是改变动作并探索改变后带来的结果。

第六阶段（19 ～ 24 个月）：从这一年龄阶段开始从感觉运动行为向智能过渡，开始应用文字信号，掌握语言，并能较好地利用记忆储存；表现出一定的思维特点；以自我为中心；一点论，可以将两杯水中的一杯倒入小口径的圆筒中，认为圆筒中的水比杯中的水多；会注意事物的状况。

第七阶段（25 ～ 36 个月）：这个年龄段的幼儿，其视觉、听觉、触觉能力都有了提高，能够通过看图片、外出参观等方式来了解事物，认识日常生活用品、动植物、简单的自然现象等。在这个阶段，促进幼儿观察力、记忆力、注意力、想象力的发展是十分重要的，大人可以通过生活中的游戏，在观察的基础上引导幼儿进行比较、分类等活动。同时，涂鸦也开始成为幼儿的兴趣点，幼儿的想象力开始表现出来。

婴幼儿认知能力发展顺序及年龄如表 6－2 所示。

表 6－2　婴幼儿认知能力发展顺序及年龄

认知能力发展项目	开始年龄（月）	常模年龄（月）	发展较晚年龄（月）
眼睛追踪物体至中线	0	1.5	3
眼睛追踪物体 180°	1	2.2	4

续表

认知能力发展项目	开始年龄（月）	常模年龄（月）	发展较晚年龄（月）
立刻注意到大玩具	1	3	4
送玩具到口中	3	5.6	7
找声源	3	5.6	9
可取得近处玩具	4	5.6	7
玩具失落时会用眼睛找	3	6.6	7
两手拿两个玩具	4	6.9	8
手中玩具会换手	4	7	8
手中玩具会对敲	6	8.5	10
接过玩具常扔掉	5	9.5	12
会反复摆弄玩具	6	9.5	12
开始不再把玩具送入口中	4	10.9	12
会从瓶中倒出小丸	11	14.5	15
会搭两块积木	11	14.9	19
自发乱画	12	15.6	19
动作模仿笨拙	12	17.1	19
玩具可玩 10min	11	17.5	18
能记住一天内的事	12	18.1	21
模仿动作	12	18.1	21
有意听故事，但不懂内容	12	18.6	20
能记住 3 天前的事	14	19.1	20
注意力可集中 5min	16	20.5	22
对室内变化有觉察	16	21	22
会搭 7 ～ 8 层塔	16	21.5	22
看图一周后仍记得	16	22.6	25
爱听故事，能理解简单的情节	16	22.9	25
注意到玩具等的细小变化	16	23.6	24
对自己作的画加以解释	20	24	28

续表

认知能力发展项目	开始年龄（月）	常模年龄（月）	发展较晚年龄（月）
认识圆形大小	18	24.5	28
集中注意可达 15min	20	24.6	27
会数 1 ～ 5 个数	19	25.4	27
认识红色	19	26.4	28
知道 1 和许多的区别	20	26.5	28
听故事一周后能记住并复述其中情节	21	26.8	30
除红色外，认识 1 ～ 2 种颜色	22	30.4	35
记住半个月前的事	27	32.5	35
可系统复述故事主要情节	25	32.5	36
会进行“这……就……”等的简单推理	22	32.6	35
知道长短、前后	28	33.6	35
开始有想象的表现	29	33.6	35
自己会翻小人书并简单解释	29	33.9	35
认识圆形、方形、三角形	24	34.5	35
知道 1 ～ 5 的实际意义	31	35.4	36

（二）婴幼儿认知能力发展的特征

婴幼儿认知能力的发展会经历一个渐进的过程，呈现以下基本特征。

1. 认知逐步形成

婴幼儿对世界的认识是从感知觉开始的，随后注意和记忆相继发生、发展。婴幼儿最初只有感知觉和原始的记忆与注意。到 1 岁半左右时，才出现想象和最初的思维，各种认识过程都是在 3 岁前逐渐形成的。

（1）想象力的发展特征。

想象是人脑对已有表象进行加工改造而创造出新形象的过程。1.5 ～ 2 岁的幼儿开始出现想象的萌芽，在这一阶段幼儿的想象表现出以下几个特征：

1）想象的内容简单、贫乏。如幼儿看见成人抱小娃娃，他也抱玩具娃娃。幼儿常把日常生活中的行动迁移到游戏中去。

2）想象没有目的。这一时期的幼儿在进行某个活动或某个游戏之前，不知道自己究竟要干什么，最终要达到什么目的。例如，一个2岁零3个月的幼儿，在开始搭积木时，成人多次问他“在搭什么”，他并不回答，只是忙着去搭积木。

3）需要依赖动作和语言提示。受思维发展特点的影响，幼儿的想象更多依赖于感知形象，特别是视觉形象。在游戏中，如果幼儿没有可玩或可操作的材料，是很难开展想象的。

总的来说，1.5～3岁幼儿想象的内容比较贫乏，而且是再现性的，只是局限于模仿成人生活中的某些个别动作和活动，很少有创造成分。

（2）注意的发展特征。

1岁以内的婴儿以无意注意为主，很容易受到无关事物的干扰，致使原来的任务不能完成。如婴儿很可能一会儿玩这个玩具，一会儿又要玩另一个玩具，将玩具扔得满地都是。随着年龄的增长，以及语言、思维能力的发展，婴儿逐渐出现了有意注意。婴幼儿注意的发展有如下特征：

1）有意注意萌芽。1岁左右的婴儿能凝视成人手中的表，一般可超过15s；2岁时幼儿能主动地听故事，表明这个时期的幼儿已经出现了有意注意的萌芽，他们能够逐渐按照成人提出的要求完成一些简单的任务；3岁以后，幼儿开始对周围新鲜的事物表现出更多的兴趣，例如，能集中注意力看儿童画册达5min。

2）注意的范围逐步扩大。幼儿2岁时注意的范围较为狭窄，只能注意到最亲近的人所做的事情，或者和自己有直接关系的事情，如妈妈给不给他糖吃；到了3岁时，幼儿能够逐渐注意到周围更多的人、事、物，如别的孩子都在玩什么玩具，马路上飞驰的汽车都是什么颜色的，这些与自己毫无关系的事物也能引起幼儿的注意，这说明幼儿注意的范围在逐步扩大。

3）注意的持久性有所提高。2岁前婴幼儿注意的持续时间很短，很容易受到外界及自身的干扰而转移注意的对象。年龄越小，注意力集中的时间越短，如新生儿的注意力是5～10s，3个月婴儿的注意力是1～2min，6个月婴儿的注意力是2～3min，1岁半幼儿的注意力是5～8min，2岁幼儿的注意力是10～12min，2～3岁时幼儿注意力持续时间可长达10min。随着年龄的增长，幼儿注意的稳定性与持久性也有所发展。2岁后幼儿能较为稳定地集中注意做一件事情；2～3岁的幼儿对于他感兴趣的事情，注意力集中的持续时间相对会长一些。

4）注意的细致性有所提高。3岁以下的幼儿只注意表面的、明显的事物轮廓，不注意较隐蔽的、细微的事物特征以及两个或多个事物之间的关系。

总体来说，婴幼儿注意的水平和能力在逐渐发展和提高，然而无意性和不稳定性仍是这个时期注意的主要特点。

（3）思维能力的发展特征。

思维是人类特有的认知活动。幼儿在 1.5 ～ 2 岁时思维能力开始发展。一般认为 1 岁以前的婴儿只有对事物的感知活动而没有思维。当婴幼儿开始以表象为基础，以词为中介，并形成了对客观现实初步的、概括的和间接的反映时，思维才开始产生；2 岁左右时，幼儿的思维才真正形成。

幼儿 2 岁之前属于思维的形成时期，这一时期幼儿的思维以直觉行动思维为主，主要用直观的行动、动作和具体的情景来解决问题。19 ～ 24 个月的幼儿除了用身体和外部动作来寻找解决问题的新方法之外，开始在头脑里用“内部联合”的方式解决新问题。幼儿能够运用表象模仿别人做过的行为来解决问题。它预示着幼儿的认知将从感知运动阶段发展到前运算阶段。

2 ～ 3 岁的幼儿思维水平明显提高，开始从直觉行动思维向具体形象思维过渡，其思维的特点表现为具有较强的直觉行动性，同时，伴随着表象能力的获得，幼儿开始有了具体形象性的思维方式，即依靠对事物具体形象的联想进行思维。

2. 言语开始在认知中发挥作用

1 岁以后，幼儿能说出具有最初概括性意义的真正的词，标志着言语的初步形成。此时幼儿听到成人说出某个事物的名称时，便会相应地注意那个事物，不管其是否新异刺激，是否能满足其机体的需要。在幼儿前期，语言还没有完全发展起来，幼儿仍需要借助于动作来和别人沟通信息。2 岁左右的幼儿进餐时，如果要他讲什么事情，他会放下餐具，用各种动作来辅助表达。

3. 以无意性认知发展为主

0 ～ 3 岁婴幼儿认知的发展主要在无意性方面，有意性的认知活动几乎还没有发展。幼儿前期的注意一般是无意性的注意，虽然从这时开始，幼儿能服从于大人提出的活动任务，有意注意萌芽，但持续的时间较短，且极不稳定。幼儿前期的记忆，也主要表现在无意记忆方面。

婴幼儿的想象也是无意地发生的。如果缺乏相应的情景，婴幼儿的想象就不会发生，没有玩具，孩子就不会玩起来。

婴幼儿的思维主要是自由联想式的，他们还不会有目的地解决问题。例如，有个 2 岁零 10 个月的女孩，她想要吃橘子，妈妈告诉她：“橘子还是绿的，不能吃，它还没有变黄。”过了一会儿，她看见了菊花茶，她说：“菊花茶不是绿的，它已经变黄了，橘子也变黄了。”

婴幼儿认知的无意性还表现在，其认知基本上是受情绪控制的。实验研究证明，情绪愉快时婴儿的认知活动效果更好，痛苦时认知活动的效果较差。

4. 形成自我认知：人生的第一个反抗期

1 岁前的婴儿是比较顺从的，1 岁以后，幼儿开始有了自己的主见，比如，大人要他往东走，他偏要向西。到 2 岁左右，有时大人要抱他，他会挺着身体，挣扎着自己下地走路。这是独立性发生的表现，也表明孩子已经有了自我意识。孩子常常会说“我自己（来）”，他抢着做事，甚至是做一些力所不及的事情。

自我意识的发展，使幼儿的认知过程逐渐复杂化，认知能力进一步提高。高级的认知过程，如自信、自卑、内疚、自我占有等，都与自我意识的发展有关。幼儿的自我认知的发展体现出以下特点：

（1）自我认知水平随年龄的增长而提高。年龄越大，幼儿通过的自我认知任务数量越多，幼儿前期自我认知的复杂性水平越高。

（2）自我认知的发展速度存在显著的个体差异。有的幼儿发展快，有的幼儿发展慢。

（3）自我认知发展的性别差异随着幼儿年龄的增长而逐渐变化。在 18 个月时，女婴的自我认知水平显著高于男婴；但到 21 ～ 24 个月时，幼儿的自我认知水平已不存在显著的性别差异。

三、婴幼儿认知能力训练

（一）0 ～ 3 个月婴儿认知能力训练

1. 视觉训练

婴儿取仰卧位，在其胸部上方 20 ～ 30cm 处用玩具，最好是红色或黑白色等对比鲜明的玩具吸引婴儿注意，并训练婴儿视线随物体做上下、左右、圆圈、远近、斜线等方向的运动，以刺激视觉发育，发展眼球运动的灵活性及协调性。

2. 听觉训练

母亲用愉快、亲切、温柔的语调，面对面地和婴儿说话，可吸引婴儿注意成人说话的声音、表情、口形等，诱发婴儿良好、积极的情绪和发音的欲望。可选择不同旋律、速度、响度、曲调或不同乐器奏出的音乐或不同的发声玩具，也可利用家中不同物体的敲击声，如钟表声、敲碗声等，或改变对婴儿说话的声调来训练婴儿分辨各种声音。

3. 触觉训练

婴儿面颊、口唇、眉弓、手指或脚趾等处对触压觉很敏感，可利用手或各种形状、质地的物体进行触觉练习。光滑的丝绸围巾、粗糙的麻布、柔软的羽毛和棉花、软硬程度不同的玩具均可让婴儿产生不同的触觉感，有助于发展婴儿的触觉识别能力。

4. 味、嗅、温度等感知觉训练

利用日常生活，发展婴儿的各种感觉。如吃饭时，用筷子蘸菜汁给婴儿尝尝；吃苹果时，让婴儿闻闻苹果的香味、尝尝苹果的味道；洗澡时，让婴儿闻闻肥皂的香味；用奶瓶喂奶时，让婴儿用手感受一下奶瓶的温度等。这些均有助于婴儿感知觉的发展。

（二）4～6个月婴儿认知能力训练

1. 视觉训练

（1）训练婴儿追寻物体。用发声玩具吸引婴儿转头寻找，每日训练2～3次，每次3～5min，以拓宽婴儿视觉广度。

（2）颜色感知练习。让婴儿多看各种颜色的图画、玩具及物品，并告诉婴儿物体的名称和颜色，可使婴儿对颜色的认知发展过程大大提前。

（3）婴儿视力迅速发展的时期主要在半岁以前。可选择一些大小不一的玩具或物体，从大到小，让婴儿用手抓握注视，然后放在桌上吸引婴儿注视。还可训练婴儿注视远近距离不等的物体，以促进其视力发展。

2. 听觉训练

（1）方位听觉练习。吸引婴儿寻找前后左右不同方位、不同距离的发声源，以刺激婴儿方位听觉能力的发展。

（2）区分语调训练。根据不同情景，采用不同的语调、表情，使婴儿逐渐能够感受到语言中不同的感情成分，逐渐提高对语言的区别能力。

（3）让婴儿从周围环境中直接接触各种声音，可提高其对不同频率、强度、音色声音的识别能力。

（三）7～9个月婴儿认知能力训练

1. 视觉训练

（1）不断更新视觉刺激，扩大婴儿的视野，教婴儿认识、观看周围的生活用品、自然景观，以激发婴儿的好奇心，发展婴儿的观察力。

（2）利用图片、玩具培养婴儿的观察力。教婴儿认识、观看周围的生活用品、自然景观，并与实物进行比较。

2. 听觉训练

（1）辨别声响。将同一物体放入不同材质的盒中，让婴儿听听声响有何不同，以发展婴儿听觉的灵活性。

（2）发展对音乐的感知。让婴儿听不同旋律、音色、音调、节奏的音乐，提高其对音乐的感知能力。家长可握着婴儿的两手教婴儿和着音乐学习拍手，也可边唱歌边教婴儿舞动手臂。

（3）敲敲打打。让婴儿敲打一些不易敲碎的物体，引导婴儿注意分辨敲打不同物体发出的不同声响，以提高婴儿对声音的识别能力，发展其对物体的认识能力。

（四）10～12个月婴儿认知能力训练

1. 视觉训练

除了在日常生活中不断引导婴儿观察事物，扩大婴儿的视野外，还可培养婴儿对图片、文字的注意和兴趣，培养婴儿对书籍的爱好。教婴儿认识实物、图片，把几种东西或几张图片放在一起让婴儿挑选、指认，同时教婴儿模仿说出名称。外出时，可经常提醒婴儿注意遇到的字，如广告招牌、街道名称等。应尽早让婴儿接触书本，培养婴儿对文字的注意力。

2. 听觉训练

积极为婴儿创造语言环境，使婴儿听到更多的语言，促进其对语言的熟悉和理解。用语言逗引婴儿活动和玩玩具，让婴儿观看周围的人交谈，唱儿歌给婴儿听，和婴儿咿呀对话。

（五）1～1岁半幼儿认知能力训练

1. 观察能力的训练

观察是一种有目的的感觉知觉活动，是发展智力的主要途径。幼儿观察事物是通过各个感觉器官来进行的。因此，培养幼儿的观察能力，应从发展视觉、听觉、嗅觉、触觉等感觉能力入手，从他们感兴趣的、注意到的事物开始，有意识地引导他们去观察事物。

2. 记忆力的训练

幼儿的记忆是由感觉器官获得的信息积累而成的。有了记忆，幼儿才能呈现出日新月异的进步。

（1）实物记忆练习。让幼儿根据记忆寻找所需要的玩具，如先让幼儿看一个小球，然后把它收起来再让幼儿从其他的玩具中找这种小球。

（2）强化记忆练习。父母可以选择一些形象直观，与幼儿本人关系较为密切的东西和他感兴趣的事物来训练他的记忆。可教幼儿认识爸爸、妈妈和自己的名字以及五官和身体的主要部位，间隔一段时间后再重复。

3. 思维能力的训练

幼儿的思维活动是以周围的实物和具体的活动为基础的。因此，要想促进幼儿思维能力发展，最重要的就是要给幼儿创造一个有利于动手动脑的环境。

（1）发展幼儿解决问题的能力。用语言指点并巩固幼儿在解决实际问题过程中所取得的成果，帮助他用动词如“伸出”“倒转”“挪动”等来表达他找到的解决办法。动词可以帮助幼儿自己选出解决问题的方法，还可以增加在解决类似问题时使用这种方法的可能性。

（2）发展思维的灵活性。教幼儿同种玩具的不同玩法，并在日常生活中引导幼儿注意观察一种物体的多种用途，以发展幼儿解决问题的技巧。如教幼儿筷子是用来吃饭的，但偶尔也可以用它搅拌糨糊、药液，甚至当灯笼的提手等。

4. 想象力和创造力的训练

（1）辨别音响。给幼儿听不同的声响，让幼儿判断是什么东西发出的声音。

（2）手影表演。成人可利用灯光或阳光下的投影用手做小鸟飞等动作，引导幼儿观看、想象。

（3）看图片。通过看图片，认识图片中的人物、物品，说出“是谁”“在做什么”“做什么用”等。

（六）1 岁半～ 2 岁幼儿认知能力训练

1. 观察能力的训练

（1）培养上下、里外、前后方位意识。如在游戏时说：“球在箱子里”“小车在箱子外面”等。

（2）辨别多少。如让幼儿分糖果给家人，看看是否分得一样多，放桌上比比看谁多谁少。也可以用专门的图画，训练幼儿认识多少。

（3）比较高矮。让幼儿用玩具比比看，哪种动物高、哪种动物矮，或直接带幼儿到动物园实地比较一下；也可给幼儿看动物的画片，如小乌龟和小兔子、小猴子和长颈鹿，让幼儿判断谁高谁矮，若小猴子爬到高高的大树上，是不是比长颈鹿更高了。

（4）指导幼儿观察事物的特征，有助于随意注意的形成和发展。带幼儿观察动物、自然景物，如“小猫在吃什么，它怎么叫”等。

2. 记忆力的训练

（1）词汇记忆。成人在讲述幼儿较熟悉的故事，或教幼儿念他熟悉的儿歌，唱他熟悉的歌时，有意识地停顿下来让幼儿补充，由简到难，开始时可让幼儿续上单字，以后可逐渐让幼儿续上一个词、一句话。

（2）实物记忆。让幼儿回忆起不在眼前的实物，可拿出一件玩具，让幼儿注视将玩具放至盒中的过程，然后盖上盖子，让幼儿说出盒中玩具的名称。

3. 思维能力的训练

（1）比较大小。用套蛋、套塔或大小不同的纸盒等玩具，教幼儿依尺寸的大小，将小尺寸的玩具套入大尺寸的玩具中，让幼儿在游戏中进行比较、概括并做简单的分析。

（2）按颜色特征将物体归类。在游戏中，成人可让幼儿在各种颜色的物体中，将指定颜色的物体找出来。还可以让幼儿按颜色分别放置物体，例如，将红色的小球放到红色盒子中，将蓝色的小球放到蓝色盒子中等。

（3）发展幼儿解决问题的能力。如教幼儿用小锤子将小木板钉进潮湿的沙土中等。

4. 想象力和创造力的训练

（1）模仿游戏。游戏能促进孩子创造性想象的发展。成人可指导幼儿玩模仿日常生活情节的游戏，开始时可由成人设想游戏的内容指导幼儿游戏。

（2）培养听音乐和欣赏音乐的能力。音乐可以给人以美的感受，扩展幼儿对周围环境中各种不同事物的想象力，促进幼儿情感和智力的发育。可通过培养幼儿区分音的高低、长短、力度、音色、节奏、旋律等的能力，来培养幼儿的音乐感受力和想象力。

（七）2～2岁半幼儿认知能力训练

1. 观察能力的训练

（1）观察事物的特性。

1）比较形状。可用一些不同形状的积木，也可用硬纸板剪成不同形状的纸卡，教幼儿学会认识图形，如圆形、方形、三角形等，懂得选择同样的图形进行匹配。

2）比较远近。培养幼儿的远近意识，在日常生活中，可用含远近的词引导幼儿行为，加强其对远近概念的认识，如“和妈妈靠近点”；还可以在游戏中，教幼儿领会远近的意思。

3）引导幼儿进行更全面的观察，这样可以扩大幼儿观察的范围，促进思维的发展。带幼儿到户外观察，教幼儿学会先观察周围总体概况，再集中观察某一特定事物。

（2）发展幼儿注意力。要注意培养幼儿注意的持久性和集中性。

2. 记忆力的训练

（1）复述话语。随着幼儿语言能力的提高，可让幼儿重复成人的话语。先从简单的短句开始，然后教长一点的句子，如背诵歌词、儿歌、古诗等，以促进幼儿记忆能力的提高。

（2）数字记忆。虽然此时幼儿对数字的概念还不清楚，但机械记忆能力强，通过数字记忆练习，可强化幼儿的机械记忆能力，如可教幼儿记门牌号、电话号码等各种数字材料。

3. 思维能力的训练

（1）培养幼儿对因果关系的认识。让幼儿看看吹风能使小风车旋转，对着肥皂水吹气吹出五颜六色的肥皂泡。这可激发幼儿的好奇心，进而激发其学习探究的热情，促进认知发育。

（2）归类练习。根据事物的某些性质练习分类。比如，将能发出声音和不能发出声音的东西归类，还可按颜色、形状、大小、用途分类等，以提高幼儿归纳、概括的能力。

（3）发展幼儿解决问题的能力。有意造成一些明显的错误，让幼儿去发现，并鼓励他说出错误所在及解决办法，以培养幼儿分辨问题的能力。

4. 想象力和创造力的训练

（1）表演游戏。可根据故事或童话的情节和内容，让幼儿表演，在表演游戏中，幼儿可发挥自己的想象力和解决问题的能力。

（2）绘画。通过绘画可以提高幼儿手眼动作的协调性。引导幼儿根据自己对周围世界各种事物和现象的认识，仔细观察自己所画图画的构图，看看由这些粗细不同的线条搭配成的图像轮廓是否像要画的事物。

（3）音乐。幼儿 2 岁时就具有听成人有表情唱歌的能力，听歌曲可大大增强幼儿的音乐听觉感受性。教幼儿留心听歌曲旋律的同时，还要教他留心听歌词。引导幼儿注意乐器发出的声音表达的意思，让幼儿根据歌词、旋律构思与乐曲相符合的音乐形象。

（八）2 岁半～ 3 岁幼儿认知能力训练

1. 观察能力的训练

（1）观察事物的特性。可在纸上画线段，教幼儿比较长短。还可比较长裤和短裤、长袖衫和短袖衫、长铅笔和短铅笔、长凳子和小方凳等。

（2）比较厚薄。让幼儿拿一本小画书，成人拿一本更厚一点的书，同幼儿比较，说“我的书比你的书厚”“你的书比我的书薄”。然后，鼓励幼儿寻找一本更厚的书，幼儿就可以说前面的话，然后成人再找一本更厚的，依此类推。

（3）综合比较。引导幼儿发现近似事物的不同点和不同事物的相似点，来培养幼儿观察比较的能力。

（4）发展幼儿注意力。教幼儿按成人的指示，集中精力完成一件事情或一种游戏，成人提示的任务越具体，就越容易引导幼儿集中注意，明确注意的目的。在幼儿完成任务时成人可不断给予帮助、赞许，鼓励幼儿正确的行为，表扬幼儿的成绩。

2. 记忆力的训练

（1）利用游戏培养记忆力。将幼儿熟悉的几种玩具，如小动物、小汽车、球等摆在桌子上，让幼儿说出玩具的名称，然后用布把玩具盖上，成人从盖布下取走一个玩具，再将盖布打开，让幼儿看一看，少了什么玩具。

（2）图像记忆。让幼儿看一张画有数种动物的图片，限定在一定时间内看完，开始时时间可长一些，逐渐减少看的时间，然后将图片拿开，让幼儿说出图片上有哪些动物，如果幼儿记住的不多，还可以教他使用一些记忆的方法，如“有翅膀，能飞的有哪些？”。

（3）在日常生活中培养幼儿记忆力。如游玩回来，让幼儿回想一下玩了什么东西，遇上了什么人，经过了什么地方等。还可在日常生活中，要求幼儿按成人说的先后次序去做，逐渐可用语言指导幼儿按指令先后做更多的事情。

3. 思维能力的培养

（1）学会数数并理解数量的概念。

（2）利用语言促进思维。幼儿在多样化的活动中发展了直观具体性思维，并有了简单的判断能力和推理能力，学会了对各种物体或现象进行简单的比较、概括，并确定了它们之间的联系，可经常用“为什么？”“在哪里？”“干什么？”“怎么办？”等引导幼儿思考。

（3）发展幼儿解决问题的能力。让幼儿预想事情的结果，教幼儿去思考、推理并学会应当怎样做，如雪糕一直拿在手中会怎样，让幼儿先预想一下事情的结果，然后做实验看一看。

4. 想象力和创造力的训练

（1）角色游戏。随着年龄的增长和认知能力的加强，幼儿逐渐能理解并模仿人们之间的关系，此时可引导幼儿做扮演角色的游戏，可以让他注意现实生活中人物的特点，来丰富他的游戏情节，如到理发店理发时，让幼儿留心观察理发师的一举一动等。

（2）绘画。在幼儿能画出一些线条和形状后，成人可引导幼儿将他所画的东西同实物做比较，这样幼儿会更有兴趣在绘画中想象、构图。

（3）音乐。培养幼儿听音乐和欣赏音乐的能力，教幼儿理解歌曲的内容，感受歌曲的思想感情，并要求幼儿在唱歌时用歌声表达自己的内心情感，想象歌曲提供的音乐形象，从而激发幼儿的想象力。

本章小结

本章主要介绍了婴幼儿粗大动作、精细动作的概念与发展的意义、特点、规律和训练指导，以及婴幼儿听说能力、认知能力发展的意义、特点、规律和训练指导等内容，旨在通过讲解婴幼儿粗大动作、精细动作、听说能力、认知能力的相关理论知识，帮助照护者树立科学育儿观念，使照护者能够依据科学的训练方法对婴幼儿粗大动作、精细动作、听说能力、认知能力进行科学、系统的训练，从而促进婴幼儿的身心健康发展。

同步练习

一、选择题

1. 下列不属于婴幼儿听说能力发展的特点的是（　　）。

A. 理解先于表达　　B. 口语表达突出

C. 对词的理解是有序的　　D. 语言的理解与经验有关

2. 婴幼儿粗大动作发展的规律不包括（　　）。

A. 从头到脚　　B. 从近到远　　C. 从粗略到精细　　D. 从前到后

3. 19 ～ 36 个月基本运动技能时期，以发展（　　）为主。

A. 移动运动　　B. 技能运动　　C. 翻转运动　　D. 行走平衡感

4. 以下属于 15 个月幼儿的言语反应情况的是（　　）。

A. 说出第一个词　　B. 说出第二个词　　C. 说出第三个词　　D. 说出 4 ～ 6 个词

5. 婴幼儿知道 1 和许多的区别的常模年龄是（　　）个月。

A. 24.5　　B. 25.4　　C. 26.5　　D. 26.8

二、判断题

1. 婴幼儿听说能力发展是一个由量变到质变，连续、有规律的过程。（　　）

2. 婴幼儿最初只有感知觉和原始的记忆与思维。(　　)

3. 在训练婴幼儿动作技能的时候应当提高效率，尽可能提前实现学习效果。(　　)

三、简答题

1. 请简述婴幼儿不同年龄阶段粗大动作发展的特征。
2. 请简述婴幼儿听说能力发展的规律。
3. 请简述幼儿认知能力发展的特征。

四、思考题

轩轩，男，2 岁半，性格开朗、活泼好动，平时在家玩玩具总是丢三落四，喜欢边玩边看电视，走路常出现磕磕碰碰的情况，家长很是头疼。

请分析轩轩需要进行哪方面的认知能力训练，并为家长提供简要的训练方法。

第七章　亲子互动评估与指导技巧

学习目标

知识目标

1. 了解亲子互动的基本理论。
2. 理解亲子互动在家庭养育中的意义。

能力目标

1. 掌握亲子互动指导基本技巧。
2. 掌握亲子互动评估基本流程和方法。

素养目标

1. 通过学习亲子互动评估基本知识，主动宣传、教育亲子互动在家庭养育的意义。
2. 通过学习亲子互动评估方法，指导家庭构建和谐亲子关系。

本章导览

- 亲子互动评估与指导技巧
  - 亲子互动基本理论
    - 亲子互动的概念和重要性
    - 亲子互动的相关理论
  - 亲子互动指导
    - 提高父母文化素养
    - 创设良好的家庭氛围
    - 了解孩子
    - 运用正确的教养方式
    - 创设巧妙的互动机制
  - 亲子互动观察评估指导
    - 亲子互动观察评估场景
    - 亲子互动观察操作流程
    - 视频拍摄要求
    - 亲子互动任务指导
    - 亲子互动评估量表
    - 评估指导说明

案例导入

妈妈也会疼

2岁的豆豆无意间打到了我的眼睛，他愣了一下，没事似的跑到一边玩去了。我却难以平静了。平时如果我不小心磕碰了孩子，我会向他道歉，但是他磕碰了我时，我却总对孩子说“没事，妈妈不疼”，孩子会不会觉得妈妈是不会疼的，是不需要关心的呢？

于是，我拉着他的手认真地说：“妈妈眼睛很疼，你如果帮我揉揉，我会很舒服。”豆豆认真听完后，帮我揉了揉，问：“还疼吗？”我笑着说：“好多了，谢谢你！”孩子的眼睛瞬间亮了，露出兴奋的笑容，原来当关心别人的时候，孩子也是快乐的。这件事深深触动了我。我一直认为母爱是无私、不求回报的，但却忽略了让孩子学会爱。应该让孩子知道“爱”是相互的，妈妈也需要孩子的关心。

问题：你知道亲子互动的意义和内容有哪些吗？

第一节　亲子互动基本理论

一、亲子互动的概念和重要性

（一）亲子互动的概念

“互动”是指彼此联系、相互作用的过程。《外国哲学大辞典》将“互动”定义为：“社会中人与人的交互作用。由这种人与人之间的互动而发生社会关系，进而产生人的社会行为。”在自然科学中，物理学较早地阐述了互动的概念，以解释物体或系统之间的作用和影响，说明能量守恒定律。现代西方社会学把互动分为三个层次：（1）感官的互动，由感官收到刺激信号，影响大脑，进而产生相应的行为；（2）情绪的互动，即由于别人的情感影响而引起个人的反应的互动；（3）理智的互动，指以认识与语言为媒介而作出的概念、判断、推理。互动表现为合作、反对、顺应、同化。在心理学上，互动是各个功能系统的功能和心理活动的产生机制，即各个因素相互作用产生心理。日常生活中的互动是指社会上个人与个人之间、群体与群体之间等通过语言或其他手段传播信息而发生相互依赖性行为的过程。

亲子互动方面的研究始于20世纪30年代，是近十几年来心理学领域研究的热门话题。从广义上看，亲子互动是指在日常生活中养育人与子女之间直接或间接的接触，双方交互作用和相互影响，这种互动包括亲子间在观念、情感和行为上的交流与沟通，还包括在此基础上形成的一种稳定的亲子关系。因此有学者认为亲子互动即亲子关系，是家庭中父母亲与子女通过互动所构成的一种能彼此感受到的情感交流、相互信任感、相互依赖以及互相对待的人际关系。也有学者认为亲子互动侧重于父母与子女之间相互影响而发生交互作用的方式和过程，亲子关系是亲子互动的静态表现，亲子互动是亲子关系的动态表达，二者不能等同。亲子互动不用于人与人之间一般意义上的互动，它具有血缘性、亲情性、长期性等特点。

（二）亲子互动的重要性

亲子互动对婴幼儿心理发展有极其重要的影响，这种影响涉及婴幼儿发展的许多方面，包括一般能力、社会交往能力、认知能力、社会情感发展等。在一般能力方面，婴幼儿从出生时起就受到父母的影响。婴儿天生就有一种进行社会交往的倾向，父母对这种倾向能否作出适当的反应，对婴幼儿早期依恋的发展具有重要的影响。例如，安全型母婴依恋关系有利于婴幼儿年龄稍大后的依从行为、情感、意志力、与人合作的能力及解决问题的能力的健康发展。在社交能力方面，父母对婴幼儿有直接和间接的影响。直接影响表现为父母关心婴幼儿的社会交往，有意识地训练他们进行社会交往的能力，为他们提供交往的机会。间接影响表现为婴幼儿早期的亲子依恋及亲子间的日常互动是婴幼儿发展同伴关系的实验地，如婴幼儿在安全型母婴依恋中获得的经验使其在离开母亲与同伴交往时有安全感，并具有与同伴交往的技巧，有利于婴幼儿建立亲密的同伴关系。

1. 亲子互动与婴幼儿认知发展

婴幼儿认知包括自我认知和社会认知。自我认知是指个体对自我能力的看法和知识，以及对自我的总体评价。儿童的自我概念还停留在身体特征、人际交往、拥有物和自己发出的动作上。婴幼儿自我概念的形成与发展，需要有社会互动和认知发展作为前提条件。婴幼儿的自我概念是在交往中逐渐形成并发展的。在社会交往过程中，婴幼儿通过他人的评价逐渐认识自己，自我概念不断得到发展。在婴幼儿的实际生活中，并不是每一个人的评价都对婴幼儿具有同样的影响力，只有那些对婴幼儿自我概念的发展有重要影响的人才被称作“重要他人”。而家长就是典型的“重要他人”，良好的亲子关系可以通过影响婴幼儿的同伴关系、师生关系促进婴幼儿社会性的发展。社会认知是指人对社会客体及其之间的关系，如人际关系、社会群体、社会角色、社会规范和社会生活事件的认知，以及对这种认知与人的社会行为之间的关系的理解和推断。

亲子互动不仅与婴幼儿的情绪、情感及行为表现有紧密的联系，还与婴幼儿社会认知模式密切相关。亲子互动对婴幼儿后期适应性发展的持续影响，是通过自我认知提供的一种机制来完成的。有研究比较了父子关系、母子关系与婴幼儿自尊、自我认识之间的关系，结果发现，根据母子关系质量可以预测婴幼儿的自我肯定水平，父子关系对婴幼儿的自尊性行为表现及社会性能力的预测性更强。安全性水平高的婴幼儿，更自信、更主动，自我效能更高。

2. 亲子互动与婴幼儿社会性发展

社会性发展（也称社会化）是指婴幼儿从一个自然人，逐渐掌握社会的道德行为规范与社会行为技能，成长为一个社会人，逐渐步入社会的过程，它是在个体与社会群体、婴幼儿集体以及同伴相互作用、相互影响的过程中实现的。婴幼儿的社会化过程很大程度上是在亲子之间的相互作用中进行的。亲子互动的质量决定着孩子社会化的过程是否顺利，也决定着其社会化可能达到的水平。因此，亲子互动对婴幼儿的社会性发展有很大的影响。如果孩子在亲子互动中感到自己被喜欢、被关爱、被认可，那么孩子以后将比较容易与他人建立良好的人际关系。如果亲子互动不顺畅，亲子关系不融洽，孩子就会对周围的人与物产生排斥，不信任别人，不利于形成和谐的人际关系。父母在互动中不仅要教育和引导孩子，还要树立行为榜样，让孩子受到潜移默化的影响，学习与他人沟通交流的技巧与方法，为孩子以后建立良好的人际关系提供帮助。

二、亲子互动的相关理论

（一）儿童健康评估模型

父母作为儿童的重要养育者，对于儿童的发展起着不可替代的作用，但是儿童并不是完全被动的接受者，儿童自身的气质特征和性别等因素也会对父母的教养行为产生影响。儿童健康评估模型认为，影响儿童发展的因素主要有三个方面，分别是养育环境、养育者和儿童自身特点，而亲子互动是这三个因素交互作用的集中表现，对儿童发展起着至关重要的作用，如图 7－1 所示。亲子互动与儿童心理行为发展，如同伴关系、认知发展和心理行为问题都有密切关系。

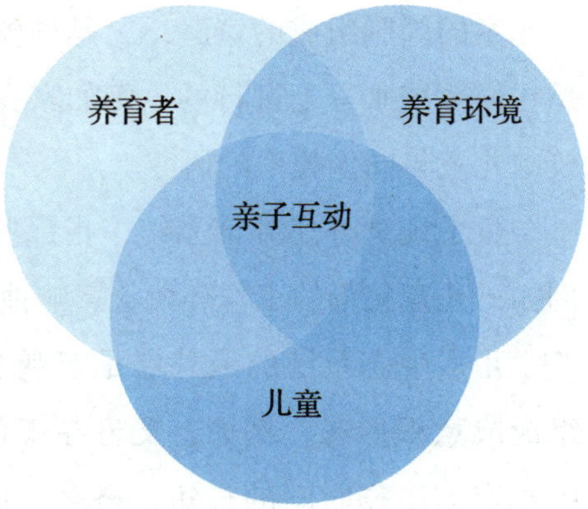

图 7－1　影响儿童发展的因素

一方面，在亲子互动中，父母的教养方式、人格特征、社会经济地位、受教育水平和父母的社会网络与支持系统等特征都会对亲子互动的效果产生重要影响。比如，研究表明，患有抑郁症的母亲相比正常母亲更少有积极的语调，提问、解释和建议更少，更多地忽视孩子的要求，在与孩子的谈话和交往中更有可能使用控制的手段，对孩子的暗示较少作出反应；如果父亲以消极情感回应儿童的消极情感表现，那么孩子的分享行为就更少，攻击行为更多，并且更多地回避他人的行为。再如，亲子之间的阅读交往质量与儿童的言语发展水平密切相关，儿童感知自我的能力也与亲子阅读交往的质量与数量有关。

另一方面，儿童的性别和气质特征也影响着亲子互动的水平和质量。比如，女孩的父母更有可能进行社会性游戏，而男孩的父母更有可能进行身体活动类的游戏。父母的性别差异也与儿童的游戏形式有关，不管儿童性别如何，母亲与儿童的交往行为都是相似的，而父亲的行为却因女孩和男孩的性别差异而有很大的不同。儿童气质常被分为“困难型”和“容易型”，困难型气质的儿童常表现出一些麻烦行为，而他们的母亲也会更多地使用强制控制策略，导致儿童和母亲间有更多的冲突。另有研究表明，儿童的气质与父母的教养方式不相匹配会导致冲突增加，也预示了儿童后来出现行为问题的可能性相对较高。

（二）社会生态系统理论

社会生态系统理论的创建者布朗芬布伦纳（Brofenbenner）强调，个体发展嵌套于一系列环境系统中，在这个系统中，个体与系统相互作用，系统中的系列环境也相互作用，这些作用影响着个体发展，如图 7－2 所示。其中，对婴幼儿影响最大的就是微系统。微系统是指个体最直接交往和活动的环境，是环境系统中的最内层，早期儿童与成人之间的互动关系对儿童的成长有持久的作用。微系统主要由两部分组成：一是由父母和儿童的同胞组成的家庭；二是学校环境，主要由教师和同伴组成。大部分心理学研究是在微系统水平上进行的，例如家庭中儿童母亲的谈话和儿童言语关系的研究，或者学校中儿童与同伴关系的研究。

微系统之外是外部系统，指那些儿童未直接参与但却对个人发展有着影响的环境。例如，儿童父母的工作环境会影响他们在家的行为，并因此影响父母的抚养质量。

儿童生态系统的最外层是宏观系统，指儿童所处的社会或亚文化中的社会机构的组成或意识形态。例如，父母在工作方面的压力或者失业所产生的效应，又是受社会中规定的工作时间的长短、酬金、假期、职业地位或者与失业相联系的不良名声等因素的影响的。

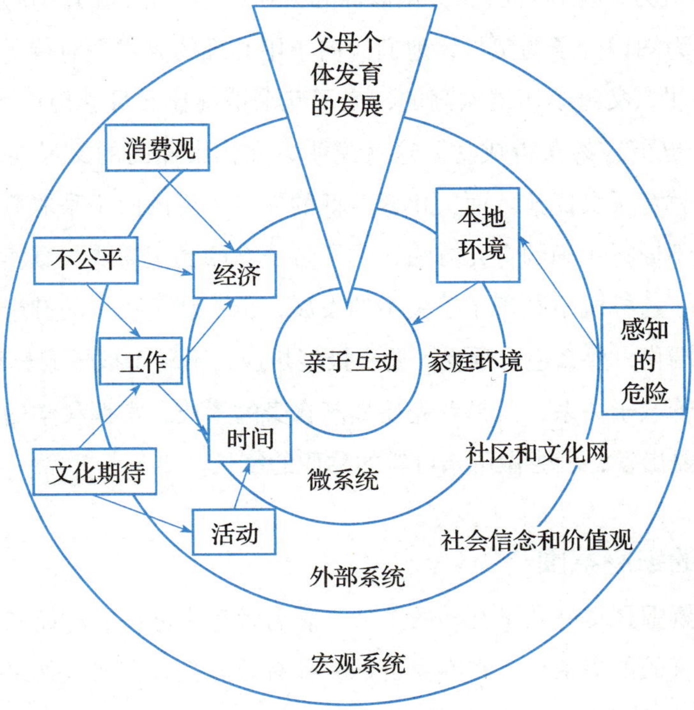

图 7－2　影响个体发展的环境系统

儿童首先接触的是父母，然后是家庭其他成员、幼儿园或学校环境，最后是广阔的社会。如果亲子关系受到第三方影响，而这个影响是积极的，那么亲子关系会朝着更良好的方向发展，反之则会破坏亲子互动。

第二节　亲子互动指导

在亲子关系中，由于孩子还小，很多事情都听从父母，因此父母一般占主导地位，要想改善亲子关系，必须先从父母入手，父母要不断改变和完善自己以使亲子关系更加和谐。

一、提高父母文化素养

提高父母文化素养是良好亲子互动的前提。每个家长都希望自己的孩子成才，也都希望自己和孩子的关系亲密无间。但这两方面又是存在矛盾的，为了让孩子成才，就要对孩子严加管教，严加管教又会造成孩子和父母关系的紧张，如果协调不好，不但不利于孩子成才，还会破坏亲子关系。那么，如何才能更好地协调二者的关系呢？这就要求家长从自身作出努力，提高自己的文化修养和素质，学习正确的教养方法和互动方式。巴斯卡指出：身为知识分子的父母，他们倾向于用心理的方式去对待子女，而非生理的方式。有研究表明，父母学历层次高的，亲子互动情况比父母学历层次低的要好得多，培养出来的孩子也更容易获得成功。这就说明，文化素养高的父母能更好地和子女交流，也能更好地教育子女成才。而文化素养低的父母，更倾向于采取简单、粗暴的方式对待孩子，他们不懂得正确的育儿方法，不了解子女的真正需要与真实水平，从而使教育与实际相脱离，这样既不利于亲子关系的发展，也不利于孩子的健康成长。培养出来的孩子也容易极端化，要么逆来顺受，要么极度叛逆，不利于孩子成长和成才。

因此，要改善亲子关系，父母首先要提高自身的素质，掌握科学的育儿方法，真正从子女发展的需要出发，学会做可亲可敬的称职的家长。

二、创设良好的家庭氛围

良好的家庭氛围是良好亲子互动的条件。著名教育家苏霍姆林斯基认为：家庭氛围既是进行家庭教育的前提条件，它本身也是一种有效的教育方式。如果说孩子是一颗种子，那么家庭就是土壤，家庭心理氛围便是空气和水分。因此，家庭氛围对孩子的成长至关重要。在温暖、和谐的家庭环境中，父母与子女能够更为直接、开放、充满耐心地讨论相互之间的分歧，较少出现沟通问题，亲子互动良好；相反，在充满敌意、强制的家庭环境中，亲子之间在沟通时，经常相互抱怨、缺乏耐心，对冲突经常采取回避态度，从而使亲子沟通难度加大、问题增多，形成恶性循环，导致亲子互动越来越不顺畅。所以，家长要努力创设良好的家庭氛围。

（一）父母要建立密切的家庭成员关系

现代家庭中的亲子，既是长辈和晚辈的关系，也是朋友的关系。从第一层意义上看，父母要爱护子女，关心他们的成长，帮助他们成人、成才；而子女则要尊重和爱戴父母。从第二层意义上看，父母与子女之间应该平等，相互尊重，特别是父母应尊重孩子的人格。夫妻之间更应相互理解，共同承担家务和教育子女的责任。家庭人际关系的和睦有利于家庭成员的心理相容，避免心理冲突，使家庭成员的心理健康水平不断提高。

（二）父母要重视与子女的交流互动

在家庭教育中，父母要从思想上认识到亲子互动的重要性和必要性，从行为上投入更多的时间和精力，和孩子多沟通、多交流，了解孩子的需要，让孩子时刻感受到父母的关爱。即使工作再忙再累，也要抽出一点时间留给孩子、留给家庭。

（三）在亲子互动中注入情感因素

孩子需要的不是表面上的爱，不是随便的亲吻、甜言蜜语、撒娇放任，更不是强烈的自我情感。很多家长容易走极端：要么极其严格，希望孩子按照自己设计好的模式发展，稍有不从，就对孩子严加管教；要么极其宠爱，对孩子百般迁就，用老百姓的话说就是“捧在手里怕摔了，含在嘴里怕化了”。这些都是不好的家庭教育方法。正确的家庭教育应该是严格中包含宽容，宽容中渗透着严格。在为孩子创造必要的物质环境的同时，还要注重培养孩子的自理能力，教育孩子自己的事情自己做。

因此，父母在亲子互动中要注入情感因素。比如，利用亲子游戏进行亲情教育，改善亲子关系。游戏是婴幼儿日常生活的主要活动，他们通过游戏学习并发展自己各方面的知识与技能。亲子游戏就是指父母鼓励性地参与婴幼儿的游戏活动，与孩子一起动手完成任务，并在这一过程中激发孩子的积极情感，增进亲子之间的情感交流，使孩子乐于学习，愿意接受父母的教育，同时也使父母对子女更关心，更真切地感受和了解子女的内心需要，为家庭教育指引正确的方向。在亲子游戏的过程中，父母还应该以自己开朗的、善于交往的性格，战胜困难、取得成功的坚强意志和永不言败的乐观态度，帮助孩子在各种活动中获得快乐，培养孩子的乐观精神和对生活的热爱。

三、了解孩子

了解孩子是良好亲子互动的基础。自古就有“因材施教”一说，教育孩子时，要根据孩子的不同性格、不同气质采用不同的教育方法和教养方式。比如对待自负的孩子，就要经常指出他的不足，提出恰当的批评；而对待自卑的孩子，则要多鼓励、多赞扬。在亲子互动中，要想更好地增进亲子关系，父母一定要了解孩子的气质类型和性格，采取与之相适应的互动方式和教养方法。下面针对四种气质类型分别谈谈与之适应的亲子互动策略。

（一）难养型孩子的亲子互动策略

对于难养型孩子，从新生儿时起，父母就应该着重培养其规律的生活习惯，给他一个安静的环境。对于反应剧烈、过于敏感的儿童，要避免激怒他，更不要打骂，而应该耐心地说服教育。在亲子互动中，逐步引导孩子学会克制自己，纠正任性、刁蛮、不讲理等不良习惯，并可通过有节奏的运动、音乐、舞蹈、游戏及规律性行为的养成，来疏泄他们过剩的精力。避免在公共场合批评、指责孩子，保护他们的自尊心。遇事多采取冷处理的方式，即在孩子情绪激动时，不要理睬，等他平静下来再提起此事，并让他自己评价对待事情的做法，如哪些是对的，哪些是错的，指导孩子以后遇到类似事情应如何正确处理。

对于适应能力差的孩子，要先让他们接触安全的环境和友善的陌生人，并事先提醒他们应该怎么去做。父母不要总是不放心，过多地包办代替，应注意培养孩子独立生活的能力，自己的事情自己做。多用鼓励性语言，如多说“你真棒”“我相信你一定会做好”之类的话，增强孩子的自信心。

同时，父母在处理家庭问题时，夫妻之间应遵循“要接纳，不要改造”的原则，互相谦让，互相理解，克制自己，尽量不要当着孩子的面争吵。给孩子更多的关爱、体贴，并不断用美好的语言进行刺激，使孩子的激烈情绪得到缓解。这样形成良性的亲子互动，便可为孩子创造一个温馨、和谐、稳定、轻松的家庭环境，有利于保持密切的亲子关系。

（二）启动缓慢型孩子的亲子互动策略

对于这种气质类型的孩子，父母首先要创造一个活泼、温馨的家庭环境，用轻松、节奏感较强的音乐以及用大而鲜艳的玩具或带有响声的玩具等，刺激宝宝的视觉、听觉及感知觉，使他们对外界事物产生兴趣。要经常与孩子讲话，刺激孩子大脑的语言中枢，促进孩子的语言发育。

针对孩子不爱说话、不愿与人交往的特点，要尽量多和孩子一起做些亲子游戏，在孩子能和父母敞开交流、互动后，再多带他们去公共场所，多与别的小朋友接触。在孩子和其他小朋友玩耍的过程中，培养他们的交往能力，并利用周围事物吸引和教育孩子，激发他们对外界事物的兴趣和热情。平时多鼓励孩子独立思考，多做独立的、力所能及的事情，克服对父母过于依赖的不良行为。到了适宜的年龄，要及时将孩子送到幼儿园，增加其与人交往的机会。切忌觉得孩子很乖而置之不理，只顾做自己的事情，很少去关心孩子，使孩子逐渐形成抑郁、孤独、不合群、不善交往等不良性格。

（三）易养型孩子的亲子互动策略

这一类型的孩子生来性情温顺，比较容易照料，也比较容易沟通交流，与父母的互动也十分和谐。但父母不能因此就忽视了对他们的教育，也应该注意正确引导，使孩子向更好的方向发展。

（四）中间型孩子的亲子互动策略

这一类型的孩子气质特征和行为特征比较复杂，介于前三种类型之间。有时偏向于难养型，有时又偏向于启动缓慢型。针对这类孩子，父母更要下大力气了解孩子的心理，遇到事情要先弄清孩子当时的心理状态和想法，再根据具体情况采取相应措施。平时要多和孩子交流互动，经常带孩子一起参加亲子活动，加深亲子之间的感情，同时，注意培养孩子的各方面能力，让孩子在温馨、和谐的家庭互动中健康成长。

四、运用正确的教养方式

运用正确的教养方式是良好亲子互动的保障。通过长期的实践和对比，研究者们发现民主型的教养方式是最科学的教养方式。民主型教养方式的特点是严慈相济，父母在教育孩子的过程中，应该既把孩子当作子女，也把他们当作朋友，当作与家长有平等关系的公民，力求做到尊重、赏识子女，与孩子交朋友，对孩子微小的进步给予鼓励和表扬，帮助孩子在成长的过程中不断进步。

当前有些家长还存在片面的家庭教育观念，例如：重养育轻教育；重生理轻心理；重智育轻德育；重做事轻做人。这些错误观点的共同特点就是功利性太强。这些错误观念对孩子的健康成长会产生不利影响。家庭教育的观念一定要与时俱进。同时，家庭教育观念的现代化不能一劳永逸，它是一个动态的、不断发展更新的过程。家庭教育的质量不仅与家长的知识经验有关，而且与家长的家庭教育观念有关。家长要关注孩子的长远发展、全面发展。

我们传统的教育观念是，孩子要完全服从于父母，父母给了孩子生命、给孩子提供衣食住行，孩子就应该听父母的。这种专制、独裁的态度，容易让子女对父母产生逆反心理，极大地危害家庭和谐，对孩子的身心发展都极为不利。《中国青少年网瘾报告》指出，有两类孩子更容易沉迷网络：一是父母管教特别严格的家长制家庭的孩子；二是母亲比父亲在管教中作风强势家庭的孩子。可见，专制型教育方式已经不适合当今家庭了。

当今家庭提倡民主型教育，要求家长对孩子距离要亲近，教育要亲切，关心要亲热；态度要和气，方式要和顺，交往要和谐。多研究和了解孩子的心理需要，给予适当的满足，力求建立起亲密、亲爱、亲热的亲子关系。随着年轻父母受教育水平的不断提高，他们对子女的教育也逐渐趋于合理化。良好亲子关系的培养与发展，正越来越受到家长与教育工作者的重视，其相关的理论和实践也在不断涌现和发展，亲子关系作为家庭教育的核心内容，必将对子女的发展产生深远的影响。

五、创设巧妙的互动机制

巧妙的互动机制是良好亲子互动的催化剂，创设巧妙地互动机制可以有效地增进亲子互动。亲子互动的机制分为暗示、模仿、感染、撤回爱护、体验结果等。

（一）暗示

暗示是指在无对抗的条件下，人们对接收到的某种信息迅速无批判地加以接受，并依此作出行为反应的过程。在亲子互动中，很多过程是通过暗示发生的。

案例

小明，10岁，非常喜欢动手，力所能及的事都自己做，还经常帮妈妈做家务。可每当这个时候，父母总会冲他大喊“做作业去！”，要么就是“走开，别添乱！”，小明渐渐地就没有积极性了。

在这个案例中，父母并没有向小明讲太多道理，而是明白无误地暗示了他“你帮忙只会添乱，你做不好”。这样的暗示一旦形成，就会使孩子对自己形成不客观、不准确的评价，以为自己一无是处，更可怕的是孩子会形成错误观念，如认为只有学习才是唯一应该做的事。

如果案例中的父母不是指责，而是鼓励和认可，利用一起做家务来进行亲子互动，不但可以拉近亲子间的距离，而且可以锻炼孩子的自理能力，同时能让孩子在劳动中发现自己的优点，并能体会家长的辛苦。因此，有效利用暗示的互动机制，能促进亲子互动的顺利进行。

（二）模仿

模仿是指有意或无意地对某种刺激作出类似反应的行为方式。模仿的内容极为广泛，不仅限于行为举止，而且包括思维方式、情感取向、风俗习惯及个人性格等。因此，父母要做到言传身教，给孩子做好榜样。

父母是孩子的第一任老师，也是孩子终身的老师。父母的一言一行，无不潜移默化地影响着孩子的成长。因此，父母日常生活中的言传身教，是重要的家庭教育方式。家庭教育对父母来说，首先是自我教育。孩子是父母的一面镜子，通过孩子这面镜子，家长可以看到自身的缺点。家长对孩子的教育能力不是天生的，也需要在不断的摸索与学习中成长，优秀孩子多是优质教育的结果，问题孩子多是问题家庭的产物。孩子的问题大多不是孩子自身造成的，而是父母问题的折射，父母常常是孩子问题的最大制造者，同时也是孩子改正错误与缺点的最大障碍。

（三）感染

感染是人们相互影响的一种互动方式，是指人们通过某种方式引起别人相同的情绪和行为。感染实质上是通过情绪的传递和交流发生行为的改变。亲子互动中充满了感染的现象，家庭教育也正是通过感染而有效发挥作用的。如果希望孩子和你亲近，和你无话不谈，那么作为家长，你就必须用你的真诚和爱感染孩子，奠定亲子互动的感情基础。

（四）撤回爱护

撤回爱护是亲子互动中常用到的一种方法，是一种更隐蔽、更间接地强迫婴幼儿服从的方法。它常常表现为直接的不赞成的言语，如“你那样我不喜欢”，或间接的冷淡、失望、不感兴趣，如不理睬孩子。在某些方面，撤回爱护比使用家长的权力有着更好的效果，是使孩子马上服从的有效办法。

但撤回爱护也只能导致婴幼儿外在行为的有限变化，仍不能使婴幼儿将新的社会规范转化为自己内在的要求。例如，它可以使婴幼儿抑制对他人的愤怒和敌意，但不能使其获得不需要父母监督的新的道德标准和信念。

（五）体验结果

情绪的感染有时要通过对结果的体验来完成，家庭中的情绪体验是一个复杂的过程，强烈的情绪体验会给孩子和成人均留下深刻的印象，所以亲子互动中情绪的运用总比逻辑的运用更为频繁，尤其在孩子年幼时期。

总之，理想的亲子互动不是一蹴而就的，家长要先管理好自己的言行举止，为孩子树立正面的榜样，与孩子一起成长。

第三节　亲子互动观察评估指导

亲子互动观察是指在家庭、观察室等场所，观察婴幼儿和养育人之间的互动行为表现。互动过程可以是自然发生的场景，也可以通过设定一些需要亲子共同完成的任务来进行。亲子互动观察评估即通过现场观察或通过视频资料，用一些标准的、量化的工具对互动过程中的亲子双方的行为表现进行评估。评估人员一般由经过专业培训，并具有心理学和婴幼儿发展相关知识和专业背景的人担任。

评估报告是基于观察得出的分析结果，或许并不能反映日常亲子互动的所有情景。

评估不是智力测试，也不是临床诊断，不具有诊断价值，只是科学育儿的辅助参考。

通过观察评估可以了解婴幼儿社会性发展、育儿行为和亲子互动的重要性，根据报告提示的优势和劣势，有针对性地开展科学养育。家长也可以根据评估报告的提示或建议自行查阅科学育儿方面的资料进行学习。

一、亲子互动观察评估场景

（一）亲子互动观察评估场景的类别

亲子互动的观察场景可以分为三大类：一是日常生活场景中的现场观察；二是实验室环境下的现场观察；三是通过录像设备对以上场景的视频录制而进行的远程观察。生活场景能够真实地反映日常生活，但是情节更加复杂，需要评估师具备婴幼儿心理行为发展的相关知识，并且非常熟悉评估量表的条目。实验室观察的好处在于场景简单，按照标准的实验流程设计，婴幼儿和照护人能够在任务诱导下出现预期的行为和观察要点；其缺点是少数亲子组在实验室的表现可能和日常生活中有一定的差距。

（二）实验室场景设计和设施设备要求

在安装有录像设备的“亲子互动室”或者没有人打扰的环境下，对每对亲子组分别实施 8min 左右的视频拍摄。要求每对亲子组完成三个环节的活动：设定的任务（2～3min）、自由玩耍（2～3min）和整理（2～3min）。三个环节由工作人员引导切换或语音提示切换。亲子活动的内容是根据婴幼儿年龄设定的任务：搭积木。要求任务的难度稍微超出孩子的能力，家长在其中扮演引导者的角色。

（三）任务设置和设备场地需求

（1）10～15m^2 的亲子观察室，要求环境安静，不受打扰。

（2）一张桌子，两把椅子，桌椅高度和婴幼儿的身高相适应。

（3）道具 1：10 个立方体积木；道具 2：一盒形状各异的不规则积木。

（4）亲子互动任务指导手册。

二、亲子互动观察操作流程

（一）前期引导

由观察员引导孩子和养育人进入观察室，孩子和养育人按照自己的意愿选择座位。出于安全考虑，年龄较小的孩子可坐在养育人身上。随后观察员询问孩子年龄，根据孩子年龄找到合适的任务。

（二）第一个环节

（1）观察员给出道具1（10个立方体积木）和指导手册（翻到和孩子年龄对应的任务页）。

（2）观察员给出指导语："现在请家长和宝宝一起完成这个任务。"

（3）观察员离开观察室，通过室外观察设备观察互动行为，约3min（时间到了即结束这个环节，不要求必须完成"课题任务"）。

（三）第二个环节

（1）第一个环节结束后，观察员进入观察室收回道具1和指导手册。

（2）给出道具2：一盒形状不规则的积木。

（3）观察员给出指导语："现在你们可以自由地玩/随便玩了。"

（4）观察员离开观察室，通过室外观察设备观察互动行为，约3min（时间到了即结束这个环节）。

（四）第三个环节

（1）观察员进入观察室收回道具2。

（2）观察员给出指导语："现在可以收拾整理积木了。"

（3）观察员离开观察室，通过室外观察设备观察互动行为，约2min（时间到了即结束这个环节）。

三、视频拍摄要求

（一）视频拍摄一般原则

一方面需要按照一般视频拍摄要求，如光线、取景、格式等基本要求进行拍摄；另一方面注意拍摄时不打扰拍摄对象、面部表情可读、对话内容清晰。拍摄时一般不需要过多运用镜头技巧，原则上使用机架，确保拍摄画面清晰可分析。

（二）实验室视频拍摄

在观察室的四个墙角（墙面）距地面1m处安装摄像头。摄像头或录像设备必须具有采音功能，可以清晰地录制对话内容。如果只有一个可以移动的摄像头或者摄像机，能捕捉到大人和孩子的面部表情也可以。也可以在房间外面放置观察设备，如网络摄像机，来录制和存储视频资料。

四、亲子互动任务指导

第一步：根据婴幼儿年龄完成评估设置的任务，时间 2 ～ 3min。

第二步：婴幼儿自由玩耍，工作人员提供积木等玩具，时间 2 ～ 3min。

第三步：收拾整理玩具（将积木或道具收拾到盒子中），时间 2 ～ 3min。

五、亲子互动评估量表

下面介绍复旦大学童连教授主持亲子互动评估研发课题组开发的亲子互动评估量表，内容包括儿童维度和养育人维度。其中儿童维度包括自主性、应答性、共情、运动抑制、感情抑制五个方面，养育人维度包括敏感性、应答性、对自主性的尊重、社会情感的培养、认知能力的培养五个方面。

（一）儿童维度

1. 自主性（1= 非常不明显，2= 不明显，3= 一般，4= 明显，5= 非常明显）

儿童与养育人互动的主动性：

（1）在看到道具的时候，对着养育人说话或者发出声音回应。

（2）在互动过程中笑，以对课题任务的实施作出回应。

（3）孩子主动地看着养育人以引起对方的注意。

（4）孩子自发地与养育人进行互动。

（5）孩子试图激发养育人的回应。

2. 应答性（1= 非常不明显，2= 不明显，3= 一般，4= 明显，5= 非常明显）

儿童对养育人的行为作出明显的反应：

（1）当养育人作出非语言的行为时，儿童作出回应，如看着养育人或道具。

（2）当养育人试图与儿童对视时，儿童则看着养育人的眼睛或脸，做出回视。

（3）养育人说话后 5s 内，儿童发声或说话。

（4）养育人的表情、动作或姿态变化后 5s 内，孩子发声或说话。

（5）养育人微笑或很高兴时，孩子也表现出快乐的情绪。

3. 共情（1= 非常不明显，2= 不明显，3= 一般，4= 明显，5= 非常明显）

儿童根据养育人的情感表达作出回应，而没有不自然的行为：

（1）在没有被要求的情况下，孩子为了与养育人在情感上产生共鸣，指向道具，把道具展示给养育人或交出道具。

（2）孩子为了获得信息或者寻求理解而看着养育人的脸。

（3）养育人说话后 5s 内，孩子以发声或说话的方式对养育人作出反应（50% 以上的时间）。

（4）养育人说话后 5s 内，孩子微笑。

（5）养育人的表情、动作或姿态变化后 5s 内，孩子对这种改变作出反应（50% 以上的时间）。

4. 运动抑制（1= 非常不明显，2= 不明显，3= 一般，4= 明显，5= 非常明显）

儿童的行为无异常，并能针对课题作出适当反应：

（1）儿童注视着道具或以肢体语言表示对课题感兴趣。

（2）孩子对课题任务作出适度的身体动作上的回应。

（3）孩子对课题任务作出明确的动作反应，如接近道具或者远离道具。

（4）在互动过程中，孩子作出清楚的臂部运动（如拍掌、伸胳膊、摆手，击打、指点或推搡）。

（5）孩子没有多动行为。

5. 感情抑制（1= 非常不明显，2= 不明显，3= 一般，4= 明显，5= 非常明显）

孩子能调节自己的感情：

（1）在养育人试着抚慰孩子后 15s 内，孩子的不愉快情绪消失。

（2）在没有养育人抚慰的情况下，孩子的不愉快情绪消失。

（3）在没有养育人任何回应的情况下，孩子的不愉快情绪消失。

（4）孩子寻求养育人的帮助或安慰。

（5）孩子对养育人的行为和表情的改变没有神经过敏性的不安。

（二）养育人维度

1. 敏感性（1= 非常不明显，2= 不明显，3= 一般，4= 明显，5= 非常明显）

养育人对儿童所处环境和参与任务的感知和把握：

（1）养育人把孩子安置在安全和免受打扰的位置。

（2）养育人把孩子安置在能接触并便于操作道具的位置。

（3）在互动开始的部分，养育人先引起孩子的注意，再正式开始课题任务。

（4）当孩子注意力集中的时候，养育人作出指导。

（5）当孩子没能完成课题任务时，养育人调整孩子或道具的位置。

（6）使孩子保持在自己的视线范围内。

（7）养育人待在孩子身旁并且对孩子很关注。

（8）养育人关注孩子声音、表情和姿态变化，必要时作出回应。

2. 应答性（1= 非常不明显，2= 不明显，3= 一般，4= 明显，5= 非常明显）

养育人对孩子的行为作出回应：

（1）在互动中，养育人至少有一次从总体上对孩子的努力给予表扬。

（2）养育人采用积极的、富有感情的或者抚慰的语言。

（3）在孩子笑、发声或者说话后 5s 内，养育人笑或者抚摸孩子。

（4）养育人作出非语言的抚慰（如拍、抚摸、抚爱、亲吻）。

（5）养育人通过玩游戏或者给孩子新的玩具等方式来转移孩子不安的情绪。

（6）当孩子表现很好或者比以前有进步时，养育人对孩子进行口头表扬。

（7）当孩子表现很好或者比以前有进步时，养育人对着孩子微笑或者点头。

（8）养育人对孩子的发声给予富有感情的口头回应。

3. 对自主性的尊重（1= 非常不明显，2= 不明显，3= 一般，4= 明显，5= 非常明显）

养育人尊重孩子的自主性：

（1）至少在对孩子作出正式指导的 5s 前，养育人允许孩子接触道具。

（2）在互动中，当孩子开始行动时，养育人中止自己的行为。

（3）养育人没有用身体强迫孩子完成任务。

（4）养育人会停下来给孩子思考的时间和自己尝试的机会。

（5）在养育人作出指导之后和下一次介入之间，至少给孩子 5s 的时间尝试自己完成。

（6）在养育人正式开始实施课题任务之后，仍然允许孩子使用道具做与课题任务无关的动作。

（7）养育人没有针对课题任务实施情况，对孩子作出苛刻的或者负面的评价。

（8）养育人在干预孩子实施课题任务之前，至少有一次鼓励孩子独立完成任务。

4. 社会情感的培养（1= 非常不明显，2= 不明显，3= 一般，4= 明显，5= 非常明显）

养育人促进孩子社会情感的发展：

（1）在互动中，养育人没有负面评价孩子。

（2）养育人没有对孩子喊叫。

（3）养育人没有粗鲁的举止。

（4）养育人没有打孩子（如拍、击或者打屁股）。

（5）养育人没有向观察员负面评价孩子。

（6）养育人在互动过程中的姿势和表情很放松（50% 以上的时间）。

（7）在互动中，从养育人的行为举止能看出对孩子的疼爱之情。

（8）在互动中，养育人在口头上鼓励孩子或者指导孩子。

5. 认知能力的培养（1= 非常不明显，2= 不明显，3= 一般，4= 明显，5= 非常明显）

养育人鼓励孩子认知能力的发展：

（1）在互动的大部分时间内，养育人把自己的和孩子的注意力集中在任务上（至少 60% 以上的时间）。

（2）养育人向孩子描述道具的属性。

（3）养育人至少用两种不同的句子或短语向孩子描述道具。

（4）在互动中，养育人用说明式的口气而不是用命令的口气。

（5）养育人的指导清楚而不含糊。

（6）养育人既要用口头描述，也要用非口头的指导。

（7）养育人采用“教学环”（提醒、指导、演示和反馈）指导孩子。

（8）任务实施的时间长短、自由玩耍时的任务难度和孩子的年龄相适应。

六、评估指导说明

（一）儿童评估内容说明

1. 儿童社会性

儿童社会性是指儿童与人进行社会交往，建立人际关系，理解、掌握和遵守社会行为准则，以及控制自身行为和情感的心理特性。

2. 重要性

儿童社会性的发展有利于促进儿童的情商发育，对其儿童期和成年期健康成长都有积极作用。对儿童进行评估主要包括以下五个方面的内容：

（1）主体性：儿童与养育者互动的主动性，是自我主张、自我表达的一种能力。

（2）应答性：儿童对养育者的行为作出明显反应的能力。

（3）共情：儿童根据对养育者真实感受的理解和想象，产生与之一致或相似的情绪体验，并在行为动作上有所反应。

（4）运动抑制：儿童无异常动作行为，并能控制自己的动作，是对身体进行控制的一种能力。

（5）感情抑制：孩子调节自己情绪的能力，是自我控制和调节的一种能力。

3. 结果分项解释和养育指导

教育指导可以提取一些量表条目，比如对于低于 3 分的项目给予解释。

（二）养育人评估内容说明

1. 养育者的互动能力

养育者的互动能力是指养育者在亲子互动过程中对孩子行为和情感方面的支持，能够充分关注、尊重和适当地回应孩子，必要时能给予孩子帮助或引导。

2. 重要性

提高养育者的互动能力有利于增进家长和孩子之间的情感交流，有利于孩子身心的健康成长，有利于激发孩子的内在潜能。对养育者进行评估主要包括以下五个方面的内容：

（1）敏感性：养育者能正确解读孩子，必要时进行适当的关注。

（2）应答性：养育者对孩子的行为、要求作出及时和适当的回应。

（3）对自主性的尊重：养育者尊重孩子的自主性。

（4）社会情感的培养：养育者促进孩子社会情感的发展。

（5）认知能力的培养：养育者促进孩子认知能力的发展。

3. 结果分项解释和养育指导

根据亲子互动水平总得分，有针对性地提取一些量表条目，比如对于低于 3 分的项目给予解释，并以此为依据对养育人进行指导。

本章小结

本章主要介绍了亲子互动的概念和重要性、儿童健康评估模型、社会生态系统理论、亲子互动指导、亲子互动观察评估指导等内容，要求在理解基本理论知识的基础上，掌握亲子互动指导的基本操作技能技巧，以及亲子互动观察评估的基本流程和方法，能够在实践中指导家庭构建和谐的亲子关系，指导与评估亲子互动活动。

同步练习

一、选择题

1. 现代西方社会学把互动分为三个层次，分别是（　　）。

A. 感官的互动　　B. 情绪的互动　　C. 理智的互动　　D. 社会的互动

2. 亲子互动是指父母和子女间的相互交往活动，其特点是（　　）。

A. 血缘性　　B. 亲情性　　C. 短暂性　　D. 长期性

3. 根据儿童健康评估模型，影响儿童发展的因素主要有（　　）。

A. 遗传　　B. 养育环境　　C. 养育者　　D. 儿童

4. 亲子互动的机制包括（　　）。

A. 暗示　　B. 模仿　　C. 感染

D. 撤回爱护　　E. 体验结果

5. 亲子互动观察评估场景类别包括（　　）。

A. 日常生活场景中的现场观察

B. 实验室环境下的现场观察

C. 实时监控观察

D. 通过录像设备的视频录制进行的远程观察

二、判断题

1. 亲子互动就是亲子关系，二者是同一概念的不同表达。（　　）

2. 亲子互动对婴幼儿心理发展有极其重要的影响。（　　）

3. 儿童自我概念的形成与发展，需要有社会互动和认知发展作为前提条件。（　　）

4. 婴幼儿的社会化过程很大程度上是在亲子之间的相互作用中进行的。（　　）

5. 儿童自身的气质特征和性别等因素不会对父母的教养行为产生影响。（　　）

三、简答题

1. 简述亲子互动的重要性。

2. 如何创设良好的家庭氛围，为良好的亲子互动提供必要的条件？

3. 亲子互动观察的操作流程是怎样的？

四、思考题

1. 如何根据儿童健康评估模型理解亲子互动意义？

2. 如何对难养型孩子进行亲子互动实践指导？

第八章　家庭管教指导技巧

学习目标

知识目标

1. 了解婴幼儿基本家庭管教理论及其重要意义。
2. 了解针对婴幼儿行为采取的管教策略。

能力目标

1. 能对婴幼儿行为问题进行评估。
2. 掌握构建良好亲子关系的方法。

素养目标

1. 通过学习婴幼儿家庭管教理论知识，指导家长正确地管教孩子，促进婴幼儿健康成长。
2. 通过了解婴幼儿行为问题，在婴幼儿教育过程中重视对婴幼儿心理的关注。

本章导览

- 家庭管教指导技巧
  - 基本家庭管教理论
    - 行为与后果
    - 良好的亲子关系
    - 行为问题评估
    - 行为问题的影响因素和处理原则
  - 有效管教技巧
    - 建立良好的亲子关系
    - 培养良好行为
    - 应对行为问题
  - 管教陷阱
    - 常见的管教陷阱
    - 应对策略
    - 指导实践

案例导入

蜷缩在角落里的昊昊

昊昊和爸爸妈妈爷爷奶奶居住在一起。由于爸爸妈妈上班较忙，经常是爷爷奶奶陪伴昊昊。3 岁的昊昊是个古灵精怪、活泼好动的男宝宝，喜欢跑跳，不经意间会打翻桌上的物品，制造些小混乱。昊昊不听话时，爷爷有时候会揪住他的耳朵，嘴里夹杂着脏话教育他。在托育机构，昊昊喜欢躲在桌子下面或者房间的角落里，身体像小猫一样蜷缩在一起，嘴里说着脏话。

问题：你如何看待上述现象？如果你是婴幼儿发展引导员，你会如何处理？

第一节　基本家庭管教理论

一、行为与后果

刚出生的婴儿是十分孱弱的个体，无法独立生存。即使是在幼儿期，幼儿自我照料、自我保护的能力欠缺，缺乏知识、经验，也必须依赖成人才能生存。婴幼儿的依赖性，决定了成人要为他们提供必要的生活环境、物质条件、精神支持，要给予婴幼儿精心的照顾与养育，这是婴幼儿得以生存和健康成长的重要保障。

婴幼儿教育主要指的是对 0 ～ 6 岁的婴幼儿所实施的教育，是根据婴幼儿智能发育的规律，进行有组织、有目的的丰富的环境活动，促进婴幼儿智能发育。婴幼儿身体运动、认知状态、交流技能、社会性品质等的发展都处在十分关键的时期，会为未来的教育发展打下基础。因此，良好的婴幼儿教育非常重要。抚育者教养方式是指一个家庭中抚育者相对稳定的教养态度、行为模式和行为倾向，能对婴幼儿与青少年的价值观和行为的形成起影响作用。

（一）行为的含义

狭义的行为是指个体表现在外且能被直接观察、描述、记录或测量的行为表现。如小童在墙上画画、小丹在家里地板上哭着打滚、小宝自言自语地玩着玩具。广义的行为不限于能直接观察可见的外在活动，还包括外在行为线索，以及间接推论的内在的心理活动和心理过程。

婴幼儿的行为是指婴幼儿在主客观因素影响下而产生的外显行为，包括婴幼儿的动作、语言、表情、神态等，以及由此推理出的内在心理活动。其具有以下三个关键特征：（1）行为在自然情境中发生；（2）行为可以被记录或编码；（3）行为能够用清晰、明确的术语来描述，无须或几乎不需要观察者介入。外显行为可体现为快速、直接的行为反应。如小婷和妈妈走在路上，看到马路对面有小朋友在唱歌，她便停下脚步聆听。外显行为还可体现为迟缓、间接的行为反应。如托育园午餐要开始了，保育员将小饼干放在桌子上，康康看到后，走向餐桌准备伸手去拿。突然康康停了下来，静静地看着小饼干发呆。内隐心理指的是一个人的认知、情感、意念和个性心理等内在心理活动。外显行为与内隐心理联系密切，可以通过观察外显行为活动及其他相关因素，来科学合理地推理人的内隐心理。内隐心理会影响外显行为的表达，也可通过外显行为表现出来。因此，养育者在养育婴幼儿的过程中，要注意通过观察其外显行为、内隐心理，及时作出调整。

婴幼儿行为观察指的是研究者按照一定的目标和计划，对婴幼儿行为进行系统观察，并记录分析，从而推测评估婴幼儿心理发展水平的一种研究方法。

婴幼儿行为观察与评价具有重要意义，主要体现在以下三个方面：

（1）从婴幼儿角度：可以保障婴幼儿安全，评估婴幼儿发展状况并及早干预，促进婴幼儿身心健康发展。

（2）从婴幼儿家长角度：可以理解婴幼儿行为，促进亲子关系和谐发展，有利于家园合作共育。

（3）从婴幼儿教师角度：可以了解婴幼儿发展状况，发现婴幼儿的学习兴趣，理解婴幼儿个体差异，提升教育教学质量。

知识链接

我国重视婴幼儿教育

根据2021年10月23日发布的《中华人民共和国家庭教育促进法》，家庭教育是指抚育者或者其他监护人为促进未成年人全面健康成长，对其实施的道德品质、身体素质、生活技能、文化修养、行为习惯等方面的培育、引导和影响。

(二)后果

近年来，婴幼儿情绪发展与社会性发展的关系成为研究的热点。婴幼儿社会适应性研究发现，婴幼儿不良情绪发泄与失控会导致行为问题增加，进而影响到同伴关系的良好发展。不善于对不良情绪进行自我调节的婴幼儿更容易产生各种内化问题，在社交情境下容易陷入紧张和焦虑中，被同伴排斥、拒绝。艾森伯格（Eisenberg）等人的观察研究证实，情绪调节水平低的孩子更容易形成攻击、抑郁和社交退缩等问题行为。我国学者徐岩研究发现，情绪调节与幼儿的退缩行为密切相关，即情绪调节能力越强的孩子，其退缩行为就越少。连光利研究发现，情绪发展与婴幼儿行为问题存在显著相关性。情绪发展异常的婴幼儿行为问题的发生率要高于情绪发展正常的婴幼儿。

随着社会的发展，健康的概念日益完善，婴幼儿教育的观念也在不断扩展和深化。婴幼儿教育，主要应体现在对婴幼儿身体机能和心理能力的促进方面，以帮助婴幼儿更好地发展与完善。

管教是指在严格限制下所实施的一种赏罚严明的教育。不恰当的教育方式、管教方法可能会对婴幼儿产生不良影响。

不当的惩罚会造成四种后果（4个“R”）：

（1）愤恨（Resentment）：“这不公平，我不相信大人。”

（2）报复（Revenge）：“这回他们赢了，但我下次会扳回来。”

（3）反叛（Rebellion）：“我偏要对着干，以证明我不是必须按他们的要求去做。”

（4）退缩（Retreat）：1）偷偷摸摸——“我下次绝不让你抓到”；2）自卑——“我是个坏孩子”。

孩子们通常不会清醒地意识到自己在遭受惩罚时内心所作出的决定。他们未来的行为很有可能受到潜意识影响，造成长期的负面后果。内隐心理会通过外显行为表现出来。孩子们语言表达不出的内容，可能会在行动中体现出来。当孩子失败或犯错时，会本能地产生害怕等情绪，内心出现谴责自己愚蠢、无能等负面的自我评价信息。在懊恼、自责、恐惧等负面情绪中，孩子当时并不知道自己做了什么决定，但这些负责情绪却在潜意识中积聚和生长。有的孩子可能会变成“讨好者”性格，尝试通过多种方式取悦别人。有的孩子可能不愿面对自己的错误，选择采取多种行为来掩盖自己的错误，甚至通过选择性遗忘来寻求内心的平衡。如果孩子在内心不断贬低自我价值，当他们感到无能为力时，很有可能会选择自暴自弃。

美国婴幼儿心理学家德雷克斯认为，“如何在尊重孩子、给孩子平等自由的同时，让孩子尊重规则，承担责任、赢得合作，这是现代教育的基础课题”。在正面管教领域，德雷克斯有一句非常重要并且广为流传的话："孩子需要鼓励就像植物需要水。"

孩子在某一处境中进行的行为如得到正面的结果，他再进行该行为的概率会增加。相反，如果结果是负面的，则再进行该行为的概率会减小。家长如果要帮助孩子建立良好行为，便应给予孩子正面后果，如果要减少不当行为，便应给予负面后果。

二、良好的亲子关系

良好的亲子关系是有效管教的基础，而且对儿童的成长有重大的帮助作用。良好的亲子关系能够提升孩子的自信与安全感，帮助孩子树立正面的自我形象，促使孩子主动探索以及尝试新事物，最终使孩子发展出良好的社交能力。

（一）亲子关系的含义

亲子关系在遗传学中指的是亲代与子代之间的生物血缘关系。不同的研究者以不同的视角界定亲子关系，但普遍认为亲子关系指的是亲代与子代的关系。因此，亲子关系可概括为：以血缘和共同生活为基础的抚育者与子女之间的关系。从家庭角度讲，亲子关系是家庭中夫妻关系之外，第二种最基本、最重要的关系，是维系家庭的第二纽带。

亲子关系是人际关系的一种，与其他人际关系相比，其具有以下特点：

（1）不可替代性。亲子关系是以血缘关系为基础的关系，其他任何关系都不可代替。亲子关系的缺失，很有可能会对孩子未来的身体成长、心理发展产生巨大影响。

（2）持久性和不可变更性。只要亲子双方的生命体客观存在，亲子关系就一直存在，无法变更。

（3）不平等性。在亲子关系中，抚育者一方具有先天的优势，处于关系的主导地位。孩子则处于关系相对被动的地位，受抚育者支配。

（4）阶段性。亲子关系从孩子被孕育的那一刻就已形成，但抚育者需要根据孩子成长过程中生理心理的发展特点，不断地调整教育策略，以满足孩子成长发展的阶段性需要。

（二）亲子关系的影响因素

亲子间的相互作用并不是孤立存在的，它受到来自亲子双方及其周围环境等诸多因素的影响。

1. 抚育者的个性因素

抚育者的性格、爱好、兴趣等因素对其教养行为有直接的影响。如脾气暴躁的人容易成为专断型抚育者，脾气温和、性格平稳的抚育者相对而言更易接受孩子的行为和态度。

2. 抚育者的教育观念

对孩子发展抱有极高期望的抚育者可能常采用高控制的教养方式。对孩子将来不抱太高希望的抚育者，则可能放任孩子，表现出过分宽容的教育态度。

3. 抚育者的受教育水平

抚育者的受教育水平高低、社会经济地位（如抚育者的职业状况和经济收入水平等）以及夫妻关系对子女的交往关系、身心发展，都有相当程度的影响。

4. 婴幼儿自身的发育水平

婴幼儿自身的发育水平和发展特点也是影响亲子关系的重要因素。婴幼儿经常性的行为表现，不仅决定着抚育者采取何种教养方式，而且可能影响抚育者对婴幼儿产生的“看法”，从而影响抚育者对子女将来发展的期望以及教育方法的运用。

三、行为问题评估

（一）行为问题的分类

行为问题的表现形式多种多样，不同学者对其进行了不同的分类。国外学者对行为问题的分类具有代表性的主要有以下两种：一是迈克尔·温德尔（Michael Windle）把问题行为分成两类：（1）心理性的行为，如退缩行为、抑郁焦虑情绪、神经质、敏感；（2）干扰性的行为，具有外显性和破坏性，如违反课堂纪律、违法学校规章制度、攻击性行为等。二是美国心理学家阿肯巴克（Achenbach）总结并提出了 118 条常见的行为问题，大致分为六种：社交退缩、抑郁、睡眠、体诉、攻击、破坏性行为问题，前两种（社交退缩、抑郁）构成内向性行为问题，最后两种（攻击、破坏性行为）构成外向性行为问题，睡眠、体诉等构成混合性行为问题。

根据我国实际情况，国内学者对婴幼儿行为问题进行了分类，其中具有代表性的有两种：一是左其沛将行为问题分为四种类型：过失型、品德不良型、攻击型和退缩型；二是目前广泛运用的婴幼儿心理行为问题分类，即将其分为心身疾病、婴幼儿情绪障碍、婴幼儿行为障碍、婴幼儿情绪 / 心理因素引起的身体器官功能障碍 4 类。

（二）行为问题的测量

专家学者们对行为问题的研究多以量化研究为主。随着研究不断深入、科技不断发展，行为问题的测量工具数量和种类日渐增多。研究的侧重点与出发点不同，形成的行为问题检测量表也不同，使用较多的有以下几种。

1. 康氏儿童行为量表（Conners Child Behavior Rating Scale）

康氏儿童行为量表根据评定者的不同，大致可分为三种问卷，由教师进行评定的问卷、由抚育者进行评定的问卷以及由抚育者和教师共同进行评定的问卷。其中抚育者评定量表（PSQ）的使用较为广泛。该量表于 1970 年由康纳斯（Conners）等人编制，共 93 个项目，并于 1978 年进行修订，共有 48 个题目，主要用于筛查 3 ～ 17 岁幼儿、儿童及青少年的行为问题（特别是多动症）。1993 年唐慧琴等人对该问卷进行了中文修订，经检验信度和效度较好，并将其作为筛查儿童行为问题的量表在临床上进一步推广应用。问卷共六个因子，包括品行问题、学习问题、身心障碍、冲动 - 多动、焦虑、多动指数，基本涵盖了儿童行为的常见问题。

2. 鲁特儿童行为问卷（Rutter Behavior Rating Scale for Children）

该问卷是由英国儿童精神病学专家鲁特（Rutter）设计的，分为教师问卷和家长问卷。20 世纪 80 年代该问卷被引入我国，主要用于学龄儿童行为问题的流行病学调查，也通常被作为临床诊断儿童行为和情绪问题的依据。家长问卷共 31 个题目，主要包括一般健康问题和行为问题两个方面。行为问题又分为两类：A 行为和 N 行为。其中 A 行为是指违纪行为，N 行为指的是神经症行为。该问卷采用三级计分，0 表示无此类行为发生；1 表示偶尔会发生，指发生的频率低或者表现的症状轻微；2 表示发生的频率高，症状的程度严重。

3. 阿肯巴克儿童行为量表（Child Behavior Check List，CBCL）

该量表于 1976 年由美国心理学家阿肯巴克（Achenbach）等人编制，并于 1983 年进行了修订，是众多量表中内容较为全面且使用频率最高的一种问卷。其适用年龄为 4 ～ 16 岁幼儿、儿童及青少年。1991 年阿肯巴克对 CBCL 再一次进行修订，将年龄范围扩大到 18 岁。目前该量表可以用于流行病学调查、临床行为评定，也可用于追踪治疗效果。该量表已被多个国家引进并广泛应用，各国使用者一致认为其信度、效度较好。

四、行为问题的影响因素和处理原则

（一）行为问题的影响因素

影响婴幼儿行为问题的因素众多，如母亲孕期状况，婴幼儿自身生理心理因素，家庭因素，托育机构、园所等教育机构因素等。

1. 母亲孕期状况对婴幼儿行为问题的影响

母体作为个体生活的第一场所，母亲孕期状况与婴幼儿身心发育密切相关，母亲孕期及围生期各种不良因素可能是导致婴幼儿问题行为的生物学危险因素。蔡春凤等人认为，产前母亲心理应激对后代的情感或认知发展会产生消极的影响，如容易出现注意力缺陷、活动过度、焦虑、语言发育迟缓等问题。杨仁梅等人的研究发现，孕期用药、妊娠合并高血压、妊娠合并心脏病、孕期负性情绪，以及产后抑郁等因素对婴幼儿心理行为的健康发展具有显著负向影响。

2. 婴幼儿生理心理因素对行为问题的影响

研究表明，精神发育迟滞的婴幼儿，其行为和情感问题的发生率高于正常发育的婴幼儿。婴幼儿的气质与行为问题关系密切，李雪莉的研究显示，不同气质类型婴幼儿在品行问题、学习问题两因子的得分上差异显著，难养型气质的孩子和具有不稳定个性特点的孩子易产生品行问题。胡湘英等人的研究表明，学龄前婴幼儿活动水平高、易退缩、适应性差、情绪消极及坚持性低等气质特点能显著预测行为问题。

3. 家庭因素对婴幼儿行为问题的影响

大量研究证实了家庭因素中的教养方式、家庭环境、抚育者生活质量、抚育者情绪、抚育者人格等对婴幼儿行为发展的重要意义。叶慎花的研究指出，社交退缩、攻击、抑郁和身体主诉因子与教养方式中的放任、溺爱等不良教养因子呈显著正相关。顾莉萍等人探讨了幼儿行为问题与家庭环境之间的关系，结果表明正常组和行为异常组孩子家庭环境的情感表达、娱乐性、矛盾性、知识性、组织性、控制性等均表现出显著差异；其中正常组幼儿家庭环境中的积极因子得分较高，而消极因子比异常组得分要低。抚育者生活质量会影响到抚育者的情绪以及对待孩子的方式与态度，从而对孩子的行为产生影响。刘爱书等人的研究指出，行为问题婴幼儿抚育者生活质量低于正常婴幼儿抚育者，抚育者身体健康不良、没有良好的社会支持，都会对婴幼儿行为发展产生负面影响，抚育者生理和精神的生活质量越低，婴幼儿发生行为问题的概率越大。梁宗保等人的研究表明，抚育者婚姻质量高的婴幼儿外显和内隐的行为问题均低于抚育者婚姻质量低的婴幼儿。

4. 托育机构、园所因素对婴幼儿行为问题的影响

婴幼儿进入托育机构、园所后，其身心发展易受到托育教师行为与态度、教学方式及学习负担的影响。有研究证明，公办园婴幼儿的心理行为问题发生率低于民办园，公办园婴幼儿抑郁、不合群、攻击因子行为得分低于民办园婴幼儿，公办园办学条件优越，更注重婴幼儿身心健康，而民办园则比较注重经济效益，往往忽略了婴幼儿的心理健康。

（二）行为问题的处理原则

1. 科学性

抚育者应了解婴幼儿不同发展阶段的特点，客观对待婴幼儿个体成长差异性，根据不同年龄段分别制定相应的教育和引导措施，尊重婴幼儿成长的身心需求。同时，遵循科学的方式方法，避免过度教育。

2. 深入性

抚育者要明晰婴幼儿行为问题出现的深层原因，可针对婴幼儿出现的相关行为问题采取有效的教育方法，科学合理地处理婴幼儿行为问题。对于外显行为问题，抚育者可以引导孩子关注并改善自身的行为问题，促进婴幼儿的身心健康成长。

3. 及时性

应对表现出行为问题的婴幼儿及时关注，及时发现问题，及时给予心理关怀和引导。

知识链接

0～36个月婴幼儿部分行为表现

为促进婴幼儿认知能力的发展，抚育者的首要任务就是引导婴幼儿识别并熟悉周围环境中的具体物体，了解其具体功能与用途；在认知过程中引导婴幼儿学习语言，理解生活中的一些简单现象，促进其思维能力不断由低级向高级发展。在《上海市0～3岁婴幼儿教养方案》中，对婴幼儿行为表现进行了具体说明，部分内容如表8-1所示。

表8-1　0～36个月婴幼儿部分行为表现

新生儿（0～1个月）	•当看见人的面部时活动减少 •哭闹时听到抚育者的呼唤声能安静 •对他讲话或抱着时表现安静，当抱着时会表现出独特的姿势
2～3个月	•逗引时出现动嘴巴、伸舌头、微笑和摆动身体等情绪反应 •能忍受喂奶的短时间停顿 •看见最主要抚育者的脸会笑 •自发微笑迎人，见人时手足舞动表示欢乐，笑出声 •哭的时间减少，哭声分化，用哭声表示不同的需求 •开始注视自己的手，并出现吮指现象 •能辨别不同人说话的声音及同一人带有不同情感的语调

续表

4～6个月	•开始注意看图书，常抓起书试着放进嘴里 •会对着镜子中的人像微笑、发音，会伸手试拍自己的镜像 •随着抚育者情绪的变化而变化自己的情绪 •看到抚育者时，会伸手举起，期望被抱一抱 •能辨别陌生人，对熟悉的人有偏爱 •开始怕羞，害羞时会转开脸和身体 •高兴时大笑 •当让其独处或别人拿走他的小玩具时会表示反对 •会用哭声、面部表情和姿势动作与人沟通
7～9个月	•懂得成人面部表情，对成人说“不”有反应，受责骂不高兴时会哭 •表现出对家庭成员的喜爱，对熟悉、喜欢他（她）的成人伸出手臂求抱 •对陌生人表现出各种行为，如怕羞、转过身、垂头、大哭、尖叫 •喜欢玩躲猫猫一类的交际游戏，而且会笑得非常激动、投入 •喜欢和抚育者玩重复的游戏，如拍手、再见、躲猫猫等游戏 •当从他（她）处拿走东西时，会遭到强烈的反抗 •见到陌生人会盯看、躲避、哭等
10～12个月	•发声时，会模仿他人的手势，面部伴有表情 •喜欢重复的游戏，例如“再见”、拍手游戏、躲猫猫 •显示出更强的独立性，不喜欢大人搀扶和抱着 •更喜欢情感交流活动，还懂得采取不同的方式 •能玩简单的游戏，惊讶时会发笑 •准确地表现出高兴、生气和难过 •以哭引人注意 •对主要抚育者表现出明显的喜爱，开始听从看护者的劝阻 •对同龄人表现出极大的兴趣，会互相凝视或彼此触摸
13～18个月	•能在镜中辨认出自己 •对陌生人表现出好奇 •情绪不稳定，变得容易受挫，受挫折时常常发脾气 •情绪易受感染，看到别的小孩哭时，表现出痛苦的表情或跟着哭 •对玩具有自己的选择偏好 •醒着躺在床上，四处张望 •会依附安全的东西，如毯子等，个别孩子吮拇指习惯达到高峰 •喜欢单独玩或观看别人的游戏活动 •开始能理解并遵从简单的规则 •对常规的改变和所有的突然变迁表示反对，表现出情绪不稳定 •在照片中辨认出家庭主要成员

续表

19～24个月	•能区别成人表情中蕴含的情绪 •对自己的性别有初步的意识，开始用名字称呼自己 •当抚育者或看护人离开房间时会感到沮丧 •与抚育者分离有恐惧 •在有提示的情况下，会说“请”和“谢谢” •对自己的独立性和完成一些技能感到骄傲 •不愿把东西给别人，只知道是“我的” •情绪变化趋于稳定，能初步调节自己的情绪 •交际性增强，较少表现出不友好和敌意 •会帮忙做事，如学着把玩具收拾好 •开始和其他小朋友一起游戏 •游戏时能模仿抚育者更多的细节动作，想象力增强
25～30个月	•有简单的事非观念，知道打人、咬人、抓人不好 •会发脾气，常用“不”表示独立 •知道自己的全名，用“我”来表示自己 •和同伴一起玩简单的游戏，会相互模仿，有模糊的角色装扮意识 •初步意识到他人的情绪，开始表达自己的情感
31～36个月	•清楚地知道自己是男孩还是女孩 •和同伴或家人一起玩角色游戏，如“过家家”游戏 •能和同龄小朋友一起玩，如把玩具分给别人 •害怕黑暗和动物 •会整理玩具，开始知道物归原处 •自己上床睡觉 •大吵大闹和发脾气已不常见，开始能控制自己的情绪 •对成功表现出积极的情感，对失败表现出消极的情感 •开始对故事里的人物投入感情，表达同情 •不愿改变已养成的生活习惯

第二节　有效管教技巧

一、建立良好的亲子关系

唐代孙思邈所著的《千金要方》中记载：“夫生民之道，莫不以养小为大，若无于小，卒不成大。”可见我国自古重视婴幼儿教育，早已深刻地认识到婴幼儿健康的重要性。婴幼儿代表未来，婴幼儿的生理心理健康直接关系到婴幼儿健康成长、民族的繁荣发展。0～3岁是婴幼儿开始适应社会的关键期。婴幼儿从家庭步入社会，其社会适应性发展需要抚育者的帮助、引导。婴幼儿在家庭中学习适应环境，学会与身边人相处，家庭影响着婴幼儿发展的质量，这种影响主要通过亲子关系的互动来实现。因此，在0～3岁婴幼儿的教育工作中，指导婴幼儿家庭建立和谐的亲子关系是一项重要的内容。

亲子关系的质量决定着婴幼儿社会化过程是否顺利、是否会发生障碍或缺陷。亲子教育是最能有效预防、介入、减少婴幼儿家长教养不当，处理婴幼儿问题行为的策略。因此，家长要身体力行，转变观念，树立科学的婴幼儿教育观，努力营造和谐的家庭情感氛围，采用科学的家庭教养方式，积极探索有效的沟通方式，建立起和谐的亲子关系。

知识链接

2021年10月23日第十三届全国人民代表大会常务委员会第三十一次会议通过了《中华人民共和国家庭教育促进法》，其中第十七条规定：

未成年人的父母或者其他监护人实施家庭教育，应当关注未成年人的生理、心理、智力发展状况，尊重其参与相关家庭事务和发表意见的权利，合理运用以下方式方法：

（一）亲自养育，加强亲子陪伴；

（二）共同参与，发挥父母双方的作用；

（三）相机而教，寓教于日常生活之中；

（四）潜移默化，言传与身教相结合；

（五）严慈相济，关心爱护与严格要求并重；

（六）尊重差异，根据年龄和个性特点进行科学引导；

（七）平等交流，予以尊重、理解和鼓励；

（八）相互促进，父母与子女共同成长；

（九）其他有益于未成年人全面发展、健康成长的方式方法。

良好的亲子关系是有效管教的基础。因此，大部分具备研究实证的管教技巧课程都会先向家长介绍建立良好亲子关系的好方法。此外，仔细地记录与分析孩子的行为，有助于家长对症下药，处理孩子行为问题时能更得心应手。

二、培养良好行为

很多父母都会过分偏重以处罚的方式去消减孩子的行为问题，然而，过多或过于严厉的处罚会影响孩子的自尊感。面对孩子的行为问题，父母应先尝试培养相应的良好行为，伴随着孩子良好行为的增多，孩子的行为问题亦会减少。

（一）抚育者要树立科学的婴幼儿教育观

抚育者要在亲子关系中掌握主导权。婴幼儿良好行为习惯的养成，需要抚育者教育、引导。在教育过程中，抚育者要努力营造宽松民主的成长环境。在孩子遇到问题或困惑时，能够与他们平等交流；当与孩子出现分歧或矛盾时，能够与孩子进行民主对话。抚育者的重视与尊重，可以帮助孩子树立自尊心和自信心，培养理性思维。

（二）抚育者要注重言教身教

《中华人民共和国家庭教育促进法》规定："父母或者其他监护人应当树立家庭是第一个课堂、家长是第一任老师的责任意识，承担对未成年人实施家庭教育的主体责任，用正确思想、方法和行为教育未成年人养成良好思想、品行和习惯。"教育心理学研究发现，模仿者对于被模仿者具有强烈的情感联结，正向积极的情感可成为亲子之间关系的润滑剂，促使亲子关系朝着良好的方向发展。孩子模仿性强，其性格的塑造、品质的养成、行为的培养极易受到抚育者行为的影响。抚育者要"善为子师"，在各方面为婴幼儿树立正面形象，起好榜样模范引领作用。

（三）不同代际抚育者要统一标准

目前，我国绝大多数家庭是"4+2+1"的核心家庭模式，许多祖辈参与到了抚养孙辈的过程中。祖辈在学习接受最新教育理念上相对迟缓，关注更多的是婴幼儿物质层面的问题，如吃饱穿暖等方面，但易忽略对孩子性格的塑造、品质的养成、行为的培养。抚育者不一致的教养方式，易导致孩子规则意识淡薄，无法养成正确的行为模式，产生迷茫感和困惑心理，还容易使孩子与抚育者关系生疏，无法建立起应有的亲密感，缺乏足够的安全感。

三、应对行为问题

要有效应对孩子的问题行为，父母应先考虑如何预防、避免问题行为的发生。真正要处理孩子的问题行为时，父母亦应使用适切的方法，收效之余又不会影响孩子的自尊感。

（一）静心分析

抚育者应从问题入手，客观判断问题产生的原因，找到行为问题的产生机制，静心分析婴幼儿行为背后的内在因素，及时关注和解决婴幼儿经常出现的行为问题。如果是婴幼儿缺乏某种能力造成的行为问题，那么抚育者应有意识地去培养婴幼儿的这种基本能力。

（二）科学引导

婴幼儿在不同的年龄阶段有不同的生理、心理发展特点。婴幼儿的生理、心理发展存在个体差异性。抚育者要学习科学文化知识，根据婴幼儿生理心理发育规律及特点，结合婴幼儿个性特征，予以关注理解，并积极采取措施，帮助婴幼儿纠正行为问题。

（三）多方协作

对于行为问题较为严重的婴幼儿，家庭教育指导机构、婴幼儿照护服务机构、早期教育服务机构的婴幼儿发展引导员等专业人员要提醒其抚育者注意婴幼儿行为问题的存在，及时提供辅助咨询等服务。抚育者要积极配合，多方协作，共同帮助婴幼儿纠正行为问题，促进婴幼儿健康成长。

第三节　管教陷阱

一、常见的管教陷阱

常见的管教陷阱有以下几种。

（一）严厉管教

抚育者严厉管教是抚育者对婴幼儿不良行为作出反应而实施的管教活动，其目的是纠正婴幼儿不良行为，使其朝着社会期许的方向发展。抚育者严厉管教是专制型抚育者惯用的教养方式。严厉管教主要涉及心理攻击、体罚和身体虐待三种表现形式。

心理攻击指抚育者使用言语压迫引起婴幼儿心理上、情感上的痛苦与不适，以纠正或者控制婴幼儿的错误行为，如辱骂孩子等。体罚指抚育者企图通过身体暴力引起婴幼儿身体的不舒适感或疼痛以控制或者纠正婴幼儿的行为，但未达到伤害的程度，例如用硬物击打孩子屁股等。身体虐待指抚育者通过暴力行为对婴幼儿实施身体伤害以达到纠正和控制婴幼儿行为的目的，例如用力地将孩子摔倒在地上。

（二）失实期望

对孩子有期望乃人之常情，但若对孩子的期望过高或过低、与孩子的实际能力不相符，会令孩子与父母均承受巨大压力。对孩子期望过高的父母往往会将孩子与其他孩子比较，倾向于把注意力集中于孩子比不上别人的地方，总是觉得孩子不及别人好，然后不停地催逼孩子，增加孩子压力，导致孩子出现情绪行为问题。

相反，有些父母对孩子期望过低，缺乏对孩子合理的要求、约束及训练，认为孩子长大后自然会改变。特殊需要婴幼儿的父母更可能会因过分呵护或溺爱，阻碍婴幼儿发展或纵容其偏差行为。父母需要知道，就算婴幼儿患有发展性障碍，他们的能力在适当的指引及练习下亦会有所进步。

父母应在两者之间取得平衡：客观地考虑孩子本身的能力及个人需要，带着合理的期望、有智慧地分析婴幼儿的行为，接纳包容孩子无法或未能改变的情况，同时勇于面对可改变的情况，让孩子一步一步地成长。

（三）双重标准

有些父母惯于朝令夕改，或同一件事在不同情境下采用不同的处理方式，这会让孩子无所适从，从而衍生行为问题。如：母亲答应孩子半小时内完成功课就可以骑单车，但当妈妈空闲时就带孩子去骑单车，忙碌时就不带，孩子就不能因应父母的准则去调节自己的行为。

除此以外，父母或家庭成员之间的管教方式不同，也会令婴幼儿无所适从，或让孩子从中获取希望得到的东西。例如：妈妈因孩子出现偏差行为而拒绝为其买玩具，孩子向有求必应的爸爸提出要求后得到玩具，久而久之，孩子便懂得了不用服从妈妈的指令。

父母应尽量做到在不同情境、不同时段管教方式一致，父母或不同家庭成员之间也应互相沟通与协调，以一致的方式管教孩子。如父母若能好好运用 ABC 行为分析记录法，与不同家庭成员一起收集与孩子问题行为有关的资料并加以分析，将有助于制定一致的管教方式去应对孩子的问题行为。

（四）有样学样

孩子会观察及模仿其他人的行为，因此父母的言传身教尤为重要。如果父母本身经常将污言秽语挂在嘴边，任他们怎样管教孩子，也不要期望孩子能有礼貌地说话。要让孩子学到好行为，父母就要时刻约束自己的行为。执行家规管教时，家长需制定所有家庭成员都要遵守的家庭规则，除了用来提醒孩子遵守外，也提醒其他家庭成员要为孩子树立良好的榜样，让孩子从中学习到合适的行为。

（五）缺乏赞赏

一些父母认为孩子做得好是应当的，不用刻意去赞赏孩子，甚至怕会夸坏孩子。可是，父母要注意的是，在成长过程中，孩子需要从父母的反应中学习到哪些是好行为，哪些是不好的行为。如孩子作出某行为，父母加以赞赏和认同，那孩子就知道这是个好行为，重复该行为的概率就会增加。如果孩子作出某行为，父母没有反应，则孩子未能知悉这是个好行为，重复该行为的概率就不会增加，甚至会减少。因此，父母应多赞赏孩子，让赞赏成为推动孩子进步的动力。

然而，有些父母经常赞赏孩子但不得其法，以致其赞赏未能有效地推动孩子进步，例如："你真是一个好孩子！"这种空泛的赞赏未能让孩子知悉哪些行为获得了父母的认同，不能有效地鼓励孩子的良好行为。很多时候，配合适当的"奖励"及"好孩子计划"可以更有效地培养孩子的良好行为。

（六）无意鼓励

父母有时会无意中鼓励孩子的不当行为。例如：孩子要求吃糖果，父母拒绝，然后孩子发脾气，父母为了安抚孩子，就给孩子糖果。如此，孩子就学会了只要发脾气，父母就会满足他们的要求。下次当父母拒绝他们时，他们便会以相同的方式应对。

父母应坚定地管教孩子，一旦拒绝了孩子的要求，就应避免因孩子的脾气而妥协。在公共场合，因害怕他人注视的目光，父母特别容易无意中鼓励孩子发脾气的行为，对此父母应多加留意。父母遇到此类问题行为时可考虑采用"忽视不理"的管教技巧。

（七）指令失当

当父母发出指令但孩子没有反应时，父母很多时候都会显得不耐烦，甚至觉得孩子故意不服从，没想到是指令失当，令孩子难以跟从。

对此，父母需要注意以下几点：

（1）内容的多少：太少不足以给孩子足够的指引，太多会令孩子难以记住指令内容。

（2）指令的难度：父母发指令时要留意孩子的理解能力及解难能力，指令的难度需与其能力相符。

（3）指令的形式：不宜用问题的形式发指令，如"好不好?""行不行"?"可不可以?"；也不宜用词太空泛，如"把事情做好吧!"。父母发出的指令应力求精简。

（八）不当惩罚

严厉的惩罚能起到震慑的效果，可以在短时间内令孩子屈服，制止其不当行为，因此，很多父母会采用体罚的方式来处理孩子的问题行为。然而，严厉的惩罚会影响孩子的情绪、自信心、自尊感、信任感。父母严厉地惩罚孩子，等于告诉孩子，遇到不如意的事情可以用暴力解决，于是孩子会在日常生活中有样学样，以暴力对待别人。

此外，有些父母会威胁孩子，但事实上却未能施行这些惩罚，例如：你再打人，我就报警叫警察抓你。当孩子发现父母只会威胁，不会真的付诸行动时，就更加不会服从父母了，而且会不断地试探父母的底线。

面对孩子的问题行为，父母可采用不同的“适切后果”去处理孩子轻微至严重的问题行为，包括“暂停享乐”“自然后果”“承担责任”“停想时段”“隔离区域”等管教技巧。

（九）情绪失控

为什么孩子和父母会经常情绪失控？这也可能是从亲子互动中学来的。假如孩子平静地提出要求，父母拒绝；于是孩子采取较激烈的行动，不断地苦苦央求，父母依然拒绝；孩子再采取更激烈的行动，大声呼求，父母依然拒绝；孩子的行动更为激烈，大哭大闹，父母忍受不了，于是妥协。久而久之，就和“无意鼓励”的情形相似，孩子学到提要求要大哭大闹方才有效，于是放弃温和的方式，每次都以吵闹的方式提出要求。

父母的情况与孩子类似：父母温和地发出指令，孩子不服从，父母开始生气地发指令，孩子仍没有反应，于是父母愤怒地斥责孩子，但孩子依然爱理不理；直到父母愤怒得吼叫时，孩子才服从指令。久而久之，父母便学会了要吼叫，孩子才会服从，于是父母会放弃温和地提出要求。孩子也学会不去理会父母的温和要求，只在父母吼叫时才服从。

如果父母能学会平静地发出精简的指令，同时以“忽视不理”的方法来应对孩子的哭闹行为，并用“适切后果”的相关管教技巧来应对孩子的不服从行为，父母及孩子就会减少互动中的失控情绪。

（十）关系恶劣

有些父母关系恶劣，经常发生冲突，甚至在冲突时说出不恰当的话或大打出手。遇到这些情况，有些孩子会误以为是自己的过错，心情受到影响，部分孩子会因而衍生出情绪问题，如情绪低落或忧虑等。此外，当孩子不安的心情得不到疏解，可能就会衍生出行为问题。在耳濡目染之下，更可能以不恰当的话语或攻击性行为对待别人。因此，父母应避免在孩子面前争执，尽量营造和谐的家庭气氛。

除此之外，要想有效地以正面技巧来管教孩子，良好的亲子关系是一项重要的影响因素。如果父母与子女之间关系恶劣，任何管教技巧也难以彰显其效用。因此，父母应先着重建立良好的亲子关系，多与孩子沟通、多与孩子一起玩耍，为应用正面管教技巧打好基础。

作为成年人，父母同时承受着来自四方八面的压力，如工作压力、照顾上一代的压力、照顾特殊需要孩子的压力。如果父母承受的压力过重而得不到舒缓，很多时候会影响自己的管教方法，不自觉地更多应用不合适或过分严厉的管教方法，导致孩子的情绪及行为问题。如果孩子的情绪及行为问题恶化，父母的亲职压力又再加重，形成恶性循环，进而影响整个家庭。

压力不能避免，也逃避不了，所以要学会应对压力。父母有时需要暂时放下孩子，进行减压活动，照顾自己的需要，如：适量运动、安排与兴趣相符的闲暇活动、多亲近大自然、参与志愿者活动或义务工作、学习减压技巧。父母的压力缓解了，将压力转移到孩子身上的机会自然就会减少了。

二、应对策略

2015 年教育部出台的《关于加强家庭教育工作的指导意见》（教基一〔2015〕10 号）明确提出：要不断提升家庭教育水平。亲子教育就是指为培养正确教养子女的抚育者而进行的增进抚育者教养知识、能力和改善亲子关系的技巧，是最能有效预防、介入、减少学前婴幼儿家长教养不当与婴幼儿问题行为的策略。在实施亲子教育过程中，需要注意以下几点。

（一）树立正确的家庭教育理念，提高管教能力

婴幼儿的抚育者或者其他监护人应当树立正确的家庭教育理念，自觉学习家庭教育知识，针对婴幼儿不同年龄阶段的特点，进行有针对性的学习，掌握科学的家庭教育方法，提高家庭教育的能力。

（二）重视亲子双向互动，增强管教效能

艾里克森认为，建立良好亲子关系绝不可忽视婴幼儿的主体作用。婴幼儿在新生儿期就已表现出独特的个性，不同类型的婴幼儿如易养型、难养型、启动缓慢型和中间型，受抚育者的影响也各不相同。针对难养型婴幼儿，建议抚育者避免粗暴行为，注重给婴幼儿适宜的关爱和满足，及时回应婴幼儿的反应和需求，给予足够的耐心和等待。

（三）多种方式并行，丰富管教途径

亲子教育实施方式分为静态和动态两类。静态方式如讲座讲解、手册说明等；动态

方式如亲子活动等。这两种方式各有优缺点，在管教过程中，婴幼儿照护服务机构、社区等要充分利用亲子教育的实施方式，扩大互动受众面，确保尽可能多的抚育者参与其中。婴幼儿的抚育者或者其他监护人也应当与婴幼儿照护服务机构、社区密切配合，积极参加其提供的家庭教育指导和实践活动，共同促进婴幼儿健康成长。

三、指导实践

（一）尊重婴幼儿

作为婴幼儿的第一养育人，抚育者应将婴幼儿视作平等的自然人、社会人，充分尊重婴幼儿生存发展的权利。抚育者应积极为婴幼儿创设健康的成长环境，提供适宜的成长条件，理解并信任婴幼儿在成长过程中出现的个性行为。但抚育者要避免放任婴幼儿的问题行为。

（二）关爱婴幼儿

婴幼儿成长发展需要抚育者给予充分的关爱与呵护。因此，抚育者应尽量满足婴幼儿不同阶段的身心发展需要，让婴幼儿在愉悦的环境中健康成长。但抚育者要避免溺爱婴幼儿。

（三）支持婴幼儿

婴幼儿具有好动、好奇、好模仿的特点，身为抚育者要支持并鼓励婴幼儿的探索发展行为，并积极为此创造条件，帮助婴幼儿在探索中获得经验和技能。但抚育者要避免过度包办。

（四）回应婴幼儿

抚育者在教养婴幼儿的过程中，应敏感地了解婴幼儿的需求并予以回应。及时有效的回应方式会给婴幼儿足够的安全感，帮助婴幼儿树立对外部世界的信任。但抚育者要避免有求必应，无止境地满足不合理需求。

知识链接

正面管教

正面管教是一种既不惩罚也不娇纵的管教孩子的方法。孩子只有在一种和善而坚定的气氛中，才能培养出自律、责任感、合作以及自己解决问题的能力，才能学会使他们受益终身的社会技能和生活技能，才能取得良好的学业成绩。

正面管教的步骤如下：

（1）表达对孩子感受的理解。

（2）表达对孩子的同情而不是宽恕。

（3）告诉孩子自己的感受。

（4）让孩子重视解决问题。

本章小结

本章主要介绍了婴幼儿基本家庭管教理论及其重要意义；通过分析影响亲子关系的因素，寻求构建良好亲子关系的方法；对婴幼儿行为问题进行分类、测量、评估，研究婴幼儿行为问题的影响因素，探讨处理婴幼儿行为问题的处理原则；介绍常见管教陷阱，提供婴幼儿行为问题的应对策略，提出指导实践的基本要求。

同步练习

一、选择题

1. 婴幼儿的行为是指婴幼儿在主客观因素影响下产生的外显行为，包括（　　）。

A. 动作　　B. 语言　　C. 表情　　D. 神态

2. 不当的惩罚造成的后果有（　　）。

A. 愤恨　　B. 报复　　C. 反叛　　D. 退缩

3. 以下管教行为被视为消极型管教方式的是（　　）。

A. 心理攻击　　B. 体罚　　C. 身体虐待　　D. 退缩

4. 应对问题行为的基本策略包括（　　）。

A. 树立正确的家庭教育理念　　B. 重视亲子双向互动

C. 多种方式并行　　D. 采取严厉惩罚

5. 家庭正面管教指导实践的基本要求包括（　　）。

A. 尊重婴幼儿　　B. 关爱婴幼儿　　C. 支持婴幼儿　　D. 回应婴幼儿

二、判断题

1. 我国自古就重视婴幼儿教育。(　　)

2. 0～3 岁是婴幼儿开始适应社会的关键期。(　　)

3. 儿童社会性的发展首先是从社会开始的。(　　)

4. 只有那些对婴幼儿自我概念的发展有重要影响的人才被称作“重要他人”。(　　)

5. 正面管教是一种既不惩罚也不娇纵的管教孩子的方法。(　　)

三、简答题

1. 亲子关系的影响因素有哪些?

2. 应对婴幼儿行为问题，可采取的方法有哪些?

四、思考题

多多今年三岁了，以前乖巧听话的她最近动不动就发脾气，和父母唱反调，不刷牙、不洗脸、饭前便后不洗手。父母不让做的事情，她偏偏要做。父母给她的玩具，她不要，不给她的玩具，她偏偏很喜爱。

如果你是多多的家长，遇到这种情况会如何处理?

第九章　婴幼儿家园共育指导

学习目标

知识目标

1. 了解家园共育的意义、模式和形式。
2. 了解智慧托育的概念和常见的智慧托育设施的使用。

能力目标

1. 掌握婴幼儿入园准备指导内容和方法。
2. 掌握避免入园焦虑指导内容和方法。
3. 掌握家园关系指导内容和方法。

素养目标

1. 通过学习家园共育基本知识，宣传指导家园共育对促进婴幼儿健康发展的意义。
2. 通过掌握家园共育指导内容和方法，推动构建和谐的家园关系。

本章导览

- 婴幼儿家园共育指导
  - 家园共育概述
    - 家园共育的概念
    - 家园共育的意义
    - 家园共育的模式
    - 家园共育的形式
  - 家园共育的指导内容和方法
    - 婴幼儿入园准备指导内容和方法
    - 避免入园焦虑指导内容和方法
    - 家园关系指导内容和方法
  - 家园共育智慧管理平台使用指导
    - 智慧托育的有关概念
    - 智慧托育应用管理场景
    - 常见智慧托育设施介绍

案例导入

孩子喜欢和父母作对怎么办

果果妈妈和两岁的果果一起来到社区托育中心，趁着果果自己玩，妈妈把社区的汪老师拉到旁边咨询。妈妈说果果最近性情大变，特别喜欢跟别人“作对”，家里人有点摸不着头脑。汪老师笑着宽慰妈妈，两岁的果果正好处于人生第一个“叛逆期”，这是每个孩子都会经历的，果果出现这些行为举止是正常现象。接着，汪老师传授了应对“叛逆期”的一些小妙招，果果妈妈恍然大悟。

问题：如果你是托育中心老师，你应该如何指导父母成为孩子合格的“第一任老师”？

第一节　家园共育概述

一、家园共育的概念

“共育”也称“家长教师合作”“家校交流”“家校联系”等。家园共育是指家庭和托幼园所双方通力合作，共同促进孩子在托幼阶段的教育。在这一过程中，必须是家庭和托幼园所亲密合作、携手共进，缺少其中任何一方都会导致教育的不完整性。我国儿童教育学专家陈鹤琴先生曾说过：“对于幼儿的教育不是家庭教育能够独立完成的，仅仅学校教育也是不能够独立完成的，只有两者通力配合才能达到应有的效果。”这句话告诉我们家庭的早期教育非常关键，它对婴幼儿个性发展的作用是幼儿园教育所无法替代的。婴幼儿在园所接受教育的同时，家庭的教育也不能懈怠放松，而应与托幼园所进行有效的沟通协作，为婴幼儿的健康成长营造适宜的教育环境。

家园共育既不是传统意义上的“家长工作”，也不是一方为主和另一方的“配合”，而是两个同样肩负着婴幼儿人生启蒙教育重任的社会组织及其成员之间的携手。例如，托育机构定期或不定期邀请家长来园参观教育活动，如让家长观看活动、游戏、婴幼儿作品展览等，增进家长对托育工作的了解，在与同龄婴幼儿的比较中，了解自己孩子的水平，学习婴幼儿教育的方法。家庭和托幼园所是婴幼儿生活最密切相关的环境，家庭教育与托幼园所教育是婴幼儿教育的重要组成部分，要实现家庭教育和托幼园所教育的结合与互补，为婴幼儿的全面教育保驾护航。

《中华人民共和国家庭教育促进法》规定“未成年人的父母或者其他监护人负责实施家庭教育”“家庭教育、学校教育、社会教育紧密结合、协调一致”。《幼儿园教育指导纲要（试行）》中指出“家庭是幼儿园重要的合作伙伴”。幼儿教师是家长在教育孩子的过程中不可缺少的协助者，家长对教师的工作要在理解的基础上进行支持，在支持的前提下主动参与，在参与的过程中提高；教师对家长要在尊重中进行沟通，在平等中互相交流，在讨论中寻求共性，在共性中密切合作。家长要意识到有了托幼园所在教育孩子上会获得帮助，幼儿教师也应该明白有了家长的帮助会丰富教育资源，双方只有相辅相成才能实现成功的合作共育。

《幼儿园教育指导纲要（试行）》“总则”第三条指出：“幼儿园应与家庭、社区密切合作，与小学相互衔接，综合利用各种教育资源，共同为幼儿的发展创造良好的条件。”托幼园所教师应本着尊重、平等的原则，吸引家长主动参与托幼园所的教育工作。首先，向家长介绍托幼园所的保育教育工作，争取家长的理解、支持和参与；其次，了解婴幼儿的特点和家庭的需要，有针对性地开展教育工作；再次，家园配合，使婴幼儿在园获得的学习经验能够在家庭中得到延续、巩固和发展，同时，使婴幼儿在家庭获得的经验能够在托幼园所的学习活动中得到应用。

对于家园共育的类型，我们可按家长参与程度的不同将家园共育分为以下三类：低层次的家长参与，即家长只是简单参与信息交流和传递；中等层次的家长参与，即家长走进学校的环境中，以志愿者的身份帮助学校；高层次的家长参与，即学校将教师和父母同等地视为教育孩子的专家，共同为婴幼儿的发展出谋划策。

对于家园共育的理论溯源，布朗芬布伦纳创建的生物生态学理论认为，儿童的身心发展受到与儿童自身直接或间接相关的生态环境的影响，这种生态环境是由若干个系统组织组成的，其中一个系统的变化都会影响到其他系统，这几个系统组织是相互联系、相互制约的。在这一系列系统中，家庭和托幼园所是婴幼儿生活、学习的两个最重要的系统。因此，托幼园所与家庭之间的关系对婴幼儿的发展有很大的影响。加德纳（Martin Gardner）提出的多元智能理论认为，每个儿童具有九种智能，教育工作者只有加强家庭与托幼园所的合作，为儿童创建一个和谐的环境，帮助儿童发扬优点、改正缺点，才能促进儿童的全面发展。因此，家庭与托幼园所两大环境对婴幼儿的知识建构和认知发展具有重要的作用。

二、家园共育的意义

（一）有利于婴幼儿全面发展

家庭和托幼园所是婴幼儿生活和学习的主要场所，是对婴幼儿发展影响最大、最直接的微观环境，也是婴幼儿最早接触的社会文化环境，有着其他任何因素都不可比拟的重要作用。因此婴幼儿教育必须从婴幼儿在这种特定的环境中所经历的活动、承担的角色及建立的人际关系出发，协调与之有关的社会群体的力量，共同促进婴幼儿的发展。

婴幼儿的发展主要是整合从两种场所获得的学习经验的结果。家园共育可以使来自两方的学习经验更具一致性、连续性和互补性。一方面，婴幼儿在托幼园所获得的经验在家庭生活中得到巩固和发展；另一方面，婴幼儿在家庭中获得的生活经验能够在托幼园所学习过程中得到运用、扩展和提升。同时，家园共育互动，能够使家长和教师建立密切的伙伴关系，使婴幼儿获得充足的安全感，学到参与社会生活的积极态度。因此，家园共育互动有利于婴幼儿身心全面发展，符合婴幼儿全面发展的需要。

（二）有利于教育资源的充分利用

托幼园所教育与家庭教育各有对方所不能替代的独特优势。托幼园所是专门的教育机构，幼儿教师是懂得婴幼儿身心发展的特点和规律、掌握科学的幼儿教育方法的专职教育工作者，他们对孩子的教育是有目的、有计划和有组织的。家庭与婴幼儿之间特殊的血缘关系、亲情关系、经济关系使得家庭教育具有强烈的感染性、长期性和针对性，教育内容复杂丰富，教育方法机动灵活。只有托幼园所和家庭发挥各自的优势，才能最大限度地发挥这些教育资源的作用，形成教育合力，共同促进婴幼儿的全面发展。同时，对于家长和教师自身来说，这也是一个共同成长的过程。

（三）有利于促进婴幼儿社会性的发展

人的社会性发展是一个极为复杂的过程。婴幼儿在社会性发展的过程中需要掌握社会经验和社会关系，包括掌握参加社会生活所必须具备的道德品质、价值观念、行为规范，形成积极的生活态度，善于自我调节，掌握交往技能等。这些内容既相互独立又相互依存，轻视其中任何内容都会阻碍婴幼儿身心的和谐发展。通过家园共育，可以一天二十四小时无间歇地使具有不同智能结构和个性特征的婴幼儿在生理和心理的成长关键期得到富有个性的、全面健康积极的发展，为其今后的社会生活打下坚实的基础。

三、家园共育的模式

苏联教育家苏霍姆林斯基在《给教师的建议》一书中多次提到了家庭和学校合作的重要作用及合作方式。苏霍姆林斯基如是说："生活向学校提出的教育任务是如此复杂，以至于没有家庭的高度素养，那么教师付出再大的努力，都不会收到完满的效果。"根据传统家园共育模式的具体表现，可归纳出两种家园共育的具体模式，分别是以园为主和以家为主。而新型的家园共育模式则强调家园双主互补、协同合作。

（一）以园为主的家园共育模式

以园为主的家园共育模式，是指合作的范式与角度主要根据托幼园所的特点与需求确定，相关活动的开展以托幼园所为主，在此基础上指导家长参与相关教育活动。该模式的开展主要包括五个阶段，具体是：内外因评估、谋划组织、部署指导、具体操作、总结。这五个阶段组成了一个不断循环的过程。

虞永平针对幼儿园教师专业发展也提出过类似建议。英国和美国都曾颁布过家园共育方面的相关法律来规定家长必须参与到家园共育工作中来。英国于 1988 年颁布了《教育改革法》，规定要在家长中选出代表加入学前教育的组织里，同时要求为了提高家长的教育水平，地方教育机构要设置家长培训课程。美国联邦政府在 2000 年颁布《早期学习机会法》，该法与英国的《教育改革法》有相似之处，肯定了家园共育的价值，同时对家长真正参与到家园共育中提出了具体要求。

（二）以家为主的家园共育模式

以家为主的家园共育模式，是指家园合作以家庭为中心，其范式和角度主要从家庭方面出发，根据每个家庭的具体情况而变，不采取统一模式。这个模式也分为内外因评估、谋划组织、部署指导、具体操作、总结五个阶段。家庭内外因评估是制定以家为主的家园共育合作方式的第一环节。家庭内外部因素分别由父母及孩子、家庭的社会关系和外部环境构成。谋划组织是指对家园共育进行调整。在部署指导上依然是由托幼园所牵头，由专业人员负责项目的推进。具体操作是指在项目负责人的指导下有计划地对家长进行培训，从而使家长获得相关知识和技能。总结主要是指对活动效果进行评估，进而为下一轮的家园共育工作提供参考。

（三）家园双主互补模式

近年来，“高效的教育需要家园协同合作”这一观念在学前教育领域达成共识。托幼园所和家庭作为影响婴幼儿发展最重要的两个微观系统，也在不断采取更多途径和方法提高家园共育的质量。托幼园所教育和家庭教育各有优势与不足，两者相互独立又相互影响。

首先，家园共育是家庭教育与托幼园所教育相结合的有效形式。托幼园所教育与家庭教育不是彼此独立的，而是相互联系、互相补充的两个部分。家长与托幼园所教师是一对重要的人际关系。婴幼儿教育是托幼园所的教师、婴幼儿的父母和婴幼儿之间形成的一种多方人际互动关系，维持和推进这个关系的最有效的形式就是家园共育，即家庭和托幼园所一起来教育婴幼儿。

其次，家园共育是双方参与者互相教育的过程。在家园共育活动过程中，教师教育能力能得到很好的提高，师德素养也能得到很好的提升，家长可以树立起正确的教育观念，不断提高教育水平。托幼园所教师和家长都能在家园共育中得到锻炼。

四、家园共育的形式

目前，托幼园所的家园共育形式丰富多样，满足了托幼园所与家长沟通交流的需要，拓展了托幼园所与家长沟通交流的渠道。家园共育的具体形式主要有以下几种。

（一）家长委员会

家长委员会是托幼园所开始开展家园共育活动之后首先确立的供家长与托幼园所沟通交流的形式之一。家长委员会由教育经验丰富、关心托幼园所教育的家长代表组成。家长委员会的职责主要是：（1）协调托幼园所与家长的联系，传达托幼园所对家长的要求。（2）帮助家长了解托幼园所工作的计划和要求，反映家长对托幼园所工作的意见和建议。（3）代表家长利益，参与托幼园所管理。（4）动员家长力量，参加托幼园所环境设施的建设等。

（二）家长会议

家长会议主要在开学前、学期中、学期末召开，其任务主要包括以下方面：（1）向家长介绍托幼园所的生活常规、教育任务、教育内容以及形式、方法，让家长配合托幼园所日常活动和参与幼儿日常管理，为托幼园所的建设提出宝贵意见。（2）要对家长委员会进行纳新，托幼园所和家长委员会要向家长介绍家长委员会的主要职责、任务等。（3）积极向家长传达新的教育理念，教授家长新的教育方法等。

（三）家园联系手册

家园联系手册是家园共育的一种有效形式，教师采用书面通信的方法与家长进行联系，向他们报告婴幼儿在园的情况，征求家长们的意见；同时，了解婴幼儿在家庭中的表现情况，共同教育婴幼儿。家长联系手册的内容主要包括园历、教职员工名单及教师简历、托幼园所学期教育目标、婴幼儿作息制度、婴幼儿在园表现、婴幼儿在家表现等。托幼园所应设立专门记录婴幼儿成长的“婴幼儿成长手册”，全面记录婴幼儿一天在园的教育活动情况。婴幼儿入园之后每人一册，每个周末集体进行反馈，家长也可根据婴幼儿某一天的活动表现记录与教师进行沟通交流，解决家长的疑惑。

（四）家长学校

家长学校是指针对如何更好地教育婴幼儿而对婴幼儿家长进行系统的教育和训练的学校。托幼园所举办家长学校，主要聘请婴幼儿保健专家、婴幼儿心理专家、婴幼儿教育专家等，针对家长在育儿方面存在的问题，进行有针对性的个别化和集体化指导，为家长解答疑惑和传授育儿经验。为使家长学校规范化、制度化，通常是让当地德高望重的教师担任名誉校长，建立以家长代表为主体、托幼园所保教人员和社区有关领导参加的“三结合”校务委员会，主任一般由园长担任。

（五）家园共育管理交流平台

随着社会的快速发展，人与人之间的联系不再局限于面对面的沟通与交流，互联网的快速发展为人们异地沟通提供了平台，方便了家长了解教育、了解托幼园所。家园社区全面记录了各托幼园所开展家园共育的主要活动，并以图片的形式介绍各托幼园所的基本教学情况与教学设施。尤其是随着家园共育 App 的使用，依托手机 App 的多种媒体形式，可辅助开展家园沟通、管理。这类可集文本、视频、音频、图像于一体的软件备受大家的欢迎，不仅费用低，而且沟通方便，满足了托幼园所和家长即时沟通的愿望，密切了彼此的关系。

第二节　家园共育的指导内容和方法

一、婴幼儿入园准备指导内容和方法

进入托幼园所学习和生活，对婴幼儿来讲是一件重大的事情。孩子要离开父母和其他家庭成员，进入一个陌生的环境，这肯定会给孩子带来许多焦虑和不安，为了最大限度地消除孩子的焦虑和不安，建议家长在入园前帮助孩子做好以下准备。

（一）生活准备

（1）孩子清楚地知道自己的姓名、爸爸妈妈的名字，最好还能够知道祖父母的名字。

（2）孩子基本知道自己的家所在的街道或村庄的名字。

（3）孩子学会自己吃饭，会使用筷子、勺子。在孩子能够基本自己吃饭的基础上，逐步训练孩子吃饭的速度，切忌不可过分催促孩子。

（4）孩子能够自己穿脱简单的衣服和鞋子，能够分清楚鞋子的左右脚。

（5）当孩子需要大小便时，能够清楚地告诉成年人，最好能够自己大小便，4 周岁以后，应学会自己擦屁股。

（6）孩子知道饭前便后应洗手，会自己洗手，玩耍时手弄脏了知道去洗手。

（7）3 周岁以后，孩子应与父母和成人分床睡觉。

（8）孩子知道收拾自己的玩具，能够与熟悉的朋友分享玩具。

（9）孩子不舒服的时候，知道告诉大人，能够用手指着说出哪儿不舒服。

（二）心理准备

（1）经常带孩子与邻居家的孩子一起玩耍，让孩子喜欢跟小朋友玩耍。

（2）经常带孩子到公共场合去，积极引导孩子结识新朋友，鼓励孩子跟新朋友一起玩耍。

（3）孩子在独立玩耍时，家长有意识地离开孩子的视线，尽量延长时间。当孩子发现家长不在场时，应及时出现，或呼叫孩子。

（4）在正式入园前的一段时间内，经常带孩子到托幼园所玩耍，帮助孩子熟悉托幼园所环境。

（5）和园方一起，引导幼儿熟悉托幼园所的玩具、小朋友和老师。

（6）如果方便，可让孩子适当接触将要进入的那个班级的保教人员，或者把保教人员请到家里来。

（7）孩子学会主动与人打招呼、问好。

（8）入园前，经常给孩子描述托幼园所有多么好玩，以激起孩子对托幼园所的向往。

（三）学习准备

（1）准备书包，应以轻便为要，背带要宽一些，书包上最好带有名片卡。

（2）准备学习用具、水彩笔、油画棒、橡皮泥等。

（3）准备家庭学习环境，最好有独立的房间，为孩子设置小书房、书架、儿童写字台等，也可以和孩子的卧室合为一体。

（四）入园程序

（1）按幼儿园具体要求准备孩子的照片。

（2）到医院进行体检后将体检表交幼儿园存档。

（3）办理和缴纳意外保险。

（4）填写入园登记表，熟悉《家长须知》并签字。

（5）缴纳保教费和学杂费。

（6）领取接送卡，熟悉接送制度。

（7）入班，熟悉带班老师姓名，留下联系方式。

（8）向带班老师简明交代孩子的情况。

（9）询问托幼园所是否有特别交代的事宜。

（五）婴幼儿基本生活能力的训练方法

1. 有规律的作息时间训练

托幼园所都有规定的作息时间，孩子可不能像在家里那样，什么时候吃饭、什么时候睡觉、什么时候玩游戏都可以自己决定，在托幼园所要听从老师的安排，按照作息制度和要求进行各项活动。

训练方法：父母可以先和老师沟通一下，在家里模拟一份作息时间表，比如早上 7:15 起床，7:30 吃早饭，8:00 开始学习和游戏，在家里大人可以教孩子一些简单易学的儿歌，或者和孩子一起做游戏，11:30 午餐，12:00 自由活动，12:30 午睡，14:30 起床，15:00 点心，15:30 游戏、看书，17:30 吃晚饭。

合格标准：孩子能基本上按照家长制定的时间表进餐、睡眠、盥洗、玩耍娱乐。

建议：可能刚开始孩子会不习惯，这时家长可以和孩子来个小小的竞赛，以身作则，慢慢引导孩子适应这样的生活，同时也可以培养孩子遵守时间的好习惯。

2. 自己吃饭喝水训练

在托幼园所没有家长追着孩子喂饭，而且吃饭的时间就只能吃饭，还得自己动手，所以入托之前掌握自己吃饭喝水的技能是很有必要的。

训练方法：给孩子一个尝试自己吃饭喝水的机会，准备一套充满童趣的碗勺、水杯，这可以增加他尝试的兴趣。训练孩子吃饭的时候，首先得教会孩子拿勺子。一般来说，两岁左右的孩子手指的抓握能力已经发育得很好了，鼓励他用小勺子盛起少量的饭粒，再慢慢地将食物送到嘴里。喝水也是如此，先用塑料杯子，水倒得少一点，父母可以先手把手帮孩子控制好杯子的倾斜度，久而久之，孩子就会自己控制了。

合格标准：孩子可以自己拿小勺子吃饭，会用小水杯。

建议：有的孩子喜欢在吃饭的时候玩玩具，但对于即将入托的孩子来说这并不是一个好习惯。父母可以和孩子“约法三章”，约定好吃饭和游戏分两个时间段来做，不可以同时进行。

3. 自己解决大小便训练

孩子的大小便问题一般过了 18 月龄就该训练了，如果孩子想要大小便还不能告诉大人，或者还在使用纸尿裤，那就要引起家长的注意了。托幼园所里的老师没有太多时间替孩子换纸尿裤，而且把裤子尿湿也是一件令人羞愧的事情，所以家长要在入托前对孩子自己解决大小便进行训练。

训练方法：家长上卫生间时可以让孩子一起进卫生间，学习如何上厕所，家长可以边“解决问题”边向孩子现场解说。如果孩子不具备自己如厕的能力可以慢慢训练，但至少要让他具备想要大小便时就告诉大人的能力。

合格标准：孩子可以初步控制大小便，同时在大小便前会有意识，并告诉大人。如厕结束后，自己会提裤子。

建议：如果孩子自己如厕失败，千万不要责怪孩子，孩子还小，“意外”免不了，一旦“意外”发生，家长要冷静地替孩子擦洗干净，努力将“意外”造成的影响最小化。

4. 独立入睡训练

在托幼园所吃完午饭要进行午睡，时间一般为两个小时。许多孩子在家里往往要大人抱着、哄着才能入睡，因此孩子入托后会不适应，到午睡时间就特别想妈妈，所以入托之前妈妈应培养孩子独立入睡的习惯。

训练方法：父母要创造一个相对安静舒适的睡眠环境，等孩子进屋上床了，父母不要立即离开，可以坐在门口，让孩子觉得你并没有离他而去，给孩子一种安全感。如果孩子在床上玩闹不肯睡觉，父母应平心静气地告诉他，这个时候只能在床上睡觉，不能再做别的事情了，千万不要大声嚷嚷或者训斥孩子。

合格标准：孩子在熄灯之后可以独自安静入睡。

建议：如果孩子一直哭闹，家长千万不可心软而破例答应孩子的要求，否则接下来等待家长的，将是每个夜晚的“睡前战争”，孩子的独立入睡习惯将难以养成。

5. 自己穿脱衣服训练

午睡后能否自己穿衣服是孩子自理能力强弱的一个重要标志。大多数孩子脱衣服睡觉没有问题，可穿衣服时就会“洋相百出”：穿错鞋、穿错裤子、衣服穿反、漏系扣子等。

训练方法：父母可以为孩子准备一些比较容易穿脱的衣服，告诉孩子穿脱衣服的顺序，并为孩子示范穿脱衣服，让孩子模仿，然后自己尝试。另外，孩子鞋子的大小也要合适，如果孩子还不能很好地掌握系鞋带的技巧，那么不妨先给孩子换上有搭扣的鞋子，方便孩子刚入托时自己穿脱。

合格标准：不要求速度，但能准确地将自己的衣服和鞋子穿好，不依靠大人的帮忙。

建议：对于年龄较小的孩子，父母可以适当地为他多准备几套衣裤，以便在孩子因如厕、呕吐等弄脏衣服时更换。

6. 自己盥洗训练

孩子喜欢玩，常常把自己的小手小脸弄得很脏，因此家长需要在孩子入托前训练其自己盥洗的能力。

训练方法：孩子喜欢玩水，常常把洗手当作玩水，父母正好可以利用这一点，在游戏中教孩子学会洗手洗脸。当然在这之前，家长需要把盥洗的程序耐心地告诉孩子，也可以通过儿歌的形式来帮助孩子记忆。

合格标准：孩子可以按照盥洗的顺序完成洗漱。

建议：在开始训练的时候，父母可以与孩子同步进行盥洗，加入宝宝的“玩水”游戏中，亲子娱乐的同时还方便孩子学习模仿。

7. 表达自己训练

老师要照看这么多小朋友，可能没有较多时间来揣测孩子的心思，比如孩子饿了、渴了、要上厕所了等，所以家长要教导孩子学会主动向老师表达自己的意愿。

训练方法：平时可有意识地让孩子做些这方面的练习。如：“告诉妈妈，你想干什么？”“你刚才玩什么呀，给爸爸讲讲好吗？”告诉孩子当自己需要老师帮助的时候就要大声向老师说出来，特别是当身体不舒服时更要说出来或用手指出具体的地方（例如头痛、肚子痛等）。这一点非常重要，便于老师及时采取应对措施。

合格标准：孩子会主动向家长“汇报”生活上的一些需要、趣事。

建议：告诉孩子并不一定要等到不舒服了才要跟大人汇报，平时遇到的任何事情都可以与家长沟通，如玩了什么游戏、吃了什么好吃的、为什么哭鼻子等，良好的自我表达能力就是在平时的亲子沟通间培养的。

二、避免入园焦虑指导内容和方法

从家庭到托幼园所，是孩子迈向社会的第一步。可入园难免会给孩子和家长带来分离焦虑问题。孩子是否适应托幼园所的生活？老师会不会喜欢他？孩子与其他小朋友能不能友好相处？孩子会不会被欺负？……这些问题总是让家长忧心忡忡。怎样才能让孩子开开心心地上学？在进托幼园所之前，作为父母应该做好哪些准备？可以从以下几方面来指导父母。

（一）切勿给孩子消极暗示

许多家长在送孩子入园前，经常无意中会对孩子这样说：“你再不乖，过两天就送你去幼儿园。”“这两天让宝宝多玩玩吧，过几天就要到幼儿园去了。”殊不知，这样的言语对孩子会产生很不好的影响，孩子在潜意识中会认为幼儿园就是惩罚自己的地方，这样就会导致孩子在入园前就产生抵触情绪。专家认为，积极的心理暗示是相当重要的。

（二）要带孩子熟悉环境，减少焦虑

托幼园所老师建议家长在孩子入园前，多带着孩子到所要就读的托幼园所附近散步，如果托幼园所允许，还可以到园所中的活动场地玩耍，暗示孩子“这里有许多好玩的”“以后要做幼儿园的好宝宝”等，这样在孩子正式入园时，就会减少对新环境的陌生感和不适应感。

（三）充分信任托幼园所，缓解孩子焦虑

孩子刚到托幼园所一定会经历一段适应期，有的孩子第一天入园还很开心，可是第二、第三天就哭着闹着不想去了。其实这是很自然的现象，孩子第一天有新鲜感，等到接下来几天“反应过来”自己到了一个陌生的环境，难免会哭闹。这时家长尽量不要有过多的猜测，而是要相信托幼园所，在孩子面前表现出对托幼园所的喜欢，这样孩子慢慢也会喜欢托幼园所、喜欢老师的。

（四）父母要学会“狠心”

有些家长把孩子送到托幼园所后，听到孩子哭闹很不放心，便躲在墙角、门后、窗外偷看，还有的中途来看望，这就导致孩子的哭闹时间延长、次数增多。家长不要因为孩子哭闹而“三天打鱼，两天晒网”，否则，孩子就会知道只要哭闹就可以不去上托幼园所了。

（五）新生入园宜早接

刚入园的孩子特别希望家长早点来接，体验与家长团聚的幸福，否则，孩子会产生孤独、失落甚至有被人遗忘的感觉，使孩子更怕上幼儿园。

三、家园关系指导内容和方法

（一）摆正孩子、家长、托幼园所和教师之间的关系

孩子一旦进入托幼园所，即出现了两方六角关系，两方是指家庭和托幼园所，六角关系包括：亲子关系、托幼园所和孩子的关系、师生关系、家长和老师的关系、托幼园所和家长的关系、托幼园所和教师的关系。这些关系的实质有两点：第一是教育，第二是监护。因此，它们不是买卖关系，也不是服务关系。作为托幼园所，应该把为孩子和

家长提供正确的教育和安全的监护放在首位，以规范的师德、过硬的专业能力和良好的职业操守赢得家长和社会的尊敬。

家长作为孩子的第一监护人，对孩子的教养和监护负有法律规定的义务和责任。家长对托幼园所和老师要做到两点：首先是尊师重教，其次是协助托幼园所和老师做好孩子在园期间的教育和监护工作。

（二）家长不要干预托幼园所的教育教学

托幼园所应该满足家长的教育需求，这个说法是错误的。婴幼儿教育是一个系统工程，国家有详细的教育纲要，以保证婴幼儿阶段教育的正确方向、方法和方式。很多家长认为上学就是识文断字，忽视了人格培养，家长仅凭自己对教育的感性认识去选择托幼园所，认为孩子识字越多，托幼园所就越好，这严重地干扰了托幼园所的正常教育活动，迫使一些对婴幼儿教育认识不充分的托幼园所不得不去迎合家长，甚至去讨好家长。此风一开，导致整个婴幼儿教育进入一个恶性循环，竞争之风弥漫开来，最终出现了婴幼儿教育“小学化”的局面，导致孩子不堪重负，身心受到严重的摧残。作为婴幼儿家长，不要干扰托幼园所的教育。如果家长要监督托幼园所的教育，只有一个准则，那就是托幼园所是否按照国家的幼教法规去实施教育。

（三）家长委员会指导内容和方法

根据教育部的相关规定，托幼园所和学校应成立家长委员会。成立家长委员会，对于发挥家长作用，促进家校合作，优化育人环境，建设现代学校制度，具有重要意义。

根据教育部的规定，家长委员会应在学校的指导下履行以下职责。

1. 参与学校管理

对学校工作计划和重要决策，特别是事关学生和家长切身利益的事项提出意见和建议。对学校教育教学和管理工作予以支持，积极配合。对学校开展的教育教学活动进行监督，帮助学校改进工作。

2. 参与教育工作

发挥家长的专业优势，为学校教育教学活动提供支持。发挥家长的资源优势，为学生开展校外活动提供教育资源和志愿服务。发挥家长自我教育的优势，交流宣传正确的教育理念和科学的教育方法。

3. 沟通学校与家庭

向家长通报学校近期的重要工作和准备采取的重要举措，听取并转达家长对学校工作的意见和建议。向学校及时反映家长的意愿，听取并转达学校对家长的希望和要求，促进学校和家庭的相互理解。

家长委员会是实现家园共育的重要平台，家长通过家长委员会反映自己对托幼园所的建议和意见，也可以通过家长委员会调解家园矛盾。没有成立家长委员会的托幼园所，家长应积极敦促托幼园所依照规定及时组建。

第三节　家园共育智慧管理平台使用指导

一、智慧托育的有关概念

（一）智慧

智慧是一种高阶思维能力和复杂问题解决能力。智慧离不开基础知识技能的必要支持，但更强调“辨析判断、发明创造的能力”。智力（Intelligence，亦称智能）是智慧（Wisdom）的基础，但不等同于智慧。智力是指人认识、理解客观事物并运用知识、经验等解决问题的能力，包括记忆、观察、想象、思考、判断等能力。智慧是指学习、理解和判断的能力，或者是通过推理获取观点的能力，是解决问题、制造产品的能力。智力强调认知、推理、决策和问题解决能力，它强调一种较为纯粹的理性思维能力。智慧则更加强调知识、智力、创造力的综合运用，以及心智运算向外部实践的转换，重视伦理道德和价值观在学习、生产和生活实践中的引领作用。

（二）智慧教育

智慧时代的最大特点是人更多地从事创新创造，人类走向更大的创新创造。因此，智慧时代的教育必然走向以培养创新创造之人为新任务、为重要任务的智慧教育。教育要承担起智慧时代重铸新新人类的重任，当务之急是要根据时代发展的需求，重新建构教育的理论，创新教育的环境和模式，真正将工业时代的教育升格为智慧时代的教育。

信息化环境下的智慧教育是指在信息技术支持下为发展学生智慧能力的教育，旨在利用适当的信息技术构建智慧学习环境（技术创新）、运用智慧教学方法（方法创新）、促使学习者开展智慧学习（实践创新），从而培养具有良好的价值取向、较高的思维品质和较强施为能力的智慧型人才（人才观变革，要培养善于学习、善于协作、善于沟通、善于研判、善于创意、善于解决复杂问题的智慧型人才），落实智慧教育理念（理念创新），深化和提升信息时代、知识时代和数字时代的素质教育。

（三）智慧托育

智慧托育就是通过构建技术融合的托育环境，让保教老师能够施展高效的托育服务，让婴幼儿能够获得适宜的个性化照护服务和美好的发展体验，让家长能够无焦虑送托，并随时提供在线服务，科学、高效、快捷、健康地满足服务对象需求，使社会、家庭、园所共育共管由不能变为可能，由小能变为大能。智慧托育并不是一种新的托育服务模式，是在传统托育服务模式的基础上，在硬件设备、技术应用、价值理念、参与主体互动等各个方面进行创新、赋能，是利用新一代信息技术和产品，实现在托育产品、服务、运行、监管等各个环节的有效应用和优化配置，推动传统托育服务智慧化升级，提升托育服务质量和效率。

数字技术的快速发展助推传统托育向智慧托育转型。互联网、大数据、人工智能等数字技术的快速发展，一方面正在改变育儿模式，另一方面也为智慧托育服务提供了丰富的新材料、新技术和新方法。如今，年轻父母们越来越熟悉互联网等数字技术，对育儿知识的了解日趋丰富，传统劳动密集型的家政服务式的育儿方式已经难以满足年轻父母的需求，迫切需要高质量的智慧托育服务。同时，5G 技术、体感监测设备、智能化育儿床、人脸识别、物联网、可穿戴设备等技术的快速发展，为智慧托育奠定了可靠的硬件基础。婴幼儿照护服务信息管理系统、育儿 App、育儿专业知识平台等得到快速研发，为智慧托育提供了科学的软件基础。智慧育儿硬件和软件的深入融合，加速了智慧托育的发展。

国内外智慧托育已有丰富实践经验，智慧托育得到了很多国家的重视。比如，日本非常重视将人工智能、物联网等信息技术应用到 3 岁以下托育服务体系；大力推进“区域物联网实施路线图”，将物联网技术应用到所有托育机构，提倡在育儿实践中积极采用人工智能等数字技术。此外，韩国、美国以及部分欧洲国家等都非常重视智慧托育。最近几年，我国托育机构的数字化进程加快，数字技术广泛应用于托育机构的日常管理、入托测评、健康档案管理、晨检签到、喂药记录、接班记录、班级管理、育儿互动等，涌现一批优秀的智慧托育服务品牌。

二、智慧托育应用管理场景

（一）政府端的智慧监督管理

智慧托育通过搭建系统，在平台中可视化、精准化呈现全区孕期准妈妈、3 岁以下婴幼儿、各类托育机构的数量和分布，入户访视视频、被访视家长评论和群众满意度情况均可一键获取。同时，可在线比对、呈现托育机构的资质文件、招生规模、准入门槛等，重点识别班级规模、师生比、用人资质、场地设置等四类核心信息，引导托育机构照护服务规范化发展。通过智慧托育可以实现对辖区托育机构的保育保健工作的监督、卫生评价管理，包括新办、在办自评及区市级评价；实时掌握托育机构群体发病、事故情况；实时筛查评价婴幼儿生长发育、神经心理行为并与医疗卫生机构及社区实现无缝对接式转诊。

（二）托育机构端的智慧赋能

托育机构实际运用场景体现在以下诸方面：

（1）婴幼儿照护的空间场景，如光照、空气湿度、空气净化、室内温度、带名称式的入园问好、打招呼、节日问候等。

（2）早期发展，主要是虚拟空间、玩耍、教学、AR 技术等智慧教学。

（3）养育分析，分为体感数据（心跳、呼吸、体温、咳嗽等）、心理数据（情绪变化、哭、闹、笑容等）、社交数据（肢体接触、语言交流等）。

（4）管理运营，包括安全防护（安全提醒、安全饮食提醒等）、数字化管理（档案、养育记录等）、教师评估系统（师资培训、教师情绪检测等）。

总之，智慧托育集人工智能、互联网、物联网、云计算、大数据、科学算法等前沿技术于一体，基于托育机构的实际应用场景，从安全、健康、早期发展、运营管理四大维度，有效解决托育机构在运营和管理上的痛点，让家长送子女入托更放心，让托育机构运营更科学，招生更轻松。智慧托育平台通过教师情绪监测、婴幼儿定位追踪、无感人脸识别等技术手段，可以有效提升园区的安全水平，避免人为危险和意外事故的发生。通过体征监测手环、吸附式尿湿传感器、空气质量监测设备等智能设施，全面保障婴幼儿在园健康状况，将智慧化融入托育工作的每一个细节，基于科技硬件和高能软件的双向赋能，让园所实现“智慧托育”。

（三）家庭端智慧服务管理

为 0 ～ 3 岁育龄家庭量身定制科学育儿培训指导，提供线上、线下服务课时、个性化入户等服务。集孕期、产后、育儿照护与指导为一体，推动“智能网络”建设，搭建智慧照护系统平台，实现信息采集、智能提醒、自主预约、数据统计共建共享。育龄妇女可以通过手机 App 智能提醒或自主预约托育、妇幼保健服务；卫健部门可实时了解服务对象孕育托动态，监控各项服务的落实情况；妇幼保健院可通过共享数据，提高早孕检测的服务效能，解决服务参与率低等问题；社区工作人员可有的放矢提供精准服务，提高服务依从率和参与率；托育机构和专业团队通过对服务质量、评价数据进行分析，调整和完善服务内容，按照预约信息进行入户服务和做好托育机构服务。

（四）优化家园共育，指导家庭科学育儿

智慧托育从四大方面真正地帮助园所做到家园共育：一是安全，让家长随时了解孩子的在园情况，减少焦虑；二是健康，智能化多重保障，呵护孩子呼吸的每一口空气、喝的每一杯水、吃的每一顿饭；三是共育，权威育儿专家举办专业育儿课堂，线上线下随时互动；四是数据，用数据了解孩子的现在，用数据预知孩子的未来。

三、常见智慧托育设施介绍

（一）科学育儿网站

专业育儿网站通常具有如下特点，供家长使用借鉴参考：

（1）网站平台知识丰富，具有明确分类和多维度索引。科学育儿类专业网站知识库应以年龄 / 月龄 / 周龄（以下简称年龄）进行分类索引；每个年龄段又按生长发育、生活照料、保健护理、早教实施等领域进行分类索引。

（2）服务功能综合多样，逻辑思路清晰合理。科学育儿类专业网站应是集知识阅读、成长记录、领域测评、家长咨询、精准服务为一体的一站式综合服务平台。

（3）开设专家在线栏目，线上线下混合指导。专业的科学育儿网站拥有高质量师资力量，并定期邀请育儿专家、儿保专家、家庭指导专家等高水平师资入驻平台，开展公益、付费、在线、线下、实时、非实时等多种形式的互动。

（4）网络用户注册审核。自媒体时代的网络用户已不再是信息的单一消费者，同时也是信息知识的提供者和传播者。为了保证信息审核的科学性，避免知识的重复低效，便于进行系统化指导，网络平台要求使用者尤其是知识和经验的传播者进行注册认证。

（二）家园共育 App

基于手机 App 的家园共育模式主要包括四个部分：教师端、家长端、幼儿园管理端、家园共育模块端。

1. 教师端主要功能

在教师端，教师可以借助手机 App 上传婴幼儿在园活动资料。发通知也是教师常用功能，教师可以借助模板快速编辑通知，并通过设置消息置顶提醒家长观看，还可以通

过查看后台统计数据实时查看家长通知阅读量。

2. 家长端主要功能

在家长端，家长可以通过登录账号，查阅幼儿园动态、查看婴幼儿打卡出勤情况和每周食谱等信息。家长可以根据自己的时间有选择地查看婴幼儿在园活动照片，并且家长可以通过人脸识别功能快速定位自己孩子的活动照片、入离园时间及接送家长的信息，实时监督婴幼儿的安全情况。此外，在家长端可以发布定时任务，比如在线填写服药信息，到了服药时间，系统会提醒教师。

3. 幼儿园管理端主要功能

幼儿园信息管理员可以通过后台设置对幼儿园各班进行分班管理，根据分班情况录入教师、家长等信息。幼儿园的管理人员可以发布针对全体班级的通知。园长专属功能主要涉及园长对教师的管理和对班级的管理。对教师的管理包括对教师工作的信息监控（有无体罚婴幼儿、兴趣班、收费等）、教师工作统计（发布排行、回复排行、被赞排行）。园长可以通过一键查看功能，获取教师工作情况，使园长在对教师工作进行考核时有据可依、有据可查。班级管理的主要功能包括：考勤管理（入园考勤、离园考勤、请假管理）、一日生活管理（查询一日生活流程）、课程活动管理（教案管理、课表管理、教室管理）、健康检查（晨午检、体格检查、定期体检、发病监测）、公告通知等可视化集中管理功能。

4. 家园共育模块端功能

首先，幼儿园可以在线开展保教活动，主要是针对家长开展居家活动指导。教师可面向婴幼儿及家长开展线上教学活动，之后的拓展延伸活动则由家长居家指导婴幼儿进行。借助直播功能可以使家长随时观看幼儿园开展的活动，时间、地点比较灵活，也易于家长接受。其次，幼儿园可以发布一些在家活动，由幼儿园分配或者家长自行领取一些任务，帮助婴幼儿养成良好的习惯、提升各方面能力。家长可在日常生活中指导督促孩子养成这些习惯。最后，家园共育模块可提供海量的托育幼教资源共享，该功能主要针对家长设计，包括育儿交流圈、专家问答、育儿故事、亲子手工等模块。该功能中教师的作用是依靠专业优势，帮助家长快速从诸多资源中筛选、整合、提炼相关资源，从而形成系统化、结构化的资源体系，指导家长提升资源选择能力、辨别能力、加工能力和整理能力。

（三）智慧托育设备

1. 智能成长观测浴盆

体重是判定婴幼儿体格生长和营养状况的重要指标，也是婴幼儿定期健康体检的重要检查项目之一。婴幼儿智能成长观测浴盆具有一键称重、生成生长曲线、水温监测等功能，集洗浴测录为一体，可通过配套的App记录孩子的专属成长轨迹。婴幼儿智能成长观测浴盆可以做到在给孩子洗澡时观测孩子体重的变化，通过在浴盆上的高敏度传感器，连接蓝牙设备，将孩子各项生长数据（体重、身高、头围、BMI等）一键传输到手机App，同步生成生长曲线，记录孩子每一天的体重变化，自动分析孩子体重的增长是否在健康范围内。

2. 智能手环

智能手环属于一种智能穿戴设备。智能穿戴设备是应用穿戴式技术对日常穿戴用品进行智能化设计而开发出的可以穿戴的设备的总称，如手表、手环、眼镜、服饰等。婴幼儿智能手环（见图9－1）具有以下功能：

图9－1　婴幼儿智能手环

（1）体温检测，时刻掌握孩子体温。灵敏的体温感应，实时记录孩子体温，及时发现异常，不耽误就医时间。

（2）睡眠监控，检测孩子睡眠质量。记录睡眠过程中孩子的动作频率数据，分析追踪睡眠情况，统计睡眠时间。

（3）紫外线检测，保护孩子娇嫩肌肤。孩子在户外接触紫外线过强时，及时通过App提醒，避免孩子被晒伤。

（4）蓝牙防丢。通过App设定孩子的安全活动区，孩子一旦离开这个安全活动区，手环就会及时通过连接手机发出警报，防止孩子走丢。

对于智能手环，要注意制造材料问题，需要使用医用级硅胶腕带，确保材料健康安全，防止孩子抓、咬手环带来的材料危害，贴心保护孩子的健康安全。同时还要注意为孩子选择采用无辐射连接技术的手环，让孩子远离辐射危险，使孩子免受辐射的影响。

3. 智能晨检机器人

随着人工智能的发展，智能晨检机器人已在不少园所应用。幼儿园须严格执行晨检制度，检查手、口、眼睛、体温四大项，建立健康档案，做好常见病的预防。后疫情时代，全民防控意识增强，为提升园校卫生保健水平，预防传染类疾病发生，智能晨检机器人入校已是大势所趋。智能晨检机器人检测智能、高效、精准、全面，数据能够实时上传，可通过大数据云平台，达到家校互动、家园共育的目的。

某款智能晨检机器人（见图 9－2），通过双通道检测，可在 3s 内自动完成 2 名婴幼儿 4 大项病症的辅助筛查，覆盖手足口病、红眼病、流行感冒、口腔疱疹等 20 多种常见婴幼儿疾病，高清成像显示不放过任何疑似病例；非接触式晨检，更安全；晨检信息同步考勤信息，实时上传云端记录告别手工统计；家长微信端可实时查看孩子晨检与考勤信息；微信端多角色接入，园长、老师随时随地一手掌握全园信息，实现校园移动智慧管理；通过高性能云数据管理，进行智慧模型分析；各主管部门可实时监督辖区内婴幼儿安全健康、疾控防疫情况。

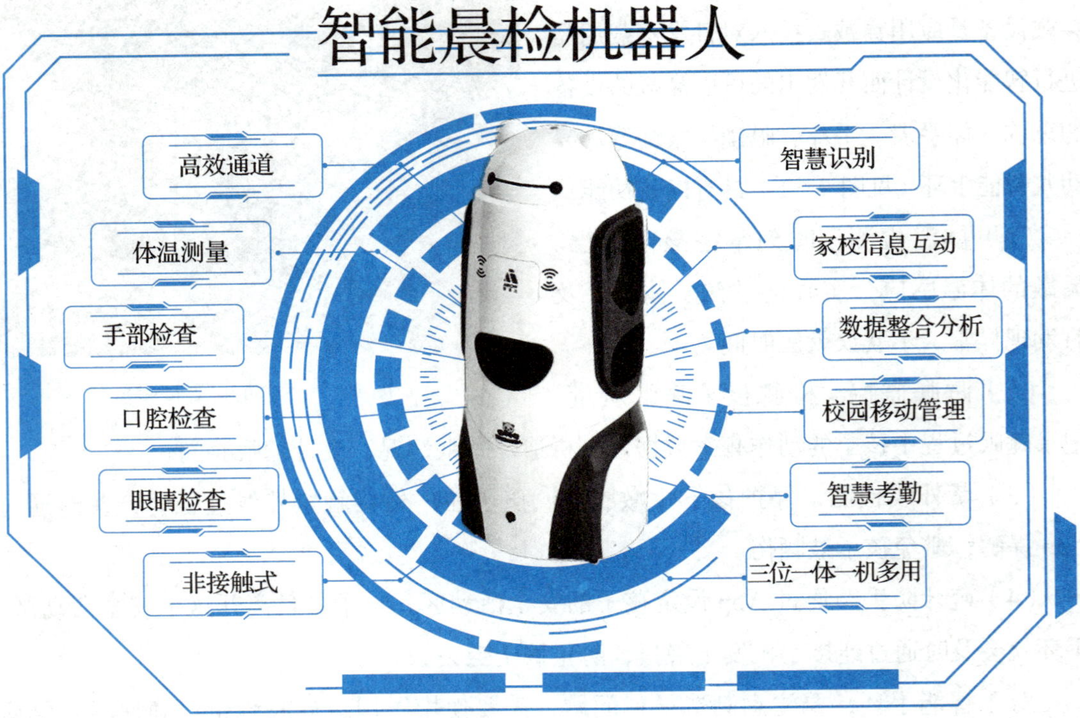

图 9－2　智能晨检机器人基本功能

4. 其他智能设备

物联网、人工智能、大数据在婴幼儿托育服务与管理领域的应用越来越普及。比如：智能食品安全检测仪、超声波身高体重仪、膳食营养分析仪、母乳分析仪等。通过人工智能物联网专业集成方案，在智慧托育平台管理下，可集人工智能、互联网、物联网、云计算、大数据、科学算法等前沿技术于一体，完全基于托育机构的实际运营场景，从安全、健康、发展、管理几个维度，提供核心问题解决方案，有效解决托育机构在运营和管理上的痛点，让家长送子女入托更放心，让托育机构运营更科学，招生更轻松。托育服务功能正在从营养与喂养、睡眠、生活与卫生习惯领域，逐步过渡到动作、语言、认知、情感与社会性等方面。

本章小结

本章作为教材最后一部分，主要对家园共育的概念、意义、模式和形式，家园共育的指导内容和方法，家园共育智慧管理平台使用指导等内容进行介绍。学习本章内容，要求理解家庭、社会、学校在婴幼儿养育中共同努力配合的意义和方法，能够分析与解决现实中家园共育存在的问题，并能通过使用现代智慧化管理平台帮助家庭与托育园所进行家园共育帮助指导，提高家园共育管理效率和效果。

同步练习

一、选择题

1. 家园共育的模式主要有（　　）。

A. 以园为主的家园共育模式　　B. 以家为主的家园共育模式

C. 家园双主互补模式　　D. 以社会为主的家园共育模式

2. 家庭内外部构成因素包括（　　）。

A. 父母　　B. 孩子　　C. 家庭的社会关系　　D. 外部环境

3. 以园为主的家园共育模式开展阶段包括（　　）。

A. 内外因评估　　B. 谋划组织　　C. 部署指导

D. 具体操作　　E. 总结

4. 家园共育的形式包括（　　）。

A. 家长委员会　　B. 家长会议　　C. 家园联系手册　　D. 家长学校

5. 家长委员会的职责主要是（　　）。

A. 要协调托幼园所与家长的联系　　B. 帮助家长了解托幼园所工作的计划和要求

C. 代表家长利益，参与托幼园所管理　　D. 参加托幼园所环境设施的建设

二、判断题

1. 家园共育以托幼园所为主，家长仅仅是配合托幼园所的工作。（　　）

2. 家庭和托幼园所是婴幼儿生活最密切相关的环境。(　　)

3.《中华人民共和国家庭教育促进法》规定："未成年人的父母或者其他监护人负责实施家庭教育。"(　　)

4. 家庭内外因评估是制定以家为主的家园共育合作方式的最后一个环节。(　　)

5. 智慧托育是一种新的托育服务模式。(　　)

三、简答题

1. 家园共育的意义是什么?

2. 家园共育的形式有哪些?

3. 如何对婴幼儿父母避免入园焦虑进行指导?

四、思考题

1. 如何对婴幼儿进行有规律的作息时间训练?

2. 如何对婴幼儿进行自己喝水吃饭训练?

参考文献

［1］黎海芪．实用儿童保健学［M］．北京：人民卫生出版社，2016.

［2］陈荣华，赵正言，刘湘云．儿童保健学［M］．南京：江苏凤凰科学技术出版社，2017.

［3］金星明，静进．发育与行为儿科学［M］．北京：人民卫生出版社，2020.

［4］杨玉凤．儿童行为心理评定量表［M］．北京：人民卫生出版社，2016.

［5］王红．0～3岁婴幼儿家庭教育与指导［M］．上海：华东师范大学出版社，2020.

［6］藤森平司．0～2岁的保育［M］．孔晓霞，译．北京：当代中国出版社，2014.

［7］秦旭芳．0～3岁亲子教育活动指导与设计［M］．北京：中国人民大学出版社，2021.

［8］童连．0～6岁儿童心理行为发展评估［M］．上海：复旦大学出版社，2017.

［9］康佳丽，李丽，方晨瑶．幼儿行为观察与分析［M］．北京：首都师范大学出版社，2020.

［10］张婷婷，刘芳，刘欣．幼儿营养与膳食管理［M］．北京：中国人民大学出版社，2020.

［11］刘心洁．婴幼儿疾病预防与护理［M］．北京：中国人民大学出版社，2021.

［12］许琼华．幼儿生活护理与保健实务［M］．北京：中国人民大学出版社，2020.

［13］王宁，李雪．幼儿健康评估与指导［M］．北京：中国人民大学出版社，2020.

［14］陈雅芳，曹桂莲．0～3岁儿童亲子活动设计与指导［M］．上海：复旦大学出版社，2014.

［15］罗伯特·S. 费尔德曼．儿童发展心理学［M］．苏彦捷，等译．北京：机械工业出版社，2021.

[16] 张家琼. 0～3岁婴幼儿家庭教育与指导 [M]. 北京：科学出版社，2019.

[17] 庞丽娟，冯晓霞，陈帼眉. 学前儿童发展心理学 [M]. 北京：北京师范大学出版社，2002.

[18] 白娜娜. 基于手机 App 的家园共育模式构建及应用研究 [D]. 烟台：鲁东大学，2021.

[19] 李维. 祖辈－父辈共同养育、家庭环境与儿童问题行为的关系研究 [D]. 重庆：西南大学，2019.

[20] 孔虔. "互联网＋家园共育"模式存在的问题及优化策略研究 [D]. 锦州：渤海大学，2018.

[21] 于真. 0～3岁婴幼儿家庭教养需求分析及社区指导方案建构 [D]. 上海：上海师范大学，2016.

[22] 古东昕. 家庭教育中亲子互动现状及策略的研究 [D]. 济南：山东师范大学，2011.

[23] 黄匡时，李孜. 我国智慧托育需求现状分析 [J]. 人口与健康，2021（12）：17–19.

[24] 章君. "三孩政策"背景下促进人口长期均衡发展的财税政策研究：基于生育、养育、教育视角 [J]. 税收经济研究，2021，26（05）：89–94.

[25] 邝贝贝，彭申立，柯竞怡，等. 家庭养育环境和养育者共心力对婴儿气质的影响 [J]. 学前教育研究，2020（09）：48–57.

[26] 孙芳龄，雷雪梅，张官学，等. 家园共育的实践意义与开展策略 [J]. 学前教育研究，2018（07）：70–72.

[27] 凌培亮. 如何培养婴幼儿良好的睡眠习惯 [J]. 保健文汇，2019（7）：139.

附录 1　同步练习选择题、判断题参考答案

第一章

一、选择题

1. ABCD；2. ABC；3. ABCD；4. ABCD；5. AB

二、判断题

1. ×；2. ×；3. √；4. √；5. ×

第二章

一、选择题

1. D；2. A；3. B；4. D；5. D

二、判断题

1. √；2. √；3. ×；4. √；5. √

第三章

一、选择题

1. C；2. A；3. C；4. D；5. B

二、判断题

1. ×；2. √；3. ×；4. ×；5. √

第四章

一、选择题

1. C；2. B；3. A；4. C；5. D

二、判断题

1. √；2. ×；3. √；4. √；5. √

第五章

一、选择题

1. C；2. D；3. A；4. B；5. D

二、判断题

1. √；2. ×；3. ×；4. √；5. ×

第六章

一、选择题

1. B；2. D；3. B；4. D；5. C

二、判断题

1. √；2. ×；3. ×

第七章

一、选择题

1. ABC；2. ABD；3. BCD；4. ABCDE；5. ABD

二、判断题

1. ×；2. √；3. √；4. √；5. ×

第八章

一、选择题

1. ABCD；2. ABCD；3. ABC；4. ABC；5. ABCD

二、判断题

1. √；2. √；3. ×；4. √；5. √

第九章

一、选择题

1. ABC；2. ABCD；3. ABCDE；4. ABCD；5. ABCD

二、判断题

1. ×；2. √；3. √；4. ×；5. ×

附录 2　自学资源推荐

一、家庭养育书籍推荐

1.《正面管教》：作者是尼尔森。书中讲述的是如何运用正面管教方法教育孩子。没有哪个父母不为了孩子而竭尽全力，但最美好的愿望却不一定给孩子带来最好的结果。“正面管教”是管教孩子的“黄金准则”。

2.《爱和自由》：作者是孙瑞雪。在首届中国教育创新论坛上，孙瑞雪是全国幼教领域唯一的大会发言人。在千万个家长心中，孙瑞雪是“育儿百宝箱”。

3.《自私的父母》：作者是尼娜·布朗。该书从心理学角度分析了父母对子女的诸多控制行为，有助于读者了解父母，学习如何与他们相处，以及摆脱他们的负面影响。

4.《养育男孩》：作者是史蒂夫·比达尔夫，澳大利亚家庭问题专家，育儿类畅销书作家。千万不要觉得你家的小宝贝还只是个孩子，就是这个男孩，他终有一天会成为一位兼具责任感和成熟魅力的顶天立地的男子汉。

5.《养育女孩》：作者是吉塞拉·普罗伊朔夫，心理学家，亲子教育专家。作者从事家庭治疗达 30 年，在此期间接触了众多女孩家庭，积累了丰富的案例。本书分析了女孩的特性，讲述了养育女孩的秘诀。

6.《新家庭如何塑造人》：作者是维吉尼亚·萨提亚，家庭治疗创始人，著名心理治疗师。家庭塑造人是一个系统的工程，伴随着家庭每个成员的一生，特别对于新家庭来说，了解与沟通显得尤为重要。

7.《通往幸福的教育》：作者是三川玲、白滔滔。全书分为“教育的光芒”“成长的思考”“学习的秘密”“教养的方式”四大主题，对中国家长普遍关心的问题给出系统有效的解决方案。

8.《好妈妈胜过好老师》：作者是尹建莉。该书是一本优秀的家庭教育原创作品，是教育专家尹建莉的教子手记，是一本还未上市就以“手抄本”流传的图书。

9.《非暴力沟通亲子篇》：作者是苏拉・哈特。作者用“七把钥匙”创建家长和孩子之间的尊重和合作，开启化解家庭冲突、促进合作的沟通模式，令人欣喜地向家长们展示了一种既不惩罚也不姑息的方法，帮助家长用充满尊重的养育方式支持孩子获得最好的成长。

10.《不吼不叫》：作者是罗娜・雷纳。该书基于气质研究和正念理论，为家长提供实用的技巧，以减少家庭冲突，促进合作、尊重和相互理解。同时，帮助家长在沮丧达到峰值时管理好自己的压力，让家长能够以让大人和孩子都受益的方式与孩子有效沟通。

二、家庭养育视听资料推荐

1. 万婴跟踪育儿指南。

2. 焦糖猫的 99 个“育”言。

3. 李玫瑾育儿知识讲座。